AAN:

___

VAN:

___

BOODSKAP:

___
___
___
___
___
___

DATUM:

___

Hierdie boek is vir elkeen wat die een of ander tyd in hulself en die genade van 'n lewende God getwyfel het.

Uitgegee deur First Media & Events©2016
Tweede uitgawe 2023

Buitebladontwerp en inhouduitleg deur Johan Kok, IseeCreative
Fotokrediete: Steve Haag | Krieket Suid-Afrika | Gallo Images
David van der Sandt | Salomien Smal | Outsider Media
Redigering en teksversorging deur Lourieke Haller en Lani Viljoen

Tensy anders vermeld, is foto's gebruik met toestemming.
Ons het besondere moeite gedoen om eienaarskap en kopieregbesonderhede op te spoor van alle foto's in hierdie boek. Waar vrae ontstaan rondom die gebruik van 'n foto, is ons bereid om die saak reg te stel met 'n volgende uitgawe.

Alle videomateriaal is opgeneem en word gebruik met
die toestemming van elke sportpersoon in die boek.

Skrifaanhalings uit die Bybel in Afrikaans 1983-vertaling tensy anders vermeld.
Alle regte voorbehou. Gebruik met toestemming.

Geset en gedruk deur Print On Demand

ISBN 978-0-6397-7119-9

©Alle regte voorbehou. Geen gedeelte van hierdie boek of video mag gereproduseer word op enige manier, meganies of elektronies, insluitende laserskyf- of bandopnames en fotokopiërings sonder die skriftelike toestemming van die uitgewer nie, behalwe redelike aanhalings vir navorsings- en resensiedoeleindes.

Bibliografie
en.wikipedia.org/wiki/

LUISTER
God se stem
in my lewe

Karien Basson
in samewerking met Tanya Powell

Voorwoord: Allister Coetzee

Spreuke 3:5-6:
"Vertrou volkome op die Here en moenie op jou eie insigte staatmaak nie. Ken Hom in alles wat jy doen en Hy sal jou die regte pad laat loop."

Dit is voorwaar 'n groot eer en voorreg om deel van hierdie boek te wees! Dit is 'n kosbare bron van hoop, liefde, bemoediging en dien ook as 'n morele riglyn/gids in ons lewens.

Ek het Karien Basson in 2010 ontmoet – natuurlik gedurende die rugbyseisoen, terwyl sy nog as omroeper vir Radio Tygerberg gewerk het. Wat my onmiddellik getref het, was haar menslikheid, hoe sy met mense omgaan – in hulle blydskap deel, hulle hartseer met liefde en empatie hanteer. Die luisteraars kon altyd met die spelers en afrigters se frustrasies en ander emosies identifiseer. Sy is opreg, objektief met haar menings en het altyd die waarheid as rigsnoer gebruik – 'n Godvresende mens!

Hierdie boek sal beslis die leser na hoër hoogtes neem, met behulp van ons Meester se wedstrydplan! Met soveel negatiwiteit deesdae in ons samelewing, raak ons soms moeg en voel raadop. Kyk! Hierdie 41 stories leer ons om op God te vertrou, ongeag omstandighede en uitdagings! Luister net ...

Soos 'n kompas baie akkuraat rigting aandui, so is die teksverse in hierdie boek. Ons Bybel is ons morele kompas vir ons lewensreis. Ons ware Noord, betroubaar en konstant, ons hemelse Vader, die Alfa en die Omega.

Spreuke 3:1-10 beeld vir ons die waarde uit om die Bybel te volg – so eenvoudig. Doen dit net en streef daarna om dit uit te leef! Elke storie in die boek weerspieël dit en verwys na God se teenwoordigheid in elke mens se lewe. God is die anker in my lewe en daarom beskou ek Spreuke 3 as my brood en botter, voedsel vir my siel!

Voorwoord: Johan Ackermann

Romeine 8:28:
"Ons weet dat God alles ten goede laat meewerk vir dié wat Hom liefhet, dié wat volgens sy besluit geroep is."

Ek glo dat God ons deur alles vorm en lei en dít veral wanneer ons nie alles verstaan nie; dat sy stem en teenwoordigheid altyd daar is. Ons karakter word gevorm en ons getuienis gebou; ons moet net vertrou en glo (Heb 11:1).

In elke stryd of situasie is sy stem en sal alles ten goede uitwerk (Rom 8:28). In die boek is inspirerende getuienisse oor uitdagings wat mense te bowe moes kom – hulle getuig oor die invloed en hoop van God se stem. Ek hoop en bid dat mense wat dit lees nuwe hoop in God sal vind en besef dat Hy by elkeen van ons is, ongeag ons foute en die verlede.

Ons geluk, vrede of hoe ons voel, kan nie gekoppel wees aan sukses of mense se menings nie, want dan is ons op 'n emosionele wipplank. Dit moet geanker wees in wie ons is in God (kinders van God) – dat Hy met ons is, dat Hy ons gevorm het en dat sy tyd en plan volmaak is. Selfs al maak ons 'n keuse uit ons eie wil wat ons soms op 'n ompad vat, Hy bly met ons en sy stem is altyd daar. Mag ons in daardie situasie 'n verskil maak waar ons is. Soms as ons na 'n sekere tyd in ons lewens terugkyk, sien ons eers later hoe God se stem altyd daar was – al het ons dit nie tóé besef nie.

Jy hoef nie 'n Springbok of beroemde te wees om 'n verskil te maak nie. Nee, maak 'n verskil waar jy is, by die skool, werksplek, langs die sportveld en by die huis. God wil sy stem deur jou laat getuig waar jy beweeg en waar geen sportster ooit sal uitkom nie. My gunstelingvers is Josua 1:9 en dit is my gebed vir almal.

Baie geluk aan Karien en Tanya met die samestelling van die boek. Mag elkeen wat die boek lees, besef dat God se stem waar is, dat Jesus Christus hulle lewenspad saam met hulle stap en dat God altyd al die eer ontvang.

Voorwoord: Toks van der Linde

1 Korintiërs 13:4:
"Die liefde is geduldig, die liefde is vriendelik; dit is nie afgunstig nie, is nie grootpraterig nie, is nie verwaand nie."

Ek blaai deur die stories in hierdie boek en besef net een ding: God is goed, te midde van en ondanks die omstandighede in ons verlede, hede en toekoms! Hierdie verhale laat my nadink oor my eie storie – ek sien God se genade in alles raak.

Toks – 'n naam wat 'n verduideliking nodig het.

Albert-dingetjie-toksie-skat. Dit was die tergnaam van 'n ouer broer in matriek vir sy irriterende jonger boet wat sou "stick" nadat daar 'n oor-en-weer gestryery was oor die voorkoms van Ouboet se nooi. Ek was in standerd 5 en het baie te sê gehad oor hoe sy meisie gelyk het. Dié vreemde kombinasie, Albert-dingetjie-toksie-skat, was die beste waarmee hy as teenaanval na vore kon kom! Maar die bynaam sou sowaar klou en "Toks" van der Linde is gebore.

Dit was die beskrywende naam en passie vir die spel wat my vuurdoop en stormseisoen op die ouderdom van 22 net soveel erger sou maak. Ek was die eerste keuse vir die Springbokke toe 'n stamp teen my nek in 'n skrum een middag die einde van my rugbyloopbaan aankondig. My gebreekte nek het halt geroep vir 'n droom wat 18 jaar lank in my hart gelewe het. Vraag op vraag het deur my kop gemaal. Waarom nóú, Here? Hoekom ek, Here? Waarom laat U dit toe?

Net soos vele van die sportsterre in die bladsye van hierdie boek ontmoet 'n mens God op die donkerste plekke van jou lewe. Vandag kyk ek terug op 'n ryke rugbyloopbaan. Die Here was genadig en ek sal vir ewig dankbaar wees dat ek my droom kon verwesenlik. Ek is deur drie nekoperasies en kon jare se goeie rugby geniet. Ek weet ek moes eintlik dood gewees het – weens my besering en omdat ek een aand my eie lewe wou neem – maar God het 'n ander plan gehad. Daarvoor is ek ongelooflik dankbaar ...

Vandag weet ek wanneer een deur toegaan, gaan 50 ander deure oop. Al lyk dinge nie altyd soos wat ons dit beplan het nie, bly God steeds in beheer. Hierdie boek leer my op 53-jarige ouderdom net weer een ding: Jy moet na God se stem luister en Hom aan jou sy hê.

Ek weet hoe dit voel wanneer jy God los. Jy voel dit aan jou lyf. Wanneer jy Hom los, verloor jy alles. Daarom lyk ons wêreld soos wat dit lyk. Dit is tyd vir ons om vergifnis te vra en terug te draai na God toe, want Hy is die enigste ware Redder vir elke mens en vir ons land.

Voorwoord: Johan Beukes

Romeine 12:2:
"Julle moenie aan hierdie sondige wêreld gelyk word nie, maar laat God julle verander deur julle denke te vernuwe."

Om te luister – een van die moeilikste dinge om te doen. Daarom is dié boek vir my besonders.

Dit bevat verhale van hoëprestasiemense wat geluister het en wat steeds luister:
- na Jesus se uitnodiging: *"… volg My … Jy is na my beeld geskape … Jy is meer as dit wat jy doen"*;
- na hulle ingebore passie om sport te beoefen;
- na hulle liggame se grense … wanneer om energie te gebruik … wanneer om te rus … wanneer om te herstel;
- na afrigters wat hulle begelei om hulle volle potensiaal as individue te bereik;
- na spanlede wat hulle help om te presteer in goeie en in slegte tye;
- na familie wat 'n veilige ruimte van onvoorwaardelike liefde skep; en
- na seisoene se begin en einde.

As ek een uitnodiging kan rig aan almal wat hierdie boek lees, dan is dit die volgende:

Place your life before God
"So here's what I want you to do, God helping you: Take your everyday, ordinary life – your sleeping, eating, going-to-work, and walking-around life – and place it before God as an offering. Embracing what God does for you is the best thing you can do for him. Don't become so well-adjusted to your culture that you fit into it without even thinking. Instead, fix your attention on God. You'll be changed from the inside out. Readily recognize what He wants from you, and quickly respond to it. Unlike the culture around you, always dragging you down to its level of immaturity, God brings the best out of you, develops well-formed maturity in you."
– Romans 12:1-2 (The Message-vertaling)

Luister …
Hy is lief vir jou …
Hy ken jou …
Hy roep jou …

Tanya Powell

In Psalm 37:23 sê Dawid:

"Die Here bepaal die koers van die mens met wie se pad Hy tevrede is, en Hy ondersteun hom."

As ek terugkyk op my lewe, het dié vers nou vir my 'n dieper betekenis gekry. As 'n jong, blonde dogtertjie was die reuk, kleure en klank van rugbywedstryde vir my baie meer bekend en veilig as die sogenaamde "gewone" omgewing van 'n laerskoolmeisie. Naweke is langs sportvelde deurgebring, in rugbygeselskap en daar het my passie vir die sport rugby begin.

As ek praat van passie was dit nooit 'n begeerte om te speel of slegs te ondersteun nie, maar eerder 'n diep waardering vir wat dit behels om 'n professionele rugbyspeler te wees asook die uitdagings wat daarmee gepaard gaan. Dit was dus geen wonder dat ek my as 'n biokinetikus gekwalifiseer het wat in rugbyrehabilitasie spesialiseer nie. Ek wou 'n verskil maak of aandeel hê in die rugby-omgewing wat ek so respekteer en rehabilitasie was die sinvolste keuse – min wetend dat die Here my al van vyfjarige ouderdom begin voorberei het vir die lewe wat Hy vir my beplan.

Die woorde van vele wat gewaarsku het "moet nooit met 'n rugbyspeler trou nie, want jy soek net moeilikheid", het die mure om my hart net hoër en dikker gemaak teen enige moontlike verhouding. Maar sien, God luister nie na die stemme van die wêreld as Hy 'n plan vir jou lewe het nie en so stap 'n wonderlike man my lewe in. 'n Man wat respek, integriteit en waardes uitstraal en God glimlag, want dié man is 'n rugbyspeler. Ek stap die afgelope 13 jaar lank al die pad as rugbyvrou (soms "weduwee") saam met 'n man wat 'n ongelooflike liefde vir die jong manne het wat rugby speel. Uit daardie spesiale verhoudings en konneksies word die lewenstories van rugbyspelers gedeel wat my lewe verander en so aangeraak het. Stories wat verdien om vertel te word – nie omdat dit uit die mond van bekende mense kom nie, maar omdat God die gebroke mens gebruik om van sy goedheid te vertel.

Sien, elkeen se verhaal is 'n delikate garingdraad wat mense uit verskillende oorde, agtergrond en voorkeure op 'n geestelike vlak verbind – 'n garing rooi geverf met Jesus se bloed ... Jesus se genade. Dit was 'n voorreg om saam met 'n kosbare vriendin aan hierdie hartsprojek te kon werk. 'n Hartsprojek wat harte gaan verander soos dit reeds met myne gedoen het.

Karien Basson

Ons is lief vir 'n almagtige, alwetende, alomteenwoordige en onbeskryflike God wat die heelal beheer. Dié Een wat altyd ook nog tyd gehad het om my te antwoord op 'n manier wat ek sou verstaan.

Ek was maar agt jaar oud toe ek God leer ken het. As 'n logiese denker wou ek klinkklare antwoorde van God hê; juis omdat alles rondom my biologies of wetenskaplik verduidelik kon word. Nooit het ek die realiteit van 'n lewende God bevraagteken nie, maar die karaktereienskappe van God deur die oë van ander was altyd teenstrydig met hoe ék God ervaar het. In 'n desperate ma se gebede, gerig aan 'n hemelse Vader, het sy Hom gesmeek om haar konstant soekende dogter persoonlik te ontmoet. Ek het my eie geel boksie Brood op die water-Bybelkaartjies gekry. Ek sou ure loop en dink en bid oor 'n spesifieke onderwerp en dan vir God vra om vir my 'n antwoord te gee deur die kaartjie wat ek sou trek. Ek sou dan die hele hoofstuk gaan lees en op God vertrou om my op hierdie manier te antwoord. Dit was nie 'n Lotto-masjien vol antwoorde nie. Néé, ek het die boksie net gebruik wanneer ek groot vrae gehad het oor lewenskeuses. Voor ek my kon kry, het daardie boksie Bybelkaartjies my deur die moeilikste keuses van my lewe gedra ... tot vandag toe nog. God het my telkens op my vlak van geloof ontmoet; dit was logies, swart op wit, maar dit het geloof en 'n verhouding met Hom geverg om sy stem te hoor. Nie omdat ek spesiaal is nie, maar omdat ek 'n ononderhandelbare beginsel daargestel het.

In Oktober 2022 was dit 'n Bybelkaartjie en die woorde van Psalm 9, besaai met sportterminologie, wat my gelei het om hierdie sportboek te skryf:

Psalm 9 (The Message-vertaling): "I'm thanking you, God, from a full heart, **I'm writing the book on your wonders**. I'm **whistling**, laughing, and **jumping** for joy; I'm singing your song, High God. 3-4 The day my enemies turned tail and **ran**; they **stumbled** on you and fell on their faces. You took over and set everything right; when I needed you, you were there, taking charge. 5-6 You **blow the whistle** on godless nations; you **throw dirty players out of the game, wipe their names right off the roster**. Enemies disappear from the **sidelines**, their reputation trashed, their names erased from the **halls of fame**. 7-8 God holds the high **center**, He sees and sets the world's mess right. He decides what is right for us earthlings, gives people their just deserts. 9-10 God's a safe house for the battered, a sanctuary during bad times. The moment you arrive, you relax; you're never sorry you **knocked**. 11-12 Sing your songs to Zion-dwelling God, **tell his stories to everyone you meet**: How He tracks down killers yet keeps his eye on us, registers every whimper and moan. 13-14 Be kind to me, God; I've been **kicked** around long enough. Once you've pulled me back from the gates of death, I'll **write the book on Hallelujahs**; on the corner of Main and First I'll hold a street meeting; I'll be the song leader; we'll fill the air with salvation songs."

Ek is dankbaar dat God ons vertrou met iets kosbaar soos hierdie. My gebed is dat jy God op 'n nuwe manier sal ontmoet tussen die bladsye van hierdie boek, mag jy LUISTER wanneer Hy praat en mag Hy vir ewig 'n werklikheid vir jou wees.

Inhoudsopgawe

Neil Powell	1
Duane Vermeulen	7
Mignon du Preez	13
Joey Mongalo	19
Schalk Brits	27
Swys de Bruin	33
Victor Matfield	41
Isabella Kruger	47
Theuns Stofberg	53
Thomas du Toit	61
Reinardt Janse van Rensburg	69
Ine-Marí Venter	75
Sandile "Stix" Ngcobo	81
Ivan van Rooyen	87
Jannie Putter	95
Ruhan Nel	105
Vernon Philander	111
Philip Snyman	117
Cameron Wright	123
Brok Harris	129
Adele Broodryk	135

"Wees stil en weet Ek is God!"
Psalm 46:11 (Nuwe Lewende Vertaling)

Arnold Geerdts	143
Muller du Plessis	149
Anruné Weyers	155
James Murphy	161
Angelo Davids	169
Willem Alberts	175
Grant Lottering	181
Dr. Eduard Coetzee	187
Pierre Coetzer	195
Rocco van Rooyen	203
Zoë Kruger	209
Impi Visser	215
Hennie Koortzen	221
Ronald Brown	229
Henco Venter	235
Warren Whiteley	241
Theo Bierman	247
Wenda Nel	255
Marco Labuschagne	263
Leon Schuster	269

> *"Neem al die dinge waaroor julle julle bekommer of wat julle omkrap na God toe, want Hy self is die Een wat vir julle sorg."*
> 1 Petrus 5:7 (Die Boodskap-vertaling)

Neil Powell

Johannes Daniel (Neil) Powell, gebore op 28 Junie 1978 en by sommige beter bekend as "Coach Neil", is 'n voormalige Suid-Afrikaanse rugbyspeler en hoofafrigter van die nasionale sewesrugbyspan oftewel die Blitsbokke. Hy is tans die direkteur van rugby vir die Haaie. Dié goue seun van Namibië en voormalige Bloemfonteiner kyk terug op 'n roemryke rugbyloopbaan wat reeds in 1993 by Hoërskool Sentraal in Bloemfontein begin. Neil se studente- en provinsiale rugbyloopbaan sluit in wedstryde as speler vir Vrystaat o. 21 en UV Shimlas (1998), Toyota Cheetahs (2000-2003 en 2008), Haaie (2003), Cats (2004-2005), Griekwas (2005) en Blou Bulle (2006-2007) in die Curriebeker-reeks en Vodacom Superrugby-kompetisie.

Neil trek in 1999 vir die eerste keer die groen en goud oor sy kop toe hy vir die Suid-Afrikaanse o. 21-span uitdraf. Hy verteenwoordig Suid-Afrika ook as Blitsbok-speler en later as kaptein in 32 toernooie en 91 wedstryde as deel van die HSBC-seweswêreldreeks (2001-2003 en 2007-2012).

Onder Paul Treu se afrigting wen die Blitsbokke in 2010 'n bronsmedalje by die Statebondspele in Delhi – Neil neem deel as speler. In 2013 neem Neil egter die titel en verantwoordelikheid as hoofafrigter van sy geliefde Blitsbokke oor en vervul daardie rol tot in 2022. Tydens hierdie periode van nege jaar ervaar die Blitsbokke ongekende oorwinnings, behaal en behou rekords en wen onder meer 'n goue medalje by 2014 se Statebondspele in Glasgow, 'n bronsmedalje by die Olimpiese Spele in Rio de Janeiro in 2016 en 'n goue medalje by 2022 se Statebondspele in Birmingham. Onder Neil se goue bewind as Springbok-sewesafrigter word die Blitsbokke die titelhouers van drie Wêreldrugby-sewesreekstitels. Van die 75 Wêreldreeks-toernooie onder sy leiding, speel die span in 37 eindstryde en wen 22 daarvan.

Neil is die enigste persoon in sewesrugby wat 'n goue medalje as speler én afrigter in die Wêreldreeks op sy ererol het.

Hy is getroud met Tanya en hulle het twee seuns, Joshua en Caleb.

My liefde vir sport het begin … *tussen my broers. Ek was die jongste van drie en die oudste twee het eerste rugby gespeel. Ek het later groot drome begin droom om 'n Springbok te word omdat ek die Springboksage 1891-1976-storie gekyk het.*

As ek nie 'n sportster was nie, sou ek … *'n boer geword het of my eie restaurant wou hê of miskien ook net die sjef van 'n restaurant wou wees.*

Ek is ongelooflik dankbaar vir ... my gesin. Ek het met 'n Godvresende vrou getrou en het twee jong manne wat Jesus-harte het.

As ek my lewe kon redigeer, sou ek ... akademies beter wou doen op skool. Ek was nie baie lief daarvoor om agter die boeke in te skuif nie. Ek sou ook dalk 'n bietjie meer kanse wou waag, ek was heeltemal te voorbeeldig.

Een van die grootste lesse wat ek vanjaar geleer het ... Dalk nie vanjaar nie, maar 'n paar jaar gelede: Die enigste opinie wat saak maak oor my, is God se opinie. Die Here wil hê dat jy die mense moet liefhê wat jou oordeel en dit is nie altyd maklik nie.

My grootste prestasie is ... toe een van my oudspelers erken dat hy sy kinders anders grootmaak as gevolg van my inspraak in sy lewe. Ek voel my grootste werk en doel waar ek is, is om 'n nuwe generasie pa's op te rig wat getrou is en wat die volgende generasie kinders in God se Woord moet grootmaak.

Die beste besluit wat ek al ooit geneem het ... was om nie in 2009 Saracens toe te gaan nie. Anders sou ek nooit my vrou ontmoet het nie.

Die Bybelvers wat my deurdra ...

2 Korintiërs 12:9: "Sy antwoord was: 'My genade is vir jou genoeg. My krag kom juis tot volle werking wanneer jy swak is.' Daarom sal ek baie liewer oor my swakhede roem, sodat die krag van Christus my beskutting kan wees."

Neil saam met Seabelo Senatla, Ruhan Nel, Werner Kok en Angelo Davids

Neil en Siya Kolisi wens mekaar geluk

MY STORIE
Neil Powell

Van die eerste koerantopskrifte oor die Powells in die Namibiese koerant, *Die Republikein*, het gelees: "Daar is rugbybloed in die Powell-broers se sportare." Soos orrelpypies het hulle gestaan, van oudste na jongste. Neil, die jongste van die drie Powell-broers, het trots langs sy ouer broers gepryk terwyl hulle breëbors vir rugbytoekennings vereer is. Dit is waar die liefde vir die sport begin het. Daar was konstante kompetisie tussen die drie, 'n aanhoudende getergery, maar ook 'n onstuitbare ondersteuning vir mekaar en 'n passie vir die ovaal bal.

Volgens sielkundenavorsing het geboortevolgorde 'n beduidende invloed op gedrag as volwassene, met die laasgeborene wat dikwels beskryf word as gesellig, sjarmant, liefdevol en oop, maar ook temperamenteel, onverantwoordelik en selfgesentreerd. Die negatiewe eienskappe van hierdie beskrywing kon op 'n krieketbal geskryf en vir 'n ses geslaan word, want die jonge Neil Powell sou dié stereotipevorm breek en alles anders doen omdat hy nie met die kudde saamgaan nie. Néé, selfs van jongs af sou hy nie vir die pawiljoen speel of die knie voor verwagtinge buig nie. Neil sou reëls volg en leierskap respekteer, maar met beleefdheid eerder sy stem laat geld wanneer hy nie met iemand saamstem nie. *"Ek het vier sterk ouer figure in my lewe gehad. Ek moes net oplet en luister, in hulle voetspore volg en doen wat hulle doen, want almal was in hulle eie reg hardwerkende, eerbare mense. My pa was 'n streng man wat geen kortpaaie in die lewe geduld het nie. My ma het ekstra werk gedoen om seker te maak dat al drie haar seuns gestrykte klere aan hulle lywe het, 'n goeie ontbyt in hulle mae en geld in die bank het om hulle deur universiteit te kry."* Die Powells was voorwaar 'n gedugte span, maar toe hulle die vlaktes van Namibië vir 'n plot in die Vrystaat verruil, het koshuislewe voorgelê en was dit die uitdaging van 'n bekende naam wat Neil vooruit sou loop. *"My broers was briljant in alles wat hulle aangepak het. Hulle was akademies goed en meestal die kapteins of leiers van hulle sportspanne en koshuise."* Nooit sou Neil die onderliggende verwagtinge van onderwysers en medeleerders afskud nie, want hy was 'n Powell. Hy moes presteer; nog beter wees of ten minste net op Jimmy en Corné se standaard wees. Die aanhoudende, onderliggende druk het egter opgebou en aan hom gevreet. Voordat Neil sy hart kon beskerm, het die vrees van selftwyfel wortelgeskiet.

> *"Ek is nie goed genoeg nie.*
> *Sal ek ooit goed genoeg wees?"*

Hierdie woorde het soos 'n refrein deur sy gedagtes gemaal. Niemand behalwe Neil en God kon dit uitsorteer nie, want die gedagtegang en knaende identiteitskrisis het Neil heeltyd gepootjie om hom van 'n kragtige roeping op sy lewe terug te hou en te verhoed dat hy in die man ontwikkel soos God dit bestem het. Met 'n rugbytrui oor sy breë skouers kon hy homself bewys, maar in die daaglikse gang van die lewe was daar meer vrae as antwoorde in die jong Neil se hart.

"Ek moes maande lank aanhoudend by die voete van die Here gaan sit, want ek kon naderhand nie meer 'n front voorhou nie. Ek het nie geweet wie ek is wanneer ek daardie rugbytrui uittrek nie. Ek het geweet ek is Neil Powell, die skrumskakel en rugbyspeler op die veld, maar van die veld af het ek vol onsekerheid gesoek na wie ek nou eintlik is."

Soos 'n bekende Amerikaanse outeur skryf: "The reward for conformity is that everyone likes you but yourself." Neil moes die stopknoppie druk. Hy moes 2 Korintiërs 12:9 met albei hande aangryp, dit eers begin glo en dan begin leef: *"My genade is vir jou genoeg. My krag kom juis tot volle werking wanneer jy swak is. Daarom sal ek baie liewer oor my swakhede roem, sodat die krag van Christus my beskutting kan wees."*

Neil Powell sou God leer ken. 'n God van genade en eerlikheid; van integriteit en respek; van liefde en deernis. Die Een wat hom in gedagte gehad het in sy moederskoot en die Een wat hom sou vorm in die man wat hy veronderstel is om te wees. Daarin kon Neil homself anker om nooit weer te skuif nie.

"Ek kan nie dink dat ek alles tot op hede sonder God moes doen nie. Ek weet nie hoe 'n mens mislukking en selfs sukses sonder God hanteer nie."

"Hoe hanteer jy absolute mislukking? En hoe bly jy sonder God nederig in sukses? Ek dink nie dit is moontlik nie." Neil het 'n ononderhandelbare verhouding met God begin en gevestig. Gedurende sy sport- en afrigtingsloopbaan sou hy bekendheid verwerf vir sy "pokerface" wat min tot geen emosie wys nie. Hy kon dit doen, want prestasie – wen of verloor – was nie meer waaroor die spel van rugby gegaan het nie. Néé … geen prys kon op die harte van jong mans geplaas word nie en geen randwaarde kon aan verhoudings geheg word nie. Neil was daagliks bewus van die voorreg en kans wat hy gegun is om die toekomstige lewensmaats, pa's en leiers van ons land te lei. *"God het dit steeds goed gedink om my, ná al my eie vrese en vrae, met die harte, lewens en identiteit van 'n klomp jong mans te vertrou. Dit is my verantwoordelikheid om saam met God hulle identiteit in Hom te vestig. Ek kies verhouding eerste en dan die spel."*

Keer op keer moet Neil homself aan sy eie woorde herinner wanneer die druk van negatiewe media en menings op sosiale media aan sy deur kom klop. Dit is dan wanneer dit saak maak, in die donker tye wanneer daar nie op bergtoppe gedans word nie.

Dit is dan dat jy nie kamp moet opslaan in die dal van doodskaduwee nie, maar aanhou beweeg, deurdruk en God se stem tussen die geraas soek. *"Daar was al 'n paar keer dat ek na God uitgeroep het omdat ek nie meer die lig kon sien nie; 'n keer toe ek alleen in 'n hotelkamer in Vancouver regtig met die Here gesit en stoei het. Dit het gevoel asof Hy my net gelos het. Maar God los ons nooit en die vrede het ewe skielik van nêrens af oor my gekom omdat Hy die boodskap 'I've got you, my child' op my hart wou druk."*

Neil staan op sy lewende verhouding met God en beskou die bevestigende Bybelverse wat mense aangestuur het, of profesieë oor sy lewe wat waar word, as bevestiging dat God hom altyd sal dra en nooit sal los nie. Selfs in sy swakheid, sy onvermoë of twyfel in die dinge wat nie sy sterkpunte is nie, weet hy – God is daar! *"Ek dink die prys wat ek betaal om in die openbare oog te wees en hierdie rol te vertolk, het my privaatheid en tyd met my gesin in beslag geneem. Maar ek weet ook: God ken my hart. Ek was soos Moses. Ek het 'n vrees gehad om voor mense te staan en praat, maar Hy het my stap vir stap en dag vir dag voorberei vir die werk wat Hy wil hê ek nou moet doen."*

Rugby is lankal nie meer Neil se identiteit nie. In werklikheid is hy net 'n man wat genoegsame tyd saam met sy gesin wil bestee en nie in die gejaag van die samelewing se idees wil vasval nie. Hy is 'n man met 'n buitengewone talent vir leierskap en mentorskap; 'n afrigter met 'n passie vir sport en spelers en is een wat homself nie te veel bekommer oor prestasies nie. Wat wel vir hom gewig dra, is wat God sê asook die mans saam met wie hy daagliks werk se menings oor hom: *"Want sonder dat ek dit vir hulle wil sê, moet hulle respek, eerlikheid en opregtheid in my optrede sien. Dit is al wat belangrik is en dit is al wat werklik tel."*

Wat dink jy is die grootste struikelblok in mans se lewens?

Ek dink vir elke man is dit verskillend. Daar is 'n klomp algemene struikelblokke wat uitgelig kan word: onder meer geld, dobbelary, hoogmoed, selfvoldaanheid, drank, dwelms, vrouens en pornografie. Die lys gaan aan en aan, want daar is te veel om te noem. Dit hang egter van elke man af of dit vir ewig sy struikelblok sal wees wat hom gaan terughou om sy volle potensiaal te bereik – dit wat die Here vir hom beplan het. Of is hy bereid om daarmee klaar te maak, dit neer te lê, vergifnis te vra, gesond te raak en vorentoe te beweeg in sy lewe. God kan nie daardie keuse vir 'n man maak nie. Dit moet vanuit sy eie hart, siel en verstand gemaak word.

Hoe sal jy graag onthou wil word?

Ek sal graag onthou wil word as iemand wat gehelp het om die volgende generasie pa's en mans op te hef. Ek dink regtig daar is 'n nuwe generasie van manne nodig om betroubare mans en liefdevolle pa's te wees.

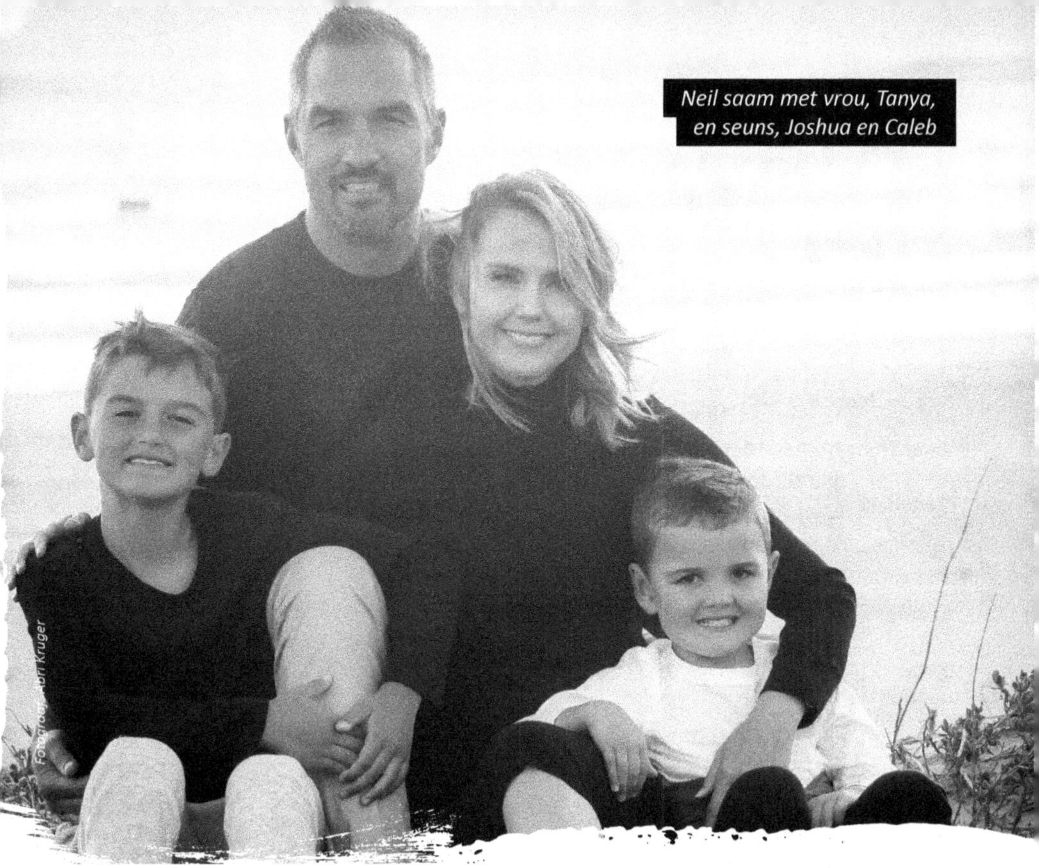

Neil saam met vrou, Tanya, en seuns, Joshua en Caleb

Jou boodskap aan Suid-Afrika

Daar is vir ons almal plek in Suid-Afrika. Ons moet meer verdraagsaam teenoor mekaar wees en uit liefde funksioneer. As almal net die tyd inruim om te sit, na mekaar te luister, bymekaar te leer en met oë van liefde na mekaar te kyk, dan is eenheid in ons land nie te vergesog nie. 'n Land waar ons nie net mekaar verdra nie, maar mekaar liefhet. Ongeag kleur, ras of geslag.

Neil Powell
Eksklusiewe onderhoud
Skandeer kode en kyk

Neil by pa Johan, ma Linda en ouer broers Jimmy en Corné

Duane Vermeulen

Daniel Johannes "Duane" Vermeulen is 'n Suid-Afrikaanse professionele rugbyspeler. Sy aanhangers se bynaam vir hom is "Thor", die Nordiese god van donderweer. Tans verskyn hy in die groen en goud vir die Suid-Afrikaanse nasionale span en hy speel vanaf 2021 vir Ulster rugby in die Verenigde Rugbykampioenskap. Duane, 'n Laeveld-kind gebore in Nelspruit op 3 Julie 1986, is 'n voormalige leerder van Hoërskool Nelspruit. Sy roemryke rugbyloopbaan sluit in om 26 wedstryde te speel vir die Pumas (2005-2006), 28 vir die Vrystaat en 20 vir die Cheetahs (2007-2008), 38 wedstryde vir die Westelike Provinsie (2009-2015), 89 wedstryde vir die Stormers (2009-2015), 68 vir Toulon (2015-2018), 13 vir die Kuboek Sears (2018-2020) en 6 wedstryde vir die Blou Bulle en 23 wedstryde vir die Bulls in Superrugby (2019-2021).

Duane maak op 8 September 2012 sy internasionale buiging vir die Springbokke toe hy deel uitmaak van die beginspan wat teen Australië sou kragte meet. In die volgende toetse wys hy sy standvastigheid teen Nieu-Seeland en op 29 September 2012 proe hy oorwinning met 'n finale telling van 31–8 teen Australië. Hy het sedert 2012 reeds 63 wedstryde vir die Springbokke gespeel.

Sy ererol en toekennings sluit in: SARU se Rugbyspeler van die Jaar 2014, Superrugby se Speler van die Jaar 2014, Superrugby "Unlocked" Speler van die Jaar 2020, SA Rugbyspeler van die Jaar vir 2020 en Curriebeker-wenner.

As 'n sleutelspeler vir die seëvierende Springbokspan in 2019 se Rugbywêreldbeker-eindstryd teen Engeland in die Jokohama-stadion, Japan, help Duane verseker dat die Webb Ellis-trofee vir die derde keer terugkeer na plaaslike bodem. Dié agsteman, wat ewe vaardig is om blinde- en oopkantflank ook te speel, word as speler van die wedstryd aangewys.

My liefde vir sport het begin ... *van 'n jong ouderdom af. Ek het in enige sport belanggestel en het baie opgekyk na my pa wat 'n goeie sportman was. Op skool het ek 'n groot belangstelling in atletiek gehad, veral velditems soos hoogspring, diskus- en spiesgooi. My pa se liefde vir paalspring is ook aan my oorgedra. Sport was nog altyd in my bloed. Ek het my eerste rugbywedstryd kaalvoet in die sneeu gespeel op De Doorns en van daar af was dit net 'n liefde vir die sport.*

As ek nie 'n sportster was nie, sou ek ... *'n sjef of 'n boer wou wees! Gelukkig kan ek nog steeds daardie drome najaag ...*

Ek is ongelooflik dankbaar vir … *my familie – sonder hulle ondersteuning sou ek nie vandag gewees het waar ek is nie. Ek is dankbaar vir goeie afrigters wat in my geglo het en vir geleenthede wat na my kant toe gekom het. Ek is dankbaar vir die talente waarmee die Here my geseën het. Ek het die voorreg om elke dag te doen waarvoor ek lief is en 'n loopbaan daarvan te maak.*

As ek my lewe kon redigeer, sou ek … *niks verander het nie. Ek dink nie 'n mens moet ooit die verlede probeer redigeer nie, want uit die verlede leer 'n mens vir die toekoms. Elke dag is 'n nuwe stap en elke keuse wat jy maak – goed of sleg – bepaal hoe jy die toekoms gaan aanpak. Gaan jy dit dieselfde doen of gaan jy probeer om te verbeter? Geniet elke dag ten volle. Om te tob oor die verlede en wat jy kon verander het, verhoed jou om vorentoe te beweeg. Soos die gesegde oor "wat as" lui: As is verbrande hout en kan nie weer hout word nie.*

As ek nou wel iets móét verander, sou dit wees om my pa langer deel van my lewe te kon hê. Ek sou hom beter wou leer ken. En ek sou daarvan gehou het as hy ook deel van my vrou en kinders se lewe kon uitmaak.

Een van die grootste lesse wat ek geleer het vanjaar … *is dat jou gesin, familie en vriende een van die kosbaarste geskenke is wat jy kan hê. Tyd is 'n geskenk van Bo en jy moet dit goed bestee en deurbring saam met die mense vir wie jy die liefste is.*

My grootste prestasie is … *om deel uit te maak van die Wêreldbekerspan in 2019 en om 'n pappa te wees van twee ongelooflike seuns.*

Die Bybelvers wat my deurdra … *Ek het eintlik twee wat baie spesiaal vir my is.*

Klaagliedere 3:24-26:
"Ek sê vir myself: 'Die Here is my lewe, daarom hoop ek op Hom. Die Here is goed vir wie op Hom bly hoop, vir die mens wat na sy wil vra; dit is goed om geduldig te wag op die hulp van die Here.'"

1 Korintiërs 13:4 en 13: "Liefde is geduldig en sag. Liefde is nie jaloers nie. Liefde word nie omvergewerp nie … Van hierdie dinge is daar drie wat voortgaan: vertroue, versekerde verwagting en liefde, maar die grootste hiervan is liefde." *Dit was deel van die boodskap op ons troue.*

MY STORIE
Duane Vermeulen

Dit was 'n baie spesiale dag in sy lewe – die dag toe hy belydenis van geloof afgelê het. Dit het laat in sy lewe gebeur, in 2011, die jaar voor hy en Ezél sou trou. *"Wat is jou storie, Duane?"* was die vraag van die dominee. *"En vandag is ek hier om oor my storie te gesels. Ek kan sê:*

> **"Ek is Duane Vermeulen en ek is 'n kind van die Here.**
> **Sonder Hom is niks moontlik nie."**

Dit was die growwe Laeveld-grond van Mbombela en die harde sneeubedekte gras in Touwsrivier, De Doorns, wat die jong Duane Vermeulen geslyp het van 'n rowwe diamant tot Suid-Afrika se eie Thor in groen en goud. Hy speel sy hart uit, laat alles op die veld agter en hou nooit terug nie, want dit is wat hy by sy pa gesien het in die agt kort jare van sy lewe saam met hom. Pa André het in sy jonger dae klubrugby gespeel en vir die Boland uitgedraf. Hy het alles altyd met passie aangepak. Dit het die jong Duane, sy ewebeeld, geïnspireer om in sy pa se voetspore te volg. Duane het sy pa se sporttalent en soos sy ma, dra hy sy hart op sy mou. Hy het nog nooit die nut daarvan ingesien om terug te hou en nie te wys hoe hy voel of te wees wie hy is nie. Dit is passie met alles, áltyd! Ná die afsterwe van sy pa vervul sy ma, Estelien, die dubbele rol van ouerskap. Haar hande staan vir niks verkeerd nie en met die ekstra dinge wat sy aanpak, maak sy Duane en sy kleinsus in 'n veilige huis groot. Sy steun op 'n jong Duane wat vinnig moet grootword, wat moet leer van uithou, aanhou en deurdruk; van hard werk en ekstra take doen: van poniesterte maak tot kosmaak en huishou. Want dit is wat dit verg en dit is wat 'n gesin in moeilike tye doen. Hulle staan saam; werk saam; speel saam.

Dit is ook hierdie karakterontwikkeling wat van kindsbeen af van Duane 'n perfeksionis maak. *"'n Bietjie 'OCD' oftewel obsessief-kompulsiewe versteuring. Ek kies my kamermaats op toer, want ek duld nie 'n deurmekaar kamer nie. Ek kan nie in so 'n omgewing funksioneer nie."*

Dit is die klein, fundamentele goed in die lewe wat vir hom ononderhandelbaar is: Sy geloof in God, sy verhouding met die Here op en af van die veld af en die verantwoordelikheid van die Springbok op sy bors, dra vir hom krag. God vertrou hom vanaf die ouderdom van 19 jaar af met 'n besliste rol as sportpersoon vir Suid-Afrika. Hy vertrou hom toe met 'n titel en aansien, maar die snoeiproses sou hard en aanhoudend wees. *"Ek dink daar kom 'n groot verantwoordelikheid saam met die rol wat jy ontvang.*

Ek dink dit was die belangrikste proses waardeur ek moes gaan, om te weet wie ek is en waarvoor ek staan. 'n Mens kan nie 'n verskil maak en die verantwoordelikheid uitvoer as jy nie daardie vrae eerlik aan jouself kan antwoord nie. Dit het my 'n rukkie geneem. Ek en die Here moes saam in geloof en vertroue aan alles skaaf!"

Duane onthou twee duidelike ervarings waar hy God se teenwoordigheid gevoel het. Beide kere het die Here sterk mansfigure as rolmodelle in Duane se lewe geplant, al was dit net vir 'n oomblik. "Die eerste keer was toe ek in 'n winkelsentrum gesit en koffie drink het ná 'n operasie. Daar het 'n man, wat ek glad nie ken nie, na my toe gestap en vir my gesê die Here het vir hom gesê om na my toe te kom en vir my te bid vir volle genesing ná my operasie. Die tweede keer het dit weer in 'n ander winkelsentrum gebeur, ook ná my knie-operasie. 'n Ouerige oom het my gestop en gesê: 'Ek wil net vir jou bid vandag.' Daarna het ek die oom se nommer gekry. Sy naam is oom Theuns Rossouw en tot vandag toe bly ons steeds in kontak. Hy is 'n baie inspirerende man."

Uit elke uitdaging kom daar 'n geleentheid. En selfs al sou 'n COVID-storm die beplande kalenders rondgooi, sou dit die Vermeulens die kans gun om laer te trek en hulle drome en gedagtes te hergroepeer. "Elke mens ervaar 'n stormseisoen in hulle lewe. Besering op besering was vir 'n lang tyd daardie seisoen in my lewe. Totdat ek besef het dat elke besering my meer van myself leer en my verhoudings op alle vlakke versterk."

Pappa Duane met sy manne, Anru en Zian

COVID sou almal raak, dwing om introspeksie te doen en harde vrae te vra. Wie is Duane Vermeulen vandag in karakter en menswees – weg van die sportveld af? Vir die wêreld is hy die mees gesogte rugbyspeler met stringe prestasies en toekennings, maar vir Ezél is hy 'n eggenoot en vir sy twee seuns net hulle pappa. *"Ek het wyse woorde gelees en dit het my weer eens laat besef waar ek tans in my lewe is en waar ek graag wil wees. Dit sê: 'If you die tonight, your employer will advertise to fill your job by the end of the month, but your loved ones, chosen family and friends, would miss you forever. Do not get so busy making a living that you forget to make a life.'"*

Die reus voor 'n jong Dawid is verslaan. Die las op sy skouers minder. Ná die Wêreldbekereindstryd in 2019 sou Matthew Proudfoot hom nader trek, omhels en dié woorde fluister. Duane hoef nie meer te beïndruk nie, hy is alles wat 'n sportman, pa, man, vriend en seun kan wees.

Sy pa sou trots gewees het. Sy hemelse Pa is trots. En nou weet hy dít is genoeg.

Duane, Ezél en die seuns

Wat dink jy is die grootste struikelblok in mans se lewens?

Om gevoelens te wys en te praat oor wat hulle grootste vrese is. Dit is vrese op verskillende vlakke: geloof, finansieel, liefde, is hulle goed genoeg en waar hulle in hulle lewe is. Die meeste mans het hierdie vrese en dit speel 'n groot rol in hulle lewe as hulle nie daaroor kan praat nie.

Hoe sal jy graag onthou wil word?

Nederig – ek dink solank jy nederig bly en op die Here vertrou, sal jou aksies wat volg boekdele spreek. My vrou sê altyd solank jou voete vas op die grond bly en jou oë gerig is na Bo, kan jy enige struikelblok oorwin.

Jou boodskap aan Suid-Afrika

Ongeag hoe groot of hoe klein die stryd is wat voor jou lê; jý en wie jy is, kan 'n verskil maak. Glo in jouself en vertrou op jou Skepper. Daar is hierdie waardevolle woorde wat ek eendag gelees het wat my bybly: "Your magnificence is your light. The light that you were born into this life to shine. It is uniquely yours and you are here to express the magnificence that is uniquely you; to be powerful beyond measure."

Duane Vermeulen
Eksklusiewe onderhoud
Skandeer kode en kyk

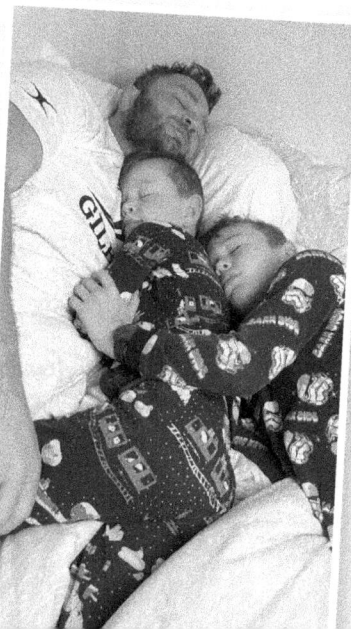

Mignon du Preez

Mignon du Preez, gebore op 13 Junie 1989, is 'n Suid-Afrikaanse krieketspeler wat van 2011-2016 die vrouespankaptein in al drie vorme van krieket – toetswedstryde, eendagwedstryde en T20-wedstryde – was. Minx, soos haar spanmaats haar doop, 'n voormalige leerder van die Laerskool Doringkloof en later van Hoërskool Zwartkop, wys haar staal van jongs af. Op 12 speel sy in 'n provinsiale o. 13-wedstryd tussen Gauteng en Noord-Gauteng en moker in die wedstryd van 40 boulbeurte 'n dubbele honderdtal met 16 sesse en 25 viere in 'n beurt van 258* lopies met 'n treftempo van meer as 200. Mignon maak haar debuut in die groen en goud in Januarie 2007, toe sy as 17-jarige op die veld teen Pakistan uitstap as regshandige kolwer en paaltjiewagter. Mignon hou die rekord as die Suid-Afrikaanse speler met die meeste wedstryde as kaptein in eendagwedstryde asook T20-wedstryde. Sy is ook een van die voorste lopiemakers vir Suid-Afrikaanse vrouekrieket in eendagwedstryde en T20-wedstryde. Op 21 Februarie 2016 het sy die eerste Suid-Afrikaanse vrou geword wat 1 000 loopbaanlopies in 'n T20I teen Engeland aangeteken het. Mignon se krieketloopbaan sluit in: wedstryde as speler vir Northerns (2003/2004 tot op hede), Melbourne Stars (2015 en 2017-2020), Sussex (2017), Loughborough Lightning (2019), Manchester Originals (2021), Hobart Hurricanes (2021/2022 tot op hede) en Trent Rockets (2022).

Op 21 Junie 2016 gee Mignon haar kapteinskap oor nadat sy die span byna vyf jaar lank (sedert 2011) in een toets, 46 eendagwedstryde en 50 T20-wedstryde gelei het. In Maart 2022 kondig sy ook haar uittrede uit toets-, eendagkriek en T20I-wedstryde aan, maar bevestig haar volgehoue beskikbaarheid vir plaaslike T20-ligas.

Mignon se lys van toekennings sluit in: 2010 se Vrouekrieketspeler van die Jaar en Krieket Suid-Afrika se Sportvrou van die Jaar vir 2011.

My liefde vir sport het begin ... *op die ouderdom van vier. Ek het eintlik per ongeluk begin speel. My broer het in 'n minikrieketoernooi gespeel en my pa was die afrigter van dié o. 7-span. Ek het my broer by een van die wedstryde gaan ondersteun. Ek het altyd gesorg dat ek in 'n span-T-hemp en -kortbroek geklee is wanneer ek hom gaan aanmoedig het. Een van die ouens het nie opgedaag nie en my pa het my gevra om in sy plek te speel. Ek is toe uiteindelik as die beste kolfvrou van die dag bekroon. Ek het net daar verlief geraak op die sport.*

My ouers het my aan alle sportsoorte blootgestel. Op laerskool het ek getuimel, netbal gespeel, hokkie, skaak, pluimbal, atletiek, tennis – noem dit en ek was daar!

As ek nie 'n sportster was nie, sou ek ... *graag in 'n mediese veld wou werk. Ek is bang vir bloed, dus is om 'n dokter te wees uit, maar omdat ek 'n honneurs in bemarking het, sou daar 'n opsie wees om 'n mediese "rep" te word! Ek sou ook graag by 'n skool wou werk, nie noodwendig as 'n onderwyseres nie, want om voor 'n klas te staan en praat is heeltemal te uitdagend vir my persoonlikheid. Ek sou egter graag as 'n sportkoördineerder wou werk. Die gedagte van skoolvakansies is ook vir my 'n groot aansporing.*

Ek is ongelooflik dankbaar vir ... *my ondersteuningstruktuur. My man is krieketmal en sy ondersteuning beteken vir my alles. Ons was hoërskoolliefdes. Hy het gesien hoe ek my eerste tree in professionele krieket gee en 15 jaar later staan hy steeds aan my sy. My ouers het my loopbaan met soveel passie ondersteun en in die tye wat dit moeilik gegaan het, was dit hulle, my vriende en familie wat my deur die slegte tye gedra het. Omdat hulle in my geglo het, kon ek in myself glo.*

As ek my lewe kon redigeer, sou ek ... *niks verander het nie. Dit is 'n mens se verlede wat jou maak wie jy vandag is. Ek wil nie daaraan torring nie. Die enigste aanpassing wat ek wel miskien sou maak, is om vir 'n jonger Mignon raad te gee oor hoe om meer waaghalsig te wees. Ek was 'n regte, egte "goody two shoes"! Ek was baie versigtig om enige kanse te waag en was die een wat altyd by die reëls gehou het. Kyk ek terug, kon ek maar gerus so 'n bietjie ontspan het ... en op 'n goeie, verantwoordelike manier meer kanse gewaag het.*

Een van die grootste lesse wat ek geleer het vanjaar ... *'n Mens kan nie altyd almal om jou gelukkig hou nie. Veral nie ten koste van jouself nie.*

My grootste prestasie is ... *Om as kaptein van Suid-Afrika se vrouekrieketspan aangewys te word. Die Protea op my kriekethemp was nog altyd iets om op trots te wees.*

Die Bybelvers wat my deurdra ...

Jeremia 29:11:
"'Ek weet wat Ek vir julle beplan,' sê die Here:
'Voorspoed en nie teenspoed nie; Ek wil vir julle
'n toekoms gee, 'n verwagting!'"

My ondersteuningstruktuur. Mignon saam met haar man, Tony, en haar ouers

Die see is rus vir ons siele

MY STORIE
Mignon du Preez

Mignon het haarself op die kantlyn bevind. 'n Plek waaraan sy nie gewoond was nie. 'n Plek waarvan sy niks gehou het nie. Sy het Suid-Afrika meer as tien jaar lank verteenwoordig, het meer as 100 wedstryde in die groen en goud gespeel en was een van die mees gevierde kapteins met 'n string toekennings en rekords agter haar naam. Maar steeds was sy nie goed genoeg nie.

In daardie oomblik het Mignon se wêreld inmekaargetuimel. Teleurstelling het haar mantel geword, haar spel was nie op peil nie en sy was dus nie goed genoeg om vir die span gekies te word nie.

Nooit het sy gedink dat hierdie ervaring haar só laat in haar loopbaan sou tref nie.

Elke spanvergadering het 'n persoonlike marteling van vrae en selfvertwyfeling ingehou. *"Elke keer het die twyfel by my opgekom: Is ek nog goed genoeg? Gaan ek ooit weer speel? Behoort ek nog hier te wees?"*

As kind is Mignon se talent vir krieket toevallig een middag ontdek. Sy was maar net vier jaar oud toe die geleentheid hom voordoen, maar sy was slaggereed, amper asof sy altyd geweet het dat 'n spesiale oomblik enige tyd kon opduik. Haar liefde vir die sport het toe vlamgevat en wanneer sy op die krieketveld uitgestap het, was dit altyd met 'n verwagting in haar hart dat iets groots en wonderlik gaan gebeur. Dit was haar geskenk van God af en wat sy daarmee gedoen het, was haar geskenk terug aan Hom. Maar êrens langs die pad het Mignon haar eerste liefde vir die sport verloor en haarself met meer vrae as antwoorde by 'n sportsielkundige bevind. *"Ek moes sekere vrae vir myself beantwoord en twee hinderende aspekte hanteer:*

1. *Ek het misluk daarin om uit te leef waarin ek al die jare geglo het. 'My talent is 'n geskenk van God aan my en wat ek daarmee doen, is my geskenk terug aan Hom.' My eie leuse in die lewe het verdwyn. Ek het geglo dat ek 'n swak geskenk teruggee.*
2. *Ek was in 'n gevaarsone; ek het besef dat my selfwaarde aan sportprestasies gekoppel was, aan die krieketelbord en nie aan God nie."*

Met 'n pen en papier in die hand het groot Minx 'n persoonlike brief aan klein Minx geskryf om om verskoning te vra. *"Daar is 'n gesegde onder ons sportmense wat die sportsielkundiges by ons indril:*

"Agter elke suksesvolle sportvrou is daar 'n dogtertjie wat verlief geraak het op die sport. Speel vir háár en nie vir die pawiljoen nie."

Mignon het skuldig gevoel dat sy toegelaat het dat die professionele era haar geluk – en die eintlike rede waarom sy begin krieket speel het – gesteel het. Die snoeiproses het behels dat sy haarself moes vergewe. *"Die voorreg om vir jou land te speel, die liefde vir die sport, die voorreg om God se lig op 'n sportveld te laat skyn en die verliefdheid moet altyd behoue bly."*

Min het Mignon die noodsaaklikheid en werklike waarde van hierdie ervaring besef, want COVID-19 en die algehele inperking het kort op hierdie leerproses se hakke gevolg. *"COVID het die vrees in my gedagtes wakker gemaak dat ek my sportloopbaan gaan verloor en op 'n lae noot gaan afsluit. My uittrede was om die draai en ek was besig om tyd te verloor! COVID het dag vir dag my tyd gesteel!"* Sy was nie aan die verloorkant nie, inteendeel, Mignon het eintlik tyd gewen – jare en maande se verlore tyd saam met haar gesin is teruggewin. Sy kon tyd inhaal en opmaak vir die groot vieringe wat sy misgeloop het weens jare se toernooie weg van die huis af. So kon sy haar prioriteite herevalueer en aanpassings maak. Mignon was reg vir die laaste fase van haar 15 jare lange loopbaan.

Die 12de ICC Wêreldbeker-krieketttoernooi vir vroue in Nieu-Seeland in 2022 sou Mignon se 150ste wedstryd vir Suid-Afrika insluit. As die vrouekrieketspeler met die meeste eendagwedstryde agter haar naam, was Mignon se kop gerat vir die wedstryd. Dit moes die feëverhaaleinde wees met 'n heldin wat die wedstryd vir haar span wen of nog 'n rekordgetal lopies behaal, maar op dié dag kon Mignon net een lopie vir haar span aanteken. *"Dinge het glad nie verloop soos wat ek verwag het nie … soveel so dat ek ná*

Mignon en Tony saam met hartsvriende Johan en Anneke

al die jare in my eie vermoëns begin twyfel het. Ek was kwaad en moedeloos. Waarom het God my net alleen gelos; toegelaat dat ek op my groot dag verneder word?" Hulle sou as span haar groot wedstryd vier, maar in plaas van die geklap van sjampanjeproppe was dit 'n aand van trane afvee. "Ek wou my kolf neerlê en die afrigters aanmoedig om iemand anders in my plek te kies. Ek was verneder ..."

Dit was die raad, gebede en hande van haar ondersteuningsisteem wat Mignon daardie week staande gehou het.

Sy moes haar mond snoer en tyd saam met die Here deurbring.

Sy moes Jeremia 29:11 oor haar loopbaan verklaar, laat gaan en God toelaat om in te gryp. Suid-Afrika se sprokiesverhaal het gelei tot 'n finale groepwedstryd teen 'n sterk Indiese span – die een land wat krieket eet, slaap en leef. Suid-Afrika het gekwalifiseer vir die semifinaal, maar vir Indië was alles op die spel. Wen hulle, sou hulle ook vir die semifinaal kwalifiseer, maar verloor hulle, sou hulle huis toe gaan. Dié wedstryd sou ook bepaal in watter semifinaalwedstryd die Protea-span sou speel en of hulle teen Engeland of Australië in die semifinaal gaan meeding. Suid-Afrika wou graag teen Indië wen, want dan sou hulle teen Engeland in die semifinaal speel, eerder as teen Australië. (Australië was verreweg die gunstelingspan om die toernooi te wen, daarom wou Suid-Afrika eerder eers in die finaal teen hulle te staan kom).

Mignon onthou die wedstryd as *"die dag toe God ingegryp het"*. Dit was 'n titaniese stryd wat haar die platform gegee het om daardie dag sý lig te laat skyn en nie haar eie nie. Met haar hande gevou in 'n bekende greep op die kolf waarvoor sy so lief is, het Mignon die wenlopies teen die gevreesde Indiese span geslaan en die wedstryd vir haar span en Suid-Afrika gewen. *"In my televisieonderhoud het ek God gedank vir sy getrouheid, net om later via Twitter boodskappe te ontvang wat sê: 'Jou God was so besig om krieket te kyk dat Hy vergeet het van die oorlog in die Oekraïne!'"* Maar Mignon het haar nie daaraan gesteur nie, sy was groter as die spel en God was groter as haar eie wil. In haar geestesoog kon sy Hom sien juig met die woorde: *"Sien jy, Ek hou jou vas en Ek is trots op jou."*

In 2022 kondig Mignon haar uittrede uit toets- en eendagkriekt asook T20I's aan, maar bevestig haar volgehoue beskikbaarheid vir plaaslike T20-ligas. Wanneer sy haar kopskerm opsit, haar handskoene aantrek en haar kolf optel, voel dit vir haar asof sy haar met die wapenrusting wat God haar gegee het, toerus. *"Elke keer, net voordat ek op die veld stap, gaan ek op my knieë met die woorde: 'Jesus, U het vir my gesterf en nou kry ek die geleentheid om vir U te speel.'"* Elke wedstryd was, is en sal altyd 'n geleentheid vir haar wees om God te prys en te aanbid. *"Ek gee God al die eer, want Hy het my die guns en geleentheid gegee om te kan doen waarvoor ek so lief is."*

Wat dink jy is die grootste struikelblok in vrouens se lewens?

Ons is geneig om onsself, wie ons is, wat ons doen, ons lewens en dít wat ons besit met ander te vergelyk en onvergenoegd te wees met dit wat God aan ons toevertrou. Ons raak vasgevang in ander se lewens en is nie dankbaar vir wat in ons eie lewens is nie.

Hoe sal jy graag onthou wil word?

Ek sal graag onthou wil word as 'n Godvresende vrou wat my lig so laat skyn het dat mense God se goedheid en guns in my lewe kon raaksien. Ek wil onthou word vir die mens wat ek was en nie net as krieketspeler nie. Ek wil hê mense moet onthou hoe hulle gevoel het wanneer hulle in aanraking met my was en my onthou as iemand wat God en my gesin bo alles eerste gestel het.

Jou boodskap aan Suid-Afrika

'n Klein betoning van goedhartigheid kan 'n eindelose rimpeleffek hê. Maak 'n punt daarvan om jou omgewing beter agter te laat as hoe jy dit gevind het.

Mignon du Preez
Eksklusiewe onderhoud
Skandeer kode en kyk ◀◀◀

Tydens grendeltyd maak Mignon en haar sussie sop

Mignon nadat sy die wenlopies teen Indië geslaan het

Mignon en Phoenix

Joey Mongalo

Joey Mongalo is op 6 Januarie 1985 gebore en sy grootwordjare volg in Brits, 'n klein dorpie in die Noordwes-provinsie. Joey, 'n leerder aan Pretoria Boys High, matrikuleer in 2003 en maak in dieselfde jaar sy groot merk in rugby as heelagter teen Afrikaans Hoër Seunskool. Joey teken al 18 wedstrydpunte aan en breek die wendroogte vir sy skool in dié liga ná 18 jaar. Hy is 'n veelsydige sportman en geniet ook sokker en krieket totdat hy die keuse maak om rugby te speel en in die Craven-week as skrumskakel vir die Blou Bulle uitdraf. Joey verteenwoordig Suid-Afrika in die Junior Wêreldkampioenskappe in 2004-2007 en vandaar trek hy in 2008 ook die Tukkies se Varsitybeker-rugbytrui oor sy kop. Dit is egter in 2011, ná 'n paar jaar in die arbeidsmark, dat Joey die geleentheid aangryp om as spanbestuurder vir die Leeus se o. 19-span op te tree. Dit is ook hier waar sy toekoms as afrigter begin en bevestig word. Hy het onder meer 'n aandeel in Wits, King Edward VII School, Parktown Boys High en St. Stithians College se suksesse. Sy professionele afrigtingsloopbaan as hoof- en verdedigingsafrigter sluit in 'n pos by die Emirates Lions (2011-2019), die Vodacom Bulls (2020-2022) en die Cell C Sharks vanaf 2022 tot op hede.

My liefde vir sport het begin ... *by my ouers. My oorlede vader was 'n baie goeie sokkerspeler en my ma is 'n vurige sokkerondersteuner van Chelsea en Kaizer Chiefs! My broer het vir sy universiteit se sokkerspan uitgedraf en my jonger suster het netbal gespeel. As die middelste kind van 'n sportmal familie het sport 'n integrale rol in my lewe gespeel. My pa is oorlede toe ek slegs sewe jaar oud was; my broer was veertien en my jonger suster twee jaar oud. Ons moes ander rolmodelle kry en by Laerskool Thornhill het die afrigter, Marius van Heerden, 'n groot rol in my belangstelling in krieket en rugby gespeel. Die spanelement was nog altyd die grootste aantrekkingskrag vir my. Om as span saam te werk, saam te leer en iets te geniet, het my geleer dat jy jou sorge kan halveer en jou geluk kan verdubbel wanneer 'n mens mekaar ondersteun en dra. Die spanelement het mý lewe en die ander spelers se lewens verander. Sport en afrigting gee my die platform om 'n positiewe inspraak in ander mense se lewens te hê en daarvoor is ek oneindig dankbaar.*

As ek nie 'n sportafrigter was en in bestuur betrokke was nie, sou ek ... *graag 'n sportsielkundige vir 'n toetskrieketspan wou wees. My liefde vir toetskrieket spruit uit die respek wat ek vir die spelers het wat vir so 'n lang periode gefokus kan bly, 'n spankultuur kan handhaaf en mekaar ondersteun in die hoogte- en laagtepunte van die spel.*

Ek is ongelooflik dankbaar vir ... *'n man met die naam van Cory Thompson. Hy het my geleer hoe dissipelskap lyk. Ons was beide koshuisstudente en dit was die voorbeeld van sy lewe wat my geleer het wat doelgerigtheid is en hoe om God en ander mense regtig lief te hê.*

As ek my lewe kon redigeer, sou ek ... *sportsielkunde studeer het. Ek sou die teorie prakties in my eie loopbaan kon toepas om my eie sportloopbaan te bevorder. Ek wens ek het vroeër in my lewe my verhouding met God ernstig opgeneem. Dit sou die slegte gewoontes wat ek in my tienerjare aangeleer het, verhoed het.*

Een van die grootste lesse wat ek vanjaar geleer het ... *Om rêrig dankbaar te wees en uit dankbaarheid te lewe. 1 Tessalonisense 5:16 sê: "Wees altyd bly. Bid gedurig. Wees in alle omstandighede dankbaar, want dit is wat God in Christus Jesus van julle verwag." Wanneer ek uit die staanspoor dankbaar is, is my benadering beter en verloop dinge beter.*

My grootste prestasie is ... *dat ek die voorreg en verantwoordelikheid kon hê om in die Verenigde Rugbykampioenskap (VRK) en Superrugby-eindstryd af te rig. Maar die konstante voorreg is om te weet dat God iemand soos ek, met al my foute, kan gebruik om 'n uitwerking in ander mense se lewens te hê wat weer op hulle beurt in hulle kringe 'n invloed het.*

Die beste raad wat ek al gekry het, was ... *In 2021 het die bestuurder van Vovo Telo vir my gesê dat entoesiasme aansteeklik is! Wanneer 'n mens passievol is oor dít wat jy doen, sal dit ander mense inspireer om beter te doen.*

Die beste raad wat ek al gegee het, was ... *dat 'n mens moet uitvind wat jou roeping, passie en talent is en dit met alles in jou moet nastreef.*

Die beste besluit wat ek al ooit geneem het, was ... *om met Zinzi te trou! Sy is alles wat goed is in my lewe. Sy is 'n ma vir ons dogtertjies, 'n wonderlike geestelike maat en die perfekte lewensmaat. Ek kies haar elke dag weer en weer.*

Die Bybelvers wat my deurdra ...

Jesaja 26:3:
"Gee aan hulle vrede en voorspoed, Here, want hulle het hulle vertroue op U gestel. Vertrou altyd op die Here, want die Here God is 'n veilige toevlug."

MY STORIE
Joey Mongalo

Dit is die smeekgebede aan God vanuit die hart van 'n ma van drie kinders, ouderdomme twee, sewe en veertien, waar die fondament van 'n huishouding en gebedslewe gesement word. Wanneer 'n vrou die seer van haar hart ná die afsterwe van haar man eenkant toe skuif en voor God gaan lê met die vrese om haar kinders op 'n verpleegster se salaris groot te maak, is dit dán wanneer God se karakter as Voorsiener en Vader na vore tree. Dit is in daardie vroeë jare van stormseisoene dat Joey die hand van God gesien het en die getrouheid van God teenoor sy ma beleef.

Maar nooit het hy nodig gehad om self voor God te lê nie. Tot eendag.

Wanneer God jou as 'n rolmodel vir ander mense kies, vertrou Hy jou met aansien toe en daarmee saam is daar altyd 'n duur prys om te betaal. Die prys? 'n Snoeiproses om jou eie wil en keuses neer te lê. Daar is parallelle in die verhaal van Josef in Genesis 39 en wat met Joey gebeur het. Josef het guns in die oë van Potifar gekry en sy dienskneg geword. Potifar het Josef in beheer van sy huishouding aangestel en het alles wat hy besit het, aan hom toevertrou. In daardie tyd het die Here die huis van die Egiptenaar geseën ter wille van Josef. Daar is egter 'n wending in die droomverhaal, want Josef beland in die tronk nadat Potifar se vrou Josef probeer verlei, hy haar seksuele toenadering verwerp deur van haar weg te vlug, waarop sy hom valslik van verkragting beskuldig en sy straf lewenslange tronkstraf is. Dit is slegs wanneer God toetree dat reg en geregtigheid geskied en Josef se reputasie en eer ten volle herstel word.

Vir Joey het dit soos volg afgespeel: Die Leeus en sy afrigterspan het in 2018 'n roemryke seisoen beleef met 'n plek in die Superrugby-eindstryd teen die Crusaders in Christchurch. Joey, 'n jong 34-jarige verdedigingsafrigter met groot drome in sy hart, sou daardie jaar 'n lewensveranderende les leer. 'n Les wat hom sou voorberei om met gesag te kan praat oor die gevaar van sielsbande met iemand buiten jou huweliksmaat. Volgens kenners is 'n sielsband 'n intense sielsverbintenis tussen twee mense. 'n Sielsband is nie noodwendig seksueel van aard nie, maar binne die beloftes van 'n huwelik is dit gevaarlik om 'n band van hierdie aard met 'n derde persoon te ontwikkel.

Joey se vriendskapsverhouding met 'n vrou – sonder enige immorele gedrag, maar nietemin sonder die medewete van sy vrou – het daardie jaar tot 'n jaar lange hofsaak gelei nadat 'n valse beskuldiging gemaak is. Dit het die jong ster se afrigtingsloopbaan en huwelik amper ontspoor. Dit was 'n duur prys om persoonlik, emosioneel en finansieel te betaal. Net soos in Josef se verhaal het Joey die waarde van eerlikheid, reg en geregtigheid geleer. Toe God ingryp en sy stem duideliker raak as die valse beskuldigings, en die stof van die hofsaak gaan lê het, kon Hy die teleurstelling en pyn gesond maak. Toe reputasie skade gely het, het Hy gesorg dat die geloofwaardigheid van die berou kop en skouers bo alles uitgetroon het. Toe kon restourasie en tweede kanse begin.

Genesis 50:20: *"Julle wou my kwaad aandoen, maar God wou daarmee goed doen …"* Dít is die belofte waaraan Joey 15 maande lank vasgehou het. Kort daarna het God die deure vir hom by die Vodacom Bulls oopgemaak met suksesvolle seisoene wat sou volg.

Ons Vader se fokus is nie perfekte Christene nie.

Hy gebruik die foute en ervaringe van sy kinders om te wys dat Hy 'n lewende God is wat vergewe en alles ten goede laat meewerk vir dié wat bereid is om berou te toon.

Daar is geen fout waarvoor daar nie vergifnis is nie. Dit is juis ons, sy kinders, se onvolmaaktheid wat die almagtige God se vergifnis en hulp ten toon stel. Dit is sy Gees wat ons daagliks lei om meer soos Hy te word en om self in vergifnis te wandel.

Joey as afrigter

Wat is die woorde en boodskap uit God se hart vir jou die afgelope twee jaar? Wat het Hy met jou gedeel oor jou lewe, karakter en menswees, weg van die sportveld af?

1. Almagtig! God is almagtig. Dit is die woorde wat by my opkom wanneer ek aan die afgelope twee jaar dink. Niks het of sal God ooit onkant betrap nie. Hy is, was en sal altyd in beheer van alles om ons wees. Die sekerheid dat ek 'n seun van hierdie God is, het 'n ongekende berusting gebring. My veiligheid, my toekoms en my gesin se lewens is in sy hande. En ja, in enige situasie is daar gevolge vir besluite wat soms buite ons beheer is, hetsy finansieel of persoonlik, maar ondanks alles bly Hy die God van al die wild op duisende berge (Ps. 50:10) en bly Hy almagtig.

2. Grendeltyd het die opkoms van die aanlyn kerk gevestig. Dit was 'n tydperk waar ons nasionaal en internasionaal sáám kon loof en aanbid, maar dit is ook gedurende daardie tyd dat ek tot die besef gekom het wat die waarde van gemeenskap en kerkgemeenskap is; dat ons nie gemaak is om onafhanklik te funksioneer nie. Yster slyp yster, vriende vorm mekaar! Prediker 4:9-11 sê dit so mooi: "Twee vaar beter as een. Hulle inspanning kom tot iets. As een val, kan die ander hom ophelp. Maar as een val wat alleen is, is daar niemand om hom op te help nie." Vers 12 oorweldig my met die boodskap dat 'n driedubbele tou nie maklik breek nie! 'n Duidelike teken dat God ons gemaak het om in 'n gemeenskap te funksioneer en dat ons mekaar nodig het. Ons almal het 'n verantwoordelikheid teenoor mekaar. Ons moet aanspreeklik gehou word en mekaar dien soos Jesus die mense gedien het.

3. Ná die voorval in 2018, waar ek potensieel alles kon verloor en my afrigterloopbaan aan 'n draadjie gehang het, het God toegetree en die hofsaak vir my gewen. Deur sy liefde en vergifnis kon ek in sy getrouheid en genade leer lewe. Eksodus 14:14 lui: "Bly julle maar kalm. Die Here sal vir julle veg."

Joey, sy vrou, Zinzi, Zinani en ousus Ziayna

Hoe het jy die spelers onder jou sorg staande gehou terwyl dit soms gevoel het asof jy self nie staande kan bly nie?

In die woorde van my vriend, Herkie Kruger, en my eie lewensleuse: Rugby is wat ons dóén, nie wie ons ís nie. Dit is nie jou identiteit nie en hoewel jy dit vir etlike ure van die dag en week doen, is dit nie ál wie jy is nie. Inteendeel – jy is baie meer.

Daar is 'n fisieke en geestelike element aan hierdie vraag. Wanneer ons as afrigters ons werk reg doen, sal ons die spelers bemagtig om enige situasie te kan hanteer, hetsy telborddruk of liggaamlik uitdagende situasies. Dit is die beginsels wat so diep gesetel moet wees waarop hulle kan terugval.

Die geestelike element strek selfs dieper, juis omdat elke speler moet glo dat ons as afrigters in hulle glo. Net soos ons identiteit in Christus nooit kan verander nie, moet hierdie jong manne weet dat ons hulle altyd waardig ag – selfs as hulle 'n swakker wedstryd het, ongeag hoogte- of laagtepunte. Elke speler moet weet dat ons daar is vir ondersteuning, dat hulle raakgesien en waardeer word vir wie hulle is en vir wat hulle na die spel toe bring. Die gewig van die media en die publiek se mening mag nooit die waarheid oorskadu nie, en dit is dat die spelers waardig is op en van die veld af.

Wat dink jy is die grootste struikelblok in mans se lewens?

Daar is vier belangrike fokuspunte:

1. *Ons verantwoordelikheid as mans is heel van die begin af bevraagteken en uitgedaag. 'n Duidelike teken daarvan is die vernuftigheid van die vyand wat Adam geïgnoreer en direk met Eva gepraat het. Dit is net daar waar my*

manlikheid as beskermheer na vore moet tree wanneer ek in die omtrek is en ek enige uitdaging verbied om met my vrou te praat.

2. As mans het ons Goddelike beginsels waarvolgens ons moet leef. Dit is maklik om die verantwoordelikheid weg te skuif en wanneer die moeilikhede kom, is ons geneig om mekaar in die huwelik te blameer. Hierdie beginsels sluit in respek vir ons vrouens en kinders, om sterk te staan en die hoof van ons huise te wees en om ons vrouens lief te hê soos wat God die Kerk liefhet.

3. Ons moet ons trots neerlê. Wanneer geld, titels en status die hooffokus word, vergeet ons maklik wie die Gewer van daardie gawes is.

4. Laastens is seks en seksualiteit 'n belangrike punt wat aangespreek moet word. Van die bekendste manne in die Bybel het voor wellus geswig. Salomo, Dawid en Simson is vir ons 'n duidelike teken dat dít nie 'n nuwe uitdaging is nie. Mans benodig die ondersteuning van dissipelskapgroepe wat hulle verantwoordbaar hou vir hulle besluite en keuses; groepe waar openlik oor pornografie of flirtasie gepraat kan word, juis omdat almal vatbaar vir hierdie probleme is. Geen man moet alleen hierdeur gaan nie en geen man hoef in hierdie web van leuens, wat hom weghou van die beloftes wat God vir hom het, vasgevang te word nie.

Hoe sal jy graag onthou wil word?

As 'n man van God, 'n goeie man vir my vrou en 'n pa vir my kinders. Dit is 'n uitdaging wat ek elke dag kies om ernstig op te neem, juis omdat ek my pa op 'n jong ouderdom verloor het en my vrou uit 'n familie kom met 'n geskiedenis van mans wat nie hulle verantwoordelikhede ernstig opneem nie.

Ek sal ook graag onthou wil word as 'n afrigter wat omgegee het; wat eerstens in die mens belanggestel het en dan 'n paar vaardighede van die spel op 'n unieke manier oorgedra het.

Ek sal onthou wil word as iemand wat 'n ewigheidsvisie gehad het, nie net 'n vleeslike doel nie, maar iemand wat in die Koninkryk van God belê het deur dissipelskap te leef wat 'n impak in meer as een persoon se lewe gemaak het.

Agter die skerms saam met die spelers

Jou boodskap aan Suid-Afrika

Ek is die grootste voorstaander van die "groeidenkwyse":

- Wanneer jy aanhou probeer, sal jy op die ou einde meesterlik wees.
- Jy kan opgewonde wees oor enige uitdaging, want wanneer jy deurdruk, wag 'n goeie beloning aan die ander kant. Moenie uitdagings vermy nie.
- Leer uit jou foute.
- Kritiek is iets waaruit ons kan leer.

Suid-Afrikaners! Ons het 'n ongelooflike land met natuurlike diversiteit in 11 kulture en nasionale tale en dit beeld iets van God se Koninkryk uit. Leer by mekaar oor julle kulture en oorbrug die oordeel van menings. Waar daar eenheid is, is daar krag.

Ons land benodig leiers wat sal opstaan vir reg en geregtigheid. Dit is ons elkeen se verantwoordelikheid om op ons knieë in gebed te veg; in ons huise en kantore die volgende uit te roep: " ... en [as] my volk oor wie my Naam uitgeroep is, berou toon en bid en vra na my wil en terugdraai van hulle bose weë af, sal Ek luister uit die hemel en hulle sonde vergewe en hulle land herstel" – 2 Kronieke 7:14.

Suid-Afrika kan die baken van lig vir die res van die wêreld wees, 'n getuienis van God se goedheid.

Joey Mongalo
Eksklusiewe onderhoud
Skandeer kode en kyk

Schalk Brits

Schalk Burger Brits, gebore op 16 Mei 1981 in KwaZulu-Natal, is 'n voormalige Suid-Afrikaanse professionele rugbyspeler en tweemalige Rugbywêreldbeker-speler. Die oud-Paul Roos-leerder se provinsiale loopbaan skop in 2002 af, wanneer hy die streeptrui as 21-jarige oor sy kop trek en twee jaar lank vir die Westelike Provinsie uitdraf. As kragtige haker sluit Schalk se loopbaan kontrakte by spanne soos die Goue Leeus en Cats in (2004-2005) asook vier seisoene by die Stormers met 51 wedstryde (2006-2009). Hy sluit ook tussen 2006-2009 weer by dié Kaapse franchise aan as deel van die WP-span voordat hy vir die eerste keer 'n buitelandse kontrak aanvaar en deel word van die elite Saracens-klub (2009-2018) vir 216 wedstryde. Schalk se groot droom word in 2008 verwesenlik wanneer hy die groen en goud oor sy skouers trek en in die Springbokke se wedstryd teen Italië sy buiging maak. Hy handhaaf daarna 'n internasionale, provinsiale en nasionale loopbaan met 'n korttermyn-leenooreenkoms tussen Saracens en Suid-Afrika vanaf 2011-2018. Gedurende sy tyd by Saracens is hy deel van 'n span waar die Britte vier Premierliga-titels in 2011, 2015, 2016 en 2018 wen. Hy help ook vir Saracens om die Europese Kampioenebeker in 2016 en 2017 te wen.

Schalk keer ook terug as Springbok en word ná 'n toetsreeks by Suid-Afrika se groep ingesluit wat aan die 2015-Rugbywêreldbeker deelneem en met 'n bronsmedalje huis toe kom. Schalk, die seun van Empangeni en 'n oud-Matie, speel in 2019 as haker 11 wedstryde vir die Blou-trein voordat hy sowaar op die ouderdom van 38 'n tweede keer vir die Suid-Afrikaanse nasionale span en Rugbywêreldbeker-span gekies word! Nie net draf hy as kaptein in die wedstryd teen Namibië uit nie, maar speel as agtsteman buite sy gewone posisie en druk 'n drie! Suid-Afrika wen die 2019-Rugbywêreldbeker deur Engeland in die eindstryd te verslaan.

Schalk kondig in 2019 sy uittrede uit rugby aan. Hy is ambassadeur, kenner en hanteer kontrakwerk by beleggingsbeheermaatskappye. Hy is getroud met Colinda en is die pa van drie seuns. As 'n legende in Suid-Afrika en vriend van vele, is Schalk in die 2009/2010-seisoen as die Spelers se Speler van die Jaar aangewys. Hy is ook in 2021 in die RugbyPass Hall of Fame opgeneem.

My liefde vir sport het begin ... *Ek was 'n hiperaktiewe seuntjie en jong man en my enigste uitlaatklep was sport! My ouers het my aangemoedig om aan elke sportsoort deel te neem, want as 'n enigste kind het dit my geleentheid gebied om maats te maak en deel te wees van 'n span. Dit het die wyse geword waarop ek my kon uitleef en uitdrukking aan myself kon gee as persoon.*

As ek nie 'n sportster was nie, sou ek ... *seker in 'n mediese rigting studeer het of in gholf betrokke geraak het. My oom is 'n dokter en sy stories was altyd baie interessant en vir my as sportman wat gholf geniet het met 'n 1-voorgee, glo ek daar was ruimte vir groei. Maar ek het bestuursrekeningkunde studeer en my belangstelling lê in privatefondsbestuur, private ekwiteit en eiendomsbestuur asook waagkapitaalbeleggings. Ek geniet data-analisering hoewel my persoonlikheid nie analities van aard is nie, maar meer mensgeoriënteerd. Daarom sprei ek nou my vlerke en ondersoek die verskillende opsies.*

Ek is ongelooflik dankbaar vir ... *my ondersteuningsnetwerk. Ek was die enigste kind in die huis en al wat ek ken, is my ouers se liefde en ondersteuning. Hulle het hul loopbane en tyd op die spel geplaas sodat ek my drome kon verwesenlik. Tot vandag toe antwoord hulle altyd as ek bel, hulle mis nie een van my telefoonoproepe nie. Dit was te danke aan hulle ondersteuning dat ek by Paul Roos Gimnasium opgeëindig het. Ek het die grootste respek vir die onderwysers en afrigters daar, soos mnre. Hanekom en Van Niekerk wat in my belê het. Ek het van my beste vriende op hoërskool ontmoet en is dankbaar vir dié wat die pad saam met my gestap het en my nederig hou. Soms sien my alma mater my steeds as Schalkie wat die skool in standerd 6 binnegestap het! Maar my grootste dankbaarheid in hierdie seisoen van my lewe is vir my vrou en kinders. Colinda is 'n wonderlike mens wat as werkende ma van drie seuns (ses, agt en tien) ons hele lewe bymekaar hou en bestuur. Soms leer ek meer by my gesin as hulle by my.*

Laastens is ek dankbaar teenoor die Here. Sonder sy genade sou niks moontlik gewees het nie. Ek is ook dankbaar vir my gesondheid. Dit gee my die voorreg om voluit te kan lewe.

As ek my lewe kon redigeer, sou ek ... *vroeër in my lewe 'n hoër werksetiek wou aanleer; harder wou oefen. Wanneer jy as 'n jong man van 'n vroeë ouderdom af hoor dat jy talent het, is jy geneig om meer daarop te fokus met 'n ingesteldheid wat tot 'n laer werksetiek lei. Sou ek as jong speler harder gewerk het, kon ek baie beter in my rugbyloopbaan gevaar het en dus meer suksesvol gewees het. Ongelukkig het ek eers later in my lewe besef dat die resep vir sukses in dissipline en werksetiek lê. 'n Mens geniet die voordeel van goeie sportgene, maar as harde werk nie deel van jou mondering word nie, sal jou ouderdom en ander se sukses jou inhaal en voordat jy dit weet, kompeteer jy met mense wat bereid was om die ure se harde werk in te sit. Vandag weet ek konstante werksetiek en goeie persoonlike verhoudings in spanverband hou jou relevant. Die mense in jou span is dié wat die pad saam met jou stap en dit is noodsaaklik dat almal honderd persent funksioneer. Sien dus die waarde in elkeen raak.*

Een van die grootste lesse wat ek vanjaar geleer het ... *was om te besef dat geen oorgang van een seisoen na 'n ander maklik is nie. Ek moes vir die eerste keer in my volwasse lewe my fokus verskuif, weg van rugby af. 'n Mens is dan geneig om slegs op jou tekortkominge en die leemtes te fokus. Bly getrou aan jou beginsels, ongeag waar jy jouself bevind. Maak seker dat jy jou S.W.O.T.-analise (strengths, weaknesses, opportunities, threats) doen en implementeer. Soms verg dit 'n bietjie tyd, maar ruim tyd daarvoor in.*

My grootste prestasie is ... *Ek poog om almal altyd dieselfde te behandel en konstant 'n mense-mens te wees. My grootste belegging tans is die tyd wat ek saam met my vrou en kinders deurbring. Niemand kan die rol van pa-wees en man-wees uitkontrakteer nie. Dit is vir my belangriker om teenwoordig te wees in elke gesinsoomblik, dit dra vir my op hierdie oomblik meer gewig as enigiets anders. Ja, rugby was 'n goeie fase van my lewe met baie hoogtepunte, maar die herinneringe wat ek weg van die sportveld af saam met my vrou en kinders gemaak het, is vir my baie meer werd.*

Die Bybelvers wat my deurdra ...

> **Ek het nie net een spesifieke teksvers nie.
> Ek doen vandag steeds presies wat ek as jong seun
> gedoen het ... Ek maak die Bybel oop en lees. God het
> my nog altyd so ontmoet en geantwoord – in sy tyd!**

MY STORIE
Schalk Brits

Schalk se pa het altyd gesê: "Elke mens ken sukses op sy manier. Party mense se sukses is in die openbaar en word raakgesien; ander s'n nie. Daarom is dit belangrik om elkeen dieselfde te hanteer, respek te betoon, vir elkeen genoegsame tyd te gee en nie te oordeel nie."

Dit is slegs wanneer hierdie woorde wortelskiet in jou eie lewe en dit 'n werklikheid raak dat jy op die regte tyd kan vrug dra, want almal ervaar verandering en verskillende seisoene of dit nou verwag word of onverwags is. En hierdie veranderinge kan jou breek of bou.

Schalk het klaargemaak met rugby; uitgetree en die deur agter hom toe gemaak. Tot een aand ...

Dit was eenuur die oggend terwyl hy en Colinda nog gesels het, toe die WhatsApp-boodskappe inkom. "Jy is die beste en mooiste haker wat ek ken. Jou spel op die veld is steeds so goed as tien jaar gelede. Ons wil jou betrek. Ons kort jou spierkrag en vernuftigheid, jou gees, ervaring en hart in die span. Groete, Rassie." Schalk sou op daardie oomblik slegs lag en die boodskap afmaak as 'n grap van sy spanmaat, Malcolm Marx. Maar ná die derde boodskap en bevestigende telefoonoproep het die woorde en uitnodiging van die Springbok-afrigter, Rassie Erasmus, deur sy gedagtes gemaal.

"Wees net jouself, want daar is net een Schalk. Moenie iemand anders probeer wees nie," was die beste raad wat hy ooit as jong man sou kry. Dit was hierdie raad en die ondersteuning van Colinda wat Schalk daardie aand laat besef het dat sy seisoen in rugby nog nie verby is nie! Die 37-jarige Schalk Brits sou na twee jaar se afwesigheid by die Springbok-span ingesluit word en vir 'n tweede keer vir Suid-Afrika in 'n Wêreldbeker uitdraf as een van die meer senior spelers.

As die vrou van 'n professionele rugbyspeler wat weet hoe dit voel om haar man slegs vyftien dae uit agt maande tuis te hê, het Colinda nie vir 'n oomblik gehuiwer of getwyfel nie. Schalk moes sy droom ten volle gaan uitleef, want dit is waarvoor God hom geroep het ... in hierdie seisoen van sy lewe. Sy het hulle huis binne een maand opgepak en uit Engeland terug verhuis Suid-Afrika toe, die drie seuns in skole gekry en haar eie professionele loopbaan bestuur om die droom te ondersteun.

Dit is die jare in Engeland wat Schalk en Colinda geleer het om God se stem vir hulleself te leer ken. Nie deur die oë van 'n prediker of ouer nie, néé, daar is geen ander gelowige steunpilaar om op terug te val nie. As jy wil bid, moet jy kies om te bid. Sou jy God se aangesig wil soek, moet jy self tyd inruim vir stiltetyd omdat niemand jou gaan dwing, aanmoedig of aanspoor om dit te doen nie. Schalk het geleer om in elke seisoen van sy lewe stil te raak en die waarheid te sien vir wat dit is. *"Net soos Job en die dissipels in die Bybel gaan almal nie altyd deur goeie tye nie. Hulle was ook maar in 'n konstante stryd om oorlewing of op soek na antwoorde. Ek kan nie skynheilig wees nie, my doen en late sal my verhouding met God weerspieël. Ek is 'n kryger in die gees; om beginselvas te lewe spreek vir my boekdele. Dit is hoe ek 'n impak maak op mense se lewens, op my manier, al is dit anders as waaraan ons as Christene gewoond is."*

Schalk moes God leer vertrou, en soos in die dae van beserings en om kontrakloos te wees, moes hy glo dat God in die volgende fase ook daar sou wees ná sy amptelike uittrede in 2019. Elke seisoen hou hoogte- en laagtepunte in en niemand kan bekostig

Schalk, Colinda en hul drie manne

om in 'n seisoen te stagneer nie. Die snoeiproses in die nuwe seisoen sou egter pynliker wees as wat hy verwag het.

Vir enige sportpersoon is die oorgang van 'n roetine volgens 'n sportkalender na 'n professionele korporatiewe omgewing, 'n reuse-aanpassing. Schalk, wat vir die grootste gedeelte van sy volwasse lewe deel van die top 1% van die wêreld se sport-elite uitgemaak het as 'n professionele rugbyspeler, moes in 'n oogwink die migrasie in gees, siel en liggaam maak. *"Jy is ewe skielik deel van iets wat die werklikheid is vir 99% van die mense om jou en jy is moontlik nie eens die helfte so goed in iets spesifiek as die mense om jou nie."*

Die werklikheid slaan hard en tensy jou identiteit gevestig is in die boodskap wat God oor jou lewe spreek, gaan jy wankel. 'n Prestasiegedrewe Schalk sou ná 'n lang dag, week en maand een aand laat weer by die huis instap. Die ernstige gesigte van sy drie seuns in hulle pajamas het hom begroet. Dit was die harde woorde uit die mond van sy tienjarige, sy oudste, wat Schalk laat skrik het. "Ons soek ons pa terug," was die versoek. Die woorde uit die hart van 'n klein seuntjie het diep gesny. "Gaan speel eerder weer rugby. Jy is in elke geval nie meer kere by die huis nie en Pappa se werk maak jou nie gelukkig nie. Jy is nie meer hier nie en speel nie meer saam met ons nie."

Wat laat jou jou lewe evalueer en herevalueer? 'n Geskikte situasie of 'n ongewenste resultaat?

Schalk se balansstaat het nie geklop nie, al wou hy dit so graag laat gebeur.

Sy kinderjare as enigste kind was gelukkig. Schalk se pa is vandag steeds 'n gesinsman met ononderhandelbare beginselvaste standaarde. Sy ma het 'n siekte opgedoen wat haar lewe as besigheidsvrou gestuit en haar afhanklik gemaak het van Schalk se pa om haar te versorg. Daar was nie 'n sweempie van vrae of rusie daaroor nie, maar eenheid in gees en vlees.

Dit was hierdie vrug wat Schalk en Colinda die groen lig gegee het om te besluit dat hy 'n "sabbatsverlof" gaan neem. Hy sou die spreekwoordelike bly-by-die-huis-pa wees om, weg van enige korporatiewe verpligtinge af, tyd saam met die kinders te bestee en in hulle as gesin te belê. Die kompeterende "go-getter" het eers geworstel met die samelewing se persepsie dat die man die broodwinner in die huis moet wees en toe stilgeraak en begin luister om te hoor wat God wou sê oor die nuwe rol wat hy moes vertolk.

"Hierdie hoofstuk in my lewe is iets wat ek glad nie ken nie. Elke dag is 'n nuwe dag. 'n Geleentheid om invloed op die mense om my te hê en hulle met iets van waarde te laat. Mense onthou nie altyd wat jy sê nie, maar hulle onthou hoe jy hulle laat voel het. Ek moet self nou my nuwe lys van ononderhandelbare waardes vir my, my gesin en nuwe werk maak."

Die kommer is 'n werklikheid, maar as jong seun het Schalk die Bybel oopgeslaan met 'n verwagting om God se stem en leiding te hoor en vandag is dit nie anders nie, want ons dien 'n God van getrouheid wat gister, vandag en more dieselfde is. *"Vra jou vrae, maar wag vir God. Hy sal die antwoorde vir jou op die regte tyd openbaar. Ons is gewoond aan 'n kitssamelewing, maar dit is nie hoe God werk nie. Raak stil in jou wese, evalueer, werk hard en doen wat jou hand vind om te doen, maar wag op God vir sy leiding."*

Wat dink jy is die grootste struikelblok in mans se lewens?

Geld, vrouens en drank. Elke man het sy eie kruis wat hy dra. Die persepsie van die rol van 'n man hang soms soos 'n swaard oor sy kop, maar die verhouding tussen 'n man en 'n vrou is belangrik. Ek sou sê: "Mans, hou op om in kompetisie te staan met die vrou in jou lewe. Ondersteun jou vrou en sien die waarde wat sy toevoeg. 'n Verhouding het twee partye. En dan – doen jou balansstaat en kyk waarby kom jy uit. Maak opofferings en kyk na jou hart. Volg God se stem en wees jouself."

Hoe sal jy graag onthou wil word?

Ek sal graag onthou wil word as 'n goeie man vir my vrou en pa vir my kinders. 'n Man wie se woord sy eer was en wat geleef het wat hy gepreek het.

Jou boodskap aan Suid-Afrika

Hou moed. Sien die lig.

Moenie gefokus wees op dít wat ons nie het nie, maar lewe in dankbaarheid vir dit wat ons wel het. Kyk vorentoe, maar kyk ook om jou en lewe elke dag in die oomblik.

Swys de Bruin

Zacharia Francois de Bruin – beter bekend as Swys – is eggenoot vir Marilize, pa vir Neil, Francois en Jamie, en vriend van vele. As 'n Suid-Afrikaanse rugbyafrigter, voormalige hoofafrigter van die Leeus se Superrugby- en Curriebeker-span en aanvalsafrigter van die Suid-Afrikaanse nasionale span, het hy die voorreg gehad om op baie jong mans se lewens 'n impak te maak. Swys is op 18 Februarie 1960 in Ficksburg gebore. Sy afrigtersloopbaan begin by Durban-Noord Kollege, voorheen bekend as Afrikaans Hoër Durban-Noord. Hy was die hoofafrigter van die Haaie se o. 21-span in 1997 (wenners van die nasionale o. 21-kompetisie) en het in die 1998-Vodacombeker-reeks beheer geneem van die Natal-Wildebeeste om die span na die halfeindronde van die reeks te lei. Swys se era as afrigter strek wyd en sluit in die Griekwas (1999-2003), Suid-Afrika se o. 21-span (2001), sowel as hoofafrigter en hoëprestasie-afrigter van die Sharks Academy (2004-2012). Ná altesaam tien seisoene in Durban verhuis Swys na Johannesburg om Johan Ackermann en die Goue Leeus as hulpafrigter by te staan (2013-2017). Onder hulle leiding stel die span ongekende rekords in rugbykringe op, behaal die meeste oorwinnings tydens die Superrugby-toernooi en eindig vir die eerste keer sedert 2001 bo-aan die Suid-Afrikaanse konferensie. Die Leeus verower die Vodacom-beker in 2014, die Curriebeker in 2015 en speel in drie Superrugby-finale vanaf 2016 tot 2018. Swys vertolk die rol as hoofafrigter van die Leeus vanaf einde 2017 tot 2019 en vorm deel van die Springbokke se afrigtingspan in 2018 en 2019. Hy was ook hulpafrigter van die World Barbarians-span in 2018. Hy is aangestel as direkteur van afrigting van Shimla-rugby vir 2022 en 2023. Hy is deesdae 'n bekende gesig as aanbieder en sportanalis op SuperSport. Hy bied ook afrigtingsklinieke en motiveringspraatjies in sy vrye tyd aan.

My liefde vir sport het begin ... *as 'n jong seun. Vandat ek kan onthou, het ek op Ficksburg waar ek gebore is en grootgeword het, van die oggend tot die aand met die een of ander bal gespeel. Ek was altyd dol oor rugby, krieket, tennis, gholf en selfs sokker. Ek was 'n klein seuntjie toe my pa my een aand roep en sê dat oom Schalk, die voorsitter van die dorp se rugbyklub, daar was met 'n koevertjie vir my. In die koevert was gratis toegang as "erelid van die Ficksburg-dorp se rugbyklub". Dit was omdat ek elke aand by die dorpspan se oefening was en altyd balle teruggeskop het vir die span se skoppers. Wanneer ons as o. 11-spannetjie klaar geoefen het, het ek sommer by die dorpsveld aangebly om te wag vir al die ander skoolspanne wat om die beurt geoefen het en dan later die dorpspan self.*

As ek nie 'n sportafrigter en in bestuur betrokke was nie, sou ek ... 'n sportkommentator gewees het! Ek wou van kleins af oor die radio rugby uitsaai soos die bekende Gerhard Viviers (Spiekeries). As seuntjie het ek gereeld ons familie met my "uitsaaivernuf" vermaak. Ironies genoeg kry ek nou, aan die einde van my loopbaan, die geleentheid om by SuperSport wel in die uitsaaibedryf te werk.

Ek is ongelooflik dankbaar vir ... 'n ervaring wat my roeping vir my bevestig het. Toe ek 14 was, het ons met my pa se Volkswagen Kombi van Ficksburg af getoer en was ek bevoorreg om al vier die toetse teen Willie-John McBride se Britse Leeus saam met my pa te gaan kyk. Daardie ervaring het my laat besef dat rugby my groot liefde is. Ek is my pa ewig dankbaar dat hy my sulke geleenthede gegee het. Ek sal ook altyd dankbaar wees vir my ongelooflike ma, omdat ek weet dat sy elke dag vir my gebid het.

Ek is so dankbaar teenoor elkeen van die afrigters wat 'n verskil in my lewe gemaak het en dat ek soveel geleenthede gekry het om my passie te kan uitleef. Ons moet nooit die invloed wat onderwysers en afrigters in kinders en jong mense se lewens het, onderskat nie.

Ek dank die Here dat ek my vrou op universiteit kon ontmoet, want sy is die rots en steunpilaar vir my en ons drie seuns.

Ek is dankbaar dat die Here my as onderwyser kon gebruik om my passie uit te lewe en met kinders te kon werk nadat my eie rugbyloopbaan op jong ouderdom kortgeknip is weens 'n ernstige enkelbesering.

Ek sal altyd dankbaar wees teenoor Brian van Zyl en Garth Giles, wat my die geleentheid gegee het om voltyds by die Haaie te begin rugby afrig, asook Hans Scriba by die Sharks Academy. Hans was veral my geestelike mentor en is steeds 'n kosbare vriend. As dit nie vir Johan Ackermann (Leeus) en Rassie Erasmus (Springbokke) was nie, sou ek dalk ook nooit al die ongelooflike geleenthede gehad het waarop ek nou met soveel dank terugkyk nie.

As ek my lewe kon redigeer, sou ek ... absoluut niks wou verander nie. Ek glo dat alles wat met 'n mens gebeur – goed of sleg, geluk of swaarkry – deel is van die Here se plan met jou lewe as jy Hom ken.

Swys saam met Rassie Erasmus

Een van die grootste lesse wat ek vanjaar geleer het ... *Wanneer ek met afrigters en spelers werk tydens die opleidingskursusse wat ek aanbied, kom ek agter dat daar meer as ooit 'n groot behoefte aan mentors, voogskap, vaderskap en leierskap is – veral op geestelike gebied. Die wêreld het veral ná COVID 'n geweldig onsekere plek geword, met baie mense wat rigtingloos en oorweldig voel. Neerslagtigheid en depressie is aan die orde van die dag. Een van die ander groot lesse is dat die mag van sosiale media, met almal se toegang en gebruik daarvan, mense se lewens kan vernietig. Die les wat ek daaruit geleer het, is om nie te veel waarde te heg aan die kommentaar en menings van ander nie.*

My grootste prestasie is ... *nie enige trofee of medalje, toekenning of baadjie wat ek mag verwerf het nie – dít is bloot die Here se genade; sy geskenke aan my. Ek glo my grootste prestasie is om moontlik 'n verskil te kon maak in selfs net een speler of afrigter se lewe.*

As ek dan na my eie drie seuns kyk – die ongelooflike jong manne wat hulle is (krygers vir die Here) – wil ek glo dat dít my grootste prestasie is, al is dit glad nie myne om toe te eien nie. (Dit is eintlik danksy hulle ma – en die Here se genade!)

Die prestasie waarop ek die trotsste is? *Ek was bevoorreg om die Springbokke se aanvalsafrigter te wees toe ons in 2018 die All Blacks in Wellington met 36–34 gewen het. Die span het daardie dag vyf drieë gedruk en dit was sekerlik die prestasie waarop ek die trotsste van almal is.*

Die beste raad wat ek al gekry het, was ... *die woorde van Jannie Putter, die Leeus se voormalige sportsielkundige: "Alles wat met ons gebeur, gebeur vir ons!"*

Oud-Springbok-voorspeler Julian Redelinghuys het my ook geïnspireer deur sy persoonlike getuienis en sy raad: "Play for an audience of One." Ek dink as ons hierdie perspektief kan toepas op alle aspekte van ons lewe, sal ons onsself baie druk en hartseer spaar.

Die beste raad wat ek al gegee het, was ... *"Gaan maak 'n verskil!"*

Die beste besluit wat ek al ooit geneem het, was ... *Buiten om my vroutjie te vra om met my te trou, was die beste besluit wat ek kon neem om die gemak van ons lewe in Durban en by die Sharks Academy agter te laat om Johannesburg toe te trek en Johan Ackermann by te staan by die Leeus.*

Die Bybelvers wat my deurdra ...

Jeremia 29:11:
"'Ek weet wat Ek vir julle beplan,' sê die Here: 'Voorspoed en nie teenspoed nie; Ek wil vir julle 'n toekoms gee, 'n verwagting!'"

MY STORIE
Swys de Bruin

Dit was 'n dag van reënbuie, weerlig en donderstorms; 'n hartseer dag vir die 11-jarige Swys de Bruin. Hy het by die voordeur van sy onderhoof en afrigter, mnr. Slang Fouché, se huis gaan aanklop om te hoor wanneer hulle dan gaan oefen. Sy bril was sopnat gespat met die harde reën se vet waterdruppels. Hulle kon nie rugby oefen nie, maar mnr. Fouché het die ewig gretige Swys maar binnegenooi en 'n koppie sop aangebied met die hoop dat dit darem die dag sou beter maak.

Swys se passie vir rugby was tasbaar. Hy het rugby geëet, geleef en geslaap. Tog word sy eie rugbyloopbaan op 'n jong ouderdom kortgeknip deur 'n ernstige enkelbesering. Dit het Swys twee lesse geleer: dat rugby 'n fisieke, ongenaakbare kontaksport is. Hy het later nog iets geleer: dat rugby op die oog af nie altyd sinoniem met Christenskap is nie. 'n Mens kan die spelers en die publiek maklik afskrik deur te "heilig" te probeer voorkom.

Die oplossing? Dit was belangrik om altyd oprég, eerlik en so regverdig moontlik te wees, juis sodat mense dan God in sy lewenswyse kon sien, eerder as deur net te luister na die woorde wat Swys oor sy Christenskap gesê het. Swys se ervaring van God se goedheid was oprég en tasbaar soos sy liefde vir die sport.

Hy was 'n derdejaarstudent aan Kovsies en sou een vakansie na Pietermaritzburg ryloop om vir sy meisie, Marilize, wat ook later sy vrou sou word, te gaan kuier. 'n Man het hom opgelaai en met die eerste oogopslag het Swys die woorde van die bekende lied, "Amazing Grace", op 'n pamflet op die sitplek raakgesien. 'n Betekenisvolle, diep gesprek oor die betekenis van genade het gevolg.

Die gesprek op die kort reis tot by Harrismith het Swys se hart so aangeraak dat hy net daar langs die pad op sy knieë gegaan en vir die Here gevra het om hom genadig te wees.

Nooit sou daardie bestuurder, 'n pastoor, besef dat 'n kort rygeleentheid 'n Damaskus-oomblik vir 'n jong man sou wees nie.

Al sou sy werklike finale oorgawe eers meer as 'n dekade later plaasvind ... Dit was sy eerste jaar by die Sharks en sy hooffokus was die opleiding van afrigters. Die inspirasie om 'n handleiding saam te stel wat afrigters sou help, was opwindend. Swys het die oorweldigende gevoel ervaar dat dit nie hy was wat die skryfwerk gedoen het nie. Met die finalisering van die teks het hy sy Skepper in die voorwoord bedank vir die wysheid met die samestelling van die boek. Dit was omstrede en die stemming van sy kollegas wat Swys begroet het, was ontnugterend. 'n Voorwoord van dié aard het blykbaar nie regtig gepas binne die rugbykultuur nie. Dit was egter op daardie oomblik dat die stille, sagte stem van die Heilige Gees rustigheid in Swys gebring het. *"Die voorwoord bly net so, of die handleiding word nie gedruk nie,"* het hy voet by stuk gehou.

Die handleiding is net so gedruk en hy sou ná daardie ondervinding onder alle omstandighede die Here die eer in sy rugbyloopbaan gee en menige wonderwerk op en van die veld af beleef.

Snoeiprosesse sou egter gedurigdeur plaasvind omdat 'n mens se ego soms die oorhand kry. Dit is die aansien wat spelers en afrigters ervaar, asook die druk van afrigting op 'n hoë vlak, wat leiers soms laat vergeet hoe afhanklik hulle van die Here is.

> *"Jy word meegesleur deur prestasies en die lof van ander."*

"Ek het geglo ek kan alles hanteer en toe ek uiteindelik knak onder die druk van twee veeleisende rolle van bykans twee jaar lank – eerstens by die Leeus as hoofafrigter van die Superrugby-span, asook die rol as aanvalsafrigter by die Springbokke – het ek besef dat ek te veel wou doen. Dat ek vergeet het hoe afhanklik ek eintlik van die Here is."

Swys saam met sy vrou, Marilize, en oudste seun, Neil, pas nadat die Leeus gekwalifiseer het vir die Superrugby-finaal

Uitbranding in 2019, op die kruin van sy loopbaan, het Swys tot stilstand geruk. Hy was 25 weke van die jaar weg van die huis af, die rugby een seisoen op die ander. 'n Paar maande voor die Wêreldbeker het die volgehoue druk van die twee rolle hulle tol geëis en moes hy die drastiese besluit neem om sy rol by die Springbokke prys te gee. Dit was die professionele hulp van prof. Gerhard Schwär, 'n sielkundige, wat hom op die eerste tree van sy herstelpad begelei het.

"Wanneer so 'n storm in en om jou woed, betwyfel 'n mens dikwels jou besluite, maar vir my was dit die enigste uitweg. Ek besef nou dat ek wel, met God se hulp, die regte keuses gemaak het vir my selfbehoud, al was dit vir ander baie moeilik om te aanvaar.

"Ek weet nou dat die Here toegelaat het dat die uitbranding gebeur, sodat ek waardevolle lesse kon leer. Hy was, soos altyd, daar om my te vang."

Een van die belangrikste lesse wat Swys hieruit sou leer, is dat 'n mens nie jou heil aan ander mense se menings moet oorlaat nie: Daar is, was en sal altyd dié wees wat in moeilike tye kritiek gee, ongeloof toon en hulle nie by jou skaar nie. Ná sewe wonderlike jare moes Swys wegstap van sy geliefde Leeus, net om hom in twee jaar van COVID vas te loop en steeds te glo dat God áltyd daar is.

Wat is die woorde en boodskap uit God se hart vir jou hierdie afgelope twee jaar? Wat het Hy met jou gedeel oor jou lewe, karakter en menswees, weg van die sportveld af?

COVID het op die een of ander manier elke liewe een van ons se lewens geraak. My familie was so geseënd dat niemand ernstig siek geword het of dood is as gevolg daarvan nie. Dit was 'n tyd waarin ek en my gesin gedwing is om tot stilstand te kom en om elke dag as kosbaar en Godgegewe te ervaar. Ons het nader aan mekaar en aan die Here gegroei en dit het my 'n totaal nuwe, vars uitkyk op die lewe gegee.

Die Here het my een ding duidelik laat besef: Moenie jou bekommer oor die dag van môre nie, veral omdat ons letterlik in daardie tyd nie geweet het wat die volgende dag sou bring nie. Dit was eintlik ook vir my 'n tyd van genesing, waar ek nie meer vasgevang was in die rotte-ren van werk en wen of verloor nie. Ek het opnuut besef dat die Here, selfs in ons isolasie van mekaar as mense, nog net so naby aan ons as altyd was. Ons kon dalk nie kerk toe gaan nie, maar ons kon Hom steeds aanroep, loof en prys en ons persoonlike verhouding met Hom versterk.

Hoe het jy spelers onder jou staande gehou terwyl dit soms self gevoel het jy kan nie staande bly nie?

As afrigter by die Leeus was ek baie geseënd om omring te wees deur 'n uitstekende spanbestuur en spelers. Die kultuur wat Ackers gevestig het, is een wat ek nou nog volg: As iemand geestelik gesukkel het, was die ander daar om sy arms op te lig, hom gerus te stel en te versterk. Ons deure was altyd oop vir enige speler en ons broederskap was een van ons grootste waardes. Ons het altyd gespeel om die Here te verheerlik en ons ondersteuners te vermaak.

Wat dink jy is die grootste struikelblok in mans se lewens?

Die eerste struikelblok is dikwels ons ego's. In my werk speel die pers en sosiale media beslis hierin 'n groot rol. Ouens word maklik opgebou tot klein afgodjies en 'n mens glo selfs jy is onaantasbaar. Jy verloor dikwels perspektief en kontak met die werklikheid en sukkel dan om enige kritiek of mislukking te hanteer.

Ons kom ook uit 'n kultuur wat voorskryf mans moet taai wees ("cowboys don't cry"). Ek glo dit is 'n reusestruikelblok, want hoe meer jy in voeling met jou eie emosies kan wees, hoe beter kan jy dié van ander verstaan en empatie met hulle hê.

Nog 'n struikelblok is dat mans dikwels sukkel (of weier) om te praat. Die stoom in die drukkoker bou op en as dit nie op die een of ander manier bietjie vir bietjie uitgelaat word nie, word 'n ontploffing onvermydelik.

Hoe sal jy graag onthou wil word?

Ek sal graag onthou wil word as iemand wat opreg was; wat 'n verskil gemaak het in ander se lewens en in wie 'n mens die lig van God kon sien skyn.

Swys saam met die Springbok-agterspelers

Pa en seuns op die Hartebeespoortdam

Jou boodskap aan Suid-Afrika

Suid-Afrikaners is uniek; voorwaar 'n reënboognasie. Ons is veerkragtig en ons mag lê juis in ons diversiteit. My gebed vir ons land is dat daar 'n samebindende kruistog sal wees, van die boonste vlakke van regering af, wat ons almal sal terugbring na God toe en ons sodoende sterker as ooit sal saambind. Soli Deo Gloria.

En dan wens ek natuurlik altyd dat die Springbokke meer hardlooprugby sal speel!

Swys de Bruin
Eksklusiewe onderhoud
Skandeer kode en kyk

Victor Matfield

Victor Matfield, gebore op 11 Mei 1977, is 'n voormalige Suid-Afrikaanse professionele rugbyspeler. Die trots van Polokwane was van jongs af 'n veelsydige krieket- en rugbyspeler wat selfs in die Verre-Noord-skolekrieketttoernooi deelgeneem het. 'n Besering wat sy kolf- en boulwerk kniehalter, gee hom genoeg rede om net op rugby te fokus en hy word vir Verre-Noord se junior Cravenweek-span gekies voordat hy slot vir Hoërskool Pietersburg speel. Victor dring twee agtereenvolgende jare deur na die Cravenweek-kompetisie vir hoërskole. As voormalige student van die Universiteit van Pretoria, draf hy vir die o. 21-span uit en kort daarna word hy vir die Blou Bulle se o. 21-span gekies. Victor trek vir die eerste keer die groen en goud oor sy kop in 1995 as deel van die SA Akademie-span. Hy speel in 1997 in die o. 21-Springbokspan onder kaptein Bobby Skinstad en haal die span weer in 1998. In 2000 draf hy uit vir die SA o. 23-span. Sy provinsiale loopbaan sluit in wisselende jare saam met die Blou Bulle, Griekwas (1999-2000), Cats (1999-2000), Bulls, Toulon (2007-2008) en 17 wedstryde vir Northampton Saints (2015-2016). Waarvoor hy egter die meeste bekendheid verwerf, is sy sukses om opposisie-lynstane saam met spanmaat Bakkies Botha te ontwrig. Hierdie vaardigheid word die hoeksteen van sy Springbok-loopbaan as senior speler (2001-2015). Victor maak sy buiging in die senior Springbokspan op 30 Junie 2001 teen Italië. Hy word algemeen beskou as een van die beste slotte wat nog vir Suid-Afrika gespeel het. Victor het aanvanklik ná 2011 se Wêreldbeker-toernooi uitgetree. Hy maak egter sy terugkeer na rugby in 2014 en word die eerste keuse vir die Springbok-Wêreldbekerspan in 2015 en is ná hierdie wedstryd die persoon met die rekord vir die meeste internasionale wedstryde vir die Springbokke.

Sy prestasies sluit in die IRB (Internasionale Rugbyraad) se Speler van die Rugbywêreldbeker 2007. In 2008 was hy kaptein van die eerste span wat die All Blacks in Nieu-Seeland geklop het in die "House of Pain" (Dunedin-rugbystadion) sedert Engeland in 2003. Victor en sy span wen die Curriebeker-eindstryd drie keer (2002, 2004 en 2009), die Super 14-titel in 2007, 2009 en 2010, die Drienasies-reeks in 2004 en 2009 en die Rugbywêreldbeker in 2007. In 2008 is hy opgeneem in die Universiteit van Pretoria se Hall of Fame.

Victor se afrigtings- en konsultantloopbaan sluit tyd by die Australiese NSW Waratahs en Blou Bulle (2013) in.

Hy is tans deel van SuperSport se televisieaanbieders en is 'n sakeman.

My liefde vir sport het begin ... as 'n jong seun. My ouers was beide onderwysers wat beteken het dat ek met 'n bal in die hand langs die sportveld grootgeword het. My hele skoolloopbaan het net om sport gedraai – meestal krieket en rugby. Ek wou nooit persente gehad het vir my verjaarsdag nie, maar rugby- en krieketballe of 'n kolf of raket was altyd welkom.

As ek nie 'n sportster/televisieaanbieder was nie, sou ek ... in 'n BCom-rigting gewerk het. Ek het BCom rekeningkunde aan die Universiteit van Pretoria gestudeer, maar tans is ek met myne en dieselgroothandel besig. Ek is 'n entrepreneur.

Ek is ongelooflik dankbaar vir ... eerstens, my ongelooflike ouers. Ek het in 'n wonderlike huis grootgeword wat my met baie liefde en 'n goeie waardesisteem grootgemaak het. My ouers het alles gedoen om my die beste geleenthede in die lewe te gee. Hulle het my ook grootgemaak met die belangrikste fokus op aarde: Christenskap. Tweedens is ons 'n uiters hegte gesin. Ek is dankbaar vir my vrou en kinders in my lewe. Ek sou nie die hoogtes kon bereik het as dit nie was vir my vrou wat my so ondersteun het nie.

As ek my lewe kon redigeer, sou ek ... niks verander het nie. Ek is baie gelukkig met die meeste besluite in my lewe.

Een van die grootste lesse wat ek vanjaar geleer het ... Ek dink vergifnis. Ek dink ons word so in ons eie lewe vasgevang dat ons te veel na ons eie belange begin kyk.

My grootste prestasie is ... My familie. Ek het 'n wonderlike gesin en ons is baie naby aan mekaar.

Die Bybelvers wat my deurdra ...

Ek is nie 'n spesifieke Bybelversiemens nie, maar die belangrikste is ons liefde vir ons medemens en dat ons weet: Al hoe ons gered kan word, is deur die genade van Jesus Christus.

Victor Matfield en Bakkies Botha

Victor, Monja en hulle twee oudste dogters

MY STORIE
Victor Matfield

Hy is 2,01 m lank. Die seun van Fai en Hettie Matfield. Hy is 'n toring van 'n rugbygenie wie se werksetiek en leierskapsvaardighede van jongs af al deurskemer. Hy is geprys vir sy mobiliteit en spoed, sy temperament op en van die veld af en hy het sinoniem geword met die nommer 5. Victor se bloed was blou, maar ook grasgroen, en sou hy op 'n rugbyveld kon slaap, het hy! Sportkommentators het dit geniet om oor sy spel te praat. Met 127 wedstryde vir die Springbokke sal Victor vir ewig beskou word as een van die beste slotte in die geskiedenis van Suid-Afrikaanse rugby.

God het Victor Matfield toevertrou met 'n rol as sportheld vir Suid-Afrika en Hy vertrou hom steeds toe met aansien. Die snoeiprosesse wat hy egter moes deurgaan, was iets wat sy karakter keer op keer help vorm het. Victor het nooit van die snoeiproses weggeskram nie.

"Die liefde vir sport in Suid-Afrika gee my die geleentheid om mense se lewens aan te raak. Ek dink my grootste impak is om mense te vertel van my ingesteldheid. Ek sien die lewe altyd as positief en soek altyd die positiewe in alles. Ek sien nooit iets wat ek moet uitsnoei nie."

> **"Ek takel elke uitdaging as 'n doelwit en die visie om dit te bowe te kom, dryf my so hard dat niks wat ek moet opoffer vir my soos 'n opoffering voel nie."**

"Ek fokus dan net op die droom en geniet die reis met al sy struikelblokke."

Daar was egter een dag wat hierdie ingesteldheid onderstreep het; 'n waterskeidings-oomblik in Victor se lewe waarna hy altyd kan verwys. Hy het in daardie stadium met groot besluite geworstel en saam met sy dogtertjie in die parkie gespeel in die landgoed waar hulle woon. *"Die volgende oomblik het 'n vreemde motor langs die parkie gestop en 'n onbekende man het uitgeklim om vir my 'n briefie te gee. Op die briefie was my antwoord oor watter besluit ek moes neem – ek weet nou nog nie wie die man was en hoe hy by my uitgekom het nie ..."*

Die rol van geloof in sy sportloopbaan was sedertdien vir ewig vasgelê en sy verhouding met God ononderhandelbaar. Die ervaring sou 'n legkaartstuk in 'n groter prentjie wees, want Victor het nie meer net sy ouers se Here geken nie – nee, hy het self direk na God gegaan, want God het sy naam geken en Victor was syne.

"As 'n sportman het ek al my beginsels op Bybelse waardes gebaseer en ek dink dit het my nederig en hardwerkend gehou. In die huwelik en in die sakewêreld waar ek tans is, is al wat 'n mens op die reguit pad hou, jou waardes in God."

Wanneer die wêreld om hulle álles – selfs onetiese besigheids- en gesinswaardes – aanvaarbaar wil maak, soek die Matfields na die Ware Noord en gebruik hulle God as 'n kompas om rigting te gee.

> **"Die wêreld het alles so aanvaarbaar gemaak dat ons nie kan bekostig om nie die Bybel te lees en op ons verhouding met Jesus te staan nie."**

Die wêreld sal deur transformasie gaan, en ja, verandering is goed, maar Victor weier om die knie te buig voor 'n denkbeeldige reus en dinge groter te maak as wat dit moet wees. "My vroutjie sê ek is dalk te onemosioneel, maar ek het nog nie veel storms beleef nie. Dalk beleef ek die meeste moeilike tye bloot nie as storms nie; selfs gedurende COVID. Ja, daar was moeilike tye in ons besigheid en ons moes harde besluite neem, maar ek het so gegroei in daardie tyd. Ek weet ek het vir elkeen in my maatskappy die beste gedoen en op die end het ek niemand afgedank nie. So, was dit moeilik? Ja. Voel ek positief oor hoe ons dit hanteer het? Ja. Ons het weer eens die beste van die saak gemaak."

Een van Victor se gunsteling-herinneringe is die dag toe Jake White op sy eerste dag as Springbok-afrigter die spankamer binnestap en die woorde "Wêreldbeker-kampioene 2007" op die witbord skryf. Dit is nooit uitgevee nie en almal het saam vier jaar lank aan dié droom gewerk. Vra jy hom vandag of dit steeds die wyse is waarop hy funksioneer, is dit 'n kopknik, want Victor Matfield leef dít wat hy glo en praat. Soos die titel van sy biografie, *Journey*, aandui, besef hy dat niks oornag suksesvol is nie en dat niemand alleen kan staan nie. God is ons fondament en Hy is 'n integrale deel van 'n span en 'n belangrike skakel – of slot – tot die eindresultaat.

Monja, Tasmin, Giselle, Victor en Jamie

Wat dink jy is die grootste struikelblok in mans se lewens?

Ek dink EGO. Ons mans is baie trots en ons sal onsself oortuig oor wat vir ons identiteit gee. Dit is min dat ons hulp vra en 'n mens sal baie keer dinge in jouself opkrop totdat dit te laat is en dan ontplof jy. Soms is dit dan te laat om hulp te kry.

Hoe sal jy graag onthou wil word?

Ek sal graag onthou wil word as 'n nederige mens wat altyd tyd gehad het vir ander mense en wat nog meer tyd gehad het vir sy familie. Ek "love" dit om daar te wees vir my kinders.

Jou boodskap aan Suid-Afrika

Ek was al in baie spanne en elke individu moet sy eie drome en visie hê, maar die span se visie/droom moet altyd swaarder weeg as die individu se droom. Ons is 'n diverse groep mense in Suid-Afrika en elke persoon en elke taalgroep moet sy eie visie hê. Dit is egter belangrik dat ons visie as Suid-Afrikaners altyd die meeste gewig moet dra en ons visie vir Suid-Afrika moet gegrond wees op ons Christelike beginsels, waarvan liefde en verdraagsaamheid vir mekaar die belangrikste moet wees.

Victor en Monja

Victor saam met twee van sy dogters

Isabella Kruger

Isabella Kruger, gebore op 30 Maart 2005, is 'n regshandige Suid-Afrikaanse tennissensasie. Sy is tans nommer 336 op die Vrouetennisvereniging (WTA) se ranglys en 155ste op die Internasionale Tennisfederasie (ITF) se ranglys. As dogter van die voormalige Springbokrugby-speler, Ruben Kruger, vloei die sporttalent sterk deur haar are. Isabella maak in 2022 haar junior Grand Slam-debuut by die junior Wimbledon-kampioenskap.

My liefde vir sport het begin ... *van jongs af.* Ek het in 'n familie grootgeword wat mal is oor sport. My pa het rugby gespeel en my oom is 'n tennisafrigter. Dus het ek van jongs af belanggestel in sport. Ek speel al tennis vandat ek drie jaar oud is, want my ouer sussie het ook tennis gespeel en ek wou net altyd doen wat sy doen! Op laerskool het ek aan alle sportsoorte deelgeneem, maar tennis was nog altyd my gunsteling, my eerste liefde!

As ek nie 'n sportster was nie, sou ek ... *sielkunde studeer het.* Ek is nog jonk en kan nog baie besluite oor my toekoms maak, maar as tennis nie soveel tyd in beslag geneem het nie, sou ek in 'n sielkunderigting wou studeer. Dit interesseer my hoe 'n mens se brein in verskillende omstandighede en situasies funksioneer; hoe mense, woorde en 'n omgewing jou positief of negatief kan affekteer. Ek leer self aan die hand van sielkundeboeke hoe om my ingesteldheid en denke op die baan te verbeter. Die waarde lê in die toepassing van hierdie raad as rigtingaanwysers. Ek ervaar daagliks die krag daarvan en die verskil wat dit in my eie lewe en wedstrydplan maak.

Ek is ongelooflik dankbaar vir ... *so baie dinge in my lewe.* Die een groot verandering wat ek oor die afgelope twee jaar in my lewe gemaak het, is juis om in dankbaarheid te lewe. Die lewe is meer genotvol wanneer jy op dankbaarheid fokus, eerder as op die tekortkominge en die afwesigheid van dinge. In elke situasie is daar iets om voor dankbaar te wees. Ek is so dankbaar vir die mense wat deur die Here in my lewe geplaas is: my familie, vriende en span. Almal in my lewe voeg waarde by tot my lewe. My familie en vriende bring my nader aan die Here; mense wat vir my omgee en met wie ek die goeie en slegte oomblikke kan deel. Ek is ook baie bevoorreg dat sport my toelaat om na ander dele van die wêreld te reis, ander dinge te beleef en 'n beroep te hê wat vir my soveel wysheid oor die lewe kan leer. Ek toer van jongs af dikwels alleen vir tenniskompetisies en daar was talle kere waar ek alleen probleme moes oplos in 'n vreemde land. Dit is hierdie ervaringe wat my dankbaar maak vir die mense om my.

As ek my lewe kon redigeer, sou ek ... *niks verander het nie. Dit is 'n baie moeilike vraag om te beantwoord omdat daar al so baie "slegte" oomblikke was, maar ek dink daardie tye het my wyser gemaak en het my die meeste dinge geleer. Sonder die slegte oomblikke in 'n mens se lewe, kan jy nie die waarde van 'n "goeie" oomblik verstaan nie. Die slegte oomblikke het my geleer dat ek nie sonder die Here kan funksioneer nie. Elke besluit en elke seisoen wat ek moes deurmaak, is deel van die Here se plan vir my.*

Een van die grootste lesse wat ek vanjaar geleer het ... *is dat my identiteit nie in my sport lê nie, maar in die Here. Alles wat ek doen, doen ek om Hom te eer, nie om my naam groot te maak nie. Ek het ook weer die krag van gebed besef.*

My grootste prestasie is ... *dat ek my ingesteldheid oor die afgelope paar jaar verander het. Ek het altyd baie gesukkel om die positiewe in die slegte situasie te sien en iets daaruit te leer, maar gedurende die inperking het ek baie tyd gehad om te besin oor wat vir my belangrik is en hoe ek dit kan uitleef. Die verandering in my ingesteldheid het my gehelp om van die grootste wedstryde in my loopbaan tot dusver te wen! Die geleentheid om ons land by Wimbledon te verteenwoordig, was 'n ongelooflike ervaring.*

Die Bybelvers wat my deurdra ...

is een wat my ma altyd vir my herhaal –

Psalm 23:4:
"Hy gee my nuwe krag. Selfs al gaan ek deur donker dieptes, sal ek nie bang wees nie, want U is by my. In u hande is ek veilig." Hierdie Bybelvers beteken baie vir my, want dit herinner my dat die Here altyd by my is. Dit gaan hand aan hand met **2 Korintiërs 5:7:**
"... want ons lewe deur geloof, nie deur sien nie."

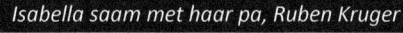
Isabella saam met haar pa, Ruben Kruger

MY STORIE
Isabella Kruger

"Geloof in die Here is baie belangrik. Dit is om met 'n onwrikbare verwagting te leef dat die Here sy pla vir jou lewe gaan laat waar word, want geloof is 'n vaste vertroue in die Here en op die dinge waarvoor ons bid en hoop. Dit is 'n bewys van die dinge wat ons nie kan sien nie."

Isabella is net 18 jaar oud, maar die lesse wat sy willekeurig en onwillekeurig moes leer, was lewensveranderend.

Geloof in 'n onsienlike God en dat Hy die beste in gedagte het vir hulle as gesin in die onbekende, was al wat 'n jong Isabella Kruger gehad het om aan vas te hou.

Sy was maar nege jaar oud toe haar ma die groot besluit neem om hulle in Amerika te gaan vestig. *"Ons het niemand daar geken nie. Dit was 'n totale omgewingsverandering en al het dit die beste geleentheid vir 'n suksesvolle sportloopbaan vir my en my sussie ingehou, was dit die moeilikste ding om aan gewoond te raak. Die aanpassing was groot, die vreemde land en ongewone kultuur het soms baie moeilik geraak, maar ons het mekaar gehad en dit was genoeg."* Met die standvastigheid van 'n beskermende ma wat die leiding gegee het en ook haar dogters se grootste ondersteuner is, het Lize vir Isabella en haar suster geleer hoe om die regte keuses te maak en moeilike situasies te bowe te kom. Ná die afsterwe van hulle pa, Ruben, moes hulle die bekendheid van 'n sonnige Suid-Afrika en die Afrikaanse kultuur asook die vangnet van 'n uitgebreide familie agterlaat. Florida was hulle nuwe tuiste en spoedig het hulle ook die lughawens tussen Madrid en Amerika baie goed leer ken. Zoë, Isabella se ouer sus, het na Spanje verhuis om op haar loopbaan te fokus en dit te bevorder.

Isabella kon nie meer klein droompies droom nie. Sy moes gehoor gee aan die dryfkrag van die sportbloed in haar are. *"Ek was omtrent sewe jaar oud toe ek vir die eerste keer* my voete op Wimbledon gesit het. Ek onthou net dat ek Roger Federer ontmoet het en dat hy so gaaf was – sy ma is ook 'n Suid-Afrikaner. Ek was so klein, maar daardie herinnering het my aangemoedig om ook 'n sukses van mý loopbaan te maak. Ek onthou hoe ek vir Serena Williams gekyk het, terwyl Maria Sharapova ook in daardie stadium gespeel het. Van daardie oomblik af was dit my droom om eendag self op Wimbledon te speel."

Ure se oefening, geduld en harde werk sou vir Isabella voorlê. Maar sy sou ook eers 'n ontmoeting met die Here hê, want sy moes leer om alles tot sy eer te doen en nie vir eie gewin nie. Dit is daarin waar die vreugde lê, anders sou die menings en kritiek van mense haar verteer. Isabella het besef dat sy vir 'n groter doel as net sport die tennisraket optel. Sy moes verby die kommentaar van die publiek op sosiale media kyk en die verantwoordelikheid van 'n roeping in die kollig besef. Want wat ook al op die troon van jou hart sit, sal vir jou vertel wie jy is en wat jou waarde is. *"Toe ek leer dat ek die Here heel eerste moet sit in elke aspek van my lewe, het ek 'n gevoel van vrede beleef wat ek nog nooit tevore gehad het nie. Om te weet en te glo in 'n lewendige God en al my geloof in die Here te sit, was my redding. Die wete dat Hy 'n plan vir my lewe het, het alles vir my verander. Ek het besef dat enigiets wat ek doen – ongeag of ek tennis speel of nie – gedoen moet word om die Here se Naam groot te maak."*

> **"Toe ek my uitkyk verander en besef 'ek speel vir die Here; en of ek wen of verloor is dit deel van sy plan vir my', het dit onmiddellik soveel van die druk op die baan verlig."**

God het beslis 'n rol as sportpersoon vir Suid-Afrika aan Isabella toevertrou. Hy het haar vertrou met 'n titel en aansien, maar daar was 'n langdurige snoeiproses wat sy moes deurgaan. Haar roeping om tennis te speel, het haar nuwe werklikheid geword en dit het met 'n paar veranderinge gepaard gegaan. Haar roetine weg van die baan af moes verander. Klein goedjies, soos hoe laat sy gaan slaap, wat sy eet en hoe baie sy deur die dag met die Here praat, het alles 'n rol gespeel. Vir die eerste keer sou Isabella die omvang van haar verantwoordelikheid en hoe groot die geleentheid is, verstaan.

"Ek het besef die Here kan vir my 'n groot geleentheid gee, maar as ek nie my deel gedoen het om myself goed voor te berei nie, kan ek nie die voordeel van die geleentheid benut nie." Haar karakter op die baan moes ook verander. *"Ek het begin verstaan dat dit nie saak maak of jy wen of verloor nie, die indruk wat jou karakter gemaak het, is wat die mense gaan onthou. Ek het ook vir die Here gevra om liefde die ware motief van my hart te maak en om meer geduld met myself en ander mense te hê."*

Sy het haar ingesteldheid teenoor mense aangepas; hoe sy reageer wanneer sy kwaad is. Sy moes die Here vra om mense uit haar lewe te verwyder wat haar van Hom af weggelok het. Die veranderinge wat gekom het, was glad nie wat sy beplan het nie. *"Dit was nie deel van 'my plan' nie, maar dit was deel van die Here se plan. God se mening oor my maak baie meer saak as mense se mening oor my."*

En toe, kort ná COVID en 'n uitdagende grendeltyd, klop Wimbledon aan haar deur. Isabella se kleindogtertjiedroom sou op 17-jarige ouderdom bewaarheid word.

"Die hele ding is net so onwerklik."

"Ek was voorheen by Wimbledon as 'n ondersteuner en om die atmosfeer te geniet, maar laat ek vir jou sê, dit is baie anders om as 'n speler daar op die baan te stap!"

Die onsekerheid van onbeantwoorde vrae, die stampe en stote van haar groei in menswees, nuwe gewoontes aanleer en ou gewoontes aflê, tesame met al die veranderinge in haar, het Isabella laat sterk staan. Dit was die krag van gebed wat haar bo gehou het. *"Die besef dat ek die voorreg het om met die Skepper van die heelal te kan praat en dat Hy my naam ken, was my behoud."*

Isabella kon terugkyk en in dankbaarheid haar hele lewe in 'n nuwe lig sien. Haar identiteit is in Hom. Sy kon vir Hom tennis speel en haar hele lewe in sy hande laat. *"Ek vergelyk myself nie meer met mense om my nie en daarom kan ek saam met hulle bly wees wanneer daar 'n hoogtepunt in hulle lewe is; dit werklik saam met hulle vier, want nie almal is in dieselfde seisoen van die lewe nie."*

Wat dink jy is die grootste struikelblok in vrouens se lewens?

Ons dink en reageer meer emosioneel en soms ook te vinnig, maar dit is hoekom die Bybel se waarheid so belangrik is. Ons moet altyd eers terugverwys na die feite, veral in 'n moeilike tyd, want dit kan vir ons leer hoe om situasies te hanteer en hoe om uit God se liefde te reageer. Volgens my is om emosioneel te wees egter nie 'n slegte kwaliteit om te hê nie. God het mans en vrouens vir 'n rede verskillend gemaak. Ons kan meegevoel hê met mense en regtig verstaan wanneer iemand uit hulle emosie praat.

Hoe sal jy graag onthou wil word?

Vir my is dit nie so belangrik hóé ek onthou word nie, maar eerder watter impak ek in die wêreld in ander mense se lewens kan maak terwyl ek hier is. Ek wil die Here se liefde wys. As ek onthou sou word vir iets, sou ek graag wou hê dit moet wees hoe ek sy Naam uitdra en dat ek iemand is wat alles gedoen het uit God se liefde. 'n Deel daarvan is ook om te wys dat ek nie perfek is nie en dat almal foute maak; dit wys net die oneindige liefde wat die Here vir ons het en dat Hy ons altyd sal vergewe en ons liefhet.

Isabella (middel) saam met haar ma, Lize, en suster, Zoë

Jou boodskap aan Suid-Afrika

Die frase, "The man who loves walking, will walk further than the man who loves the destination", beteken vir my baie. Dit is belangrik om die proses en reis te geniet. Dit beteken daar gaan baie "oppe en affe" in jou lewe wees. Dinge gaan nie altyd verloop soos jy wil hê dit moet gaan nie, maar dit is deel van jou leerervaring. Leer hoe om jou reis te geniet en elke dag te lewe in versekerde verwagting en geloof in die Here.

Isabella Kruger
Eksklusiewe onderhoud
Skandeer kode en kyk

Die twee Kruger-sussies saam met Roger Federer

Theuns Stofberg

Marthinus Theunis Steyn (Theuns) Stofberg is op 6 Junie 1955 gebore op Villiers, 'n klein dorpie in die Vrystaat aan die oewer van die Vaalrivier. Hy word vernoem na die voormalige president van die Oranje-Vrystaat en met leierskap in sy bloed lei sy toekoms na bo met 'n string leierskaptitels agter sy naam. Theuns is een van die 64 kapteins wat die Suid-Afrikaanse nasionale rugbyspan al gelei het. Sy rugbyloopbaan begin by Laerskool Dirkie Uys en toe by Grey Kollege in Bloemfontein. Sy provinsiale loopbaan begin as student aan die Universiteit van die Vrystaat (1976-1980). Tydens sy dienspligjare in Pretoria trek hy die ligblou trui met die bekende rooi madeliefie op die bors oor sy kop (1980-1982). Theuns verlaat Noord-Transvaal in 1982 en verhuis na hulle aartsvyande, die Westelike Provinsie Rugbyunie, waar hy vier jaar lank vir die Streeptruie uitdraf (1982-1985). Hy maak op 14 Augustus 1976 as 'n jong 21-jarige flank sy buiging in die Vrystaat-stadion vir die Springbokspan teen Nieu-Seeland. Hy neem die posisie oor by Jan Ellis, wat as kind sy held was, en word onthou vir sy spoed en grootte, albei merkwaardig vir 'n flank in daardie tyd. Sy eerste toets as kaptein vind plaas op 18 Oktober 1980 teen die Suid-Amerikaanse Jaguars in Montevideo, waar die Springbokke 22–13 wen. Tussen 1980 en 1984 lei hy die span as kaptein in vier toetse en druk in dié tyd ses drieë vir Suid-Afrika. Theuns vervul die rol as kaptein in een van dié belangrikste toere in Nieu-Seeland en ook in rugbygeskiedenis – die berugte 1981-Springboktoer. Die toer is tydens die wedstryde deur betogers ontwrig. Tydens die derde toets het 'n laag vlieënde vliegtuig die veld met pamflette, rook en meelbomme bestook. Theuns speel 21 toetse in die groen en goud en voer sy laaste twee internasionale toetse teen Engeland in 1984 aan; hulle wen albei en hy druk 'n drie in die tweede toets. Hy tree in dieselfde jaar as 31-jarige op die kruin van sy rugbyloopbaan uit die sport as gevolg van 'n kniebesering. Hy was tot in 2021 die enigste speler in die geskiedenis wat die Curriebeker saam met drie verskillende spanne gewen het. Hy het titels saam met die Vrystaat (1976), Noord-Transvaal (1979 en 1980) en Westelike Provinsie (1982 en 1983) verower. In totaal het hy sewe eindstryde gespeel, vier gewen (1976, 1980, 1982 en 1983) en een gelykop gespeel (1980).

Vandag is Theuns Stofberg 'n eggenoot, pa en oupa en bestuur hy 'n klein wynplasie, Rouana, en die Rouana-gasteplaas saam met sy vrou, Martie. Hy bedryf ook sy familiemediasie- en huweliksterapiepraktyk in die Wes-Kaap.

My liefde vir sport het begin by ... *my ouerhuis. Dit was 'n voorreg om in 'n wonderlik gelukkige predikantshuis groot te word waar sport 'n geweldige belangrike rol gespeel* het. My ouers se opvoedingstaak met ons ses kinders was gegrond op die leuse dat 'n gesonde liggaam 'n gesonde gees huisves en so het hulle dit ook as gesin uitgeleef. Van my vroegste herinneringe was hoe my ouers Saterdae op die tennisbaan was. My ma het vir die Universiteit van Stellenbosch geswem en tennis gespeel. Ons ses kinders was almal sportief. My susters was op die hokkieveld, terwyl ons vier seuns meestal op die rugbyveld besig was. Ons het sommer ook baie ure op die grasperk teen mekaar rugby gespeel. Dit was vir my besonders lekker om saam met my broers groot te word en ek glo dit is waar my liefde vir sport gebore is. Atletiek was ook as kind 'n groot deel van my sportwêreld.

As ek nie 'n sportster was nie, sou ek ... Sport was deel van my hele lewe en ek het dit beoefen vir die plesier daarvan. Ek het aan sport deelgeneem as amateur en reeds op skool besluit om my in die mediese wêreld te kwalifiseer. Met die kombinasie van sport, sportbeserings en mediese sorg in fisioterapie was my beroepskeuse om myself as fisioterapeut te bekwaam. Ek het later in my praktyk gefokus op ortopediese en sportbeserings. Ek was genoodsaak om 'n beroepsverandering te maak en het as huweliksberader en familiemediator gekwalifiseer om mense van hulp te wees om die emosionele pyn in hulle verhoudings te verlig en ook as mediator op te tree in familiekonfliksituasies. Ek sou graag vroeër in my lewe al dié rol wou vertolk.

Ek is ongelooflik dankbaar vir ... die Christelike opvoeding wat ek as kind gehad het en die voorbeeld wat ek in my ouerhuis ontvang het. Ek kon nie vir 'n meer emosioneel veilige wêreld vra nie en dit het my hele lewe lank 'n rol gespeel in baie van die besluite wat ek moes neem. Ek is dankbaar vir 'n vol lewe. Ek is getroud en in 'n gelukkige en veilige verhouding met Martie, ek het kinders op wie ek baie trots kan wees en verder is daar 'n hele klompie kleinkinders wat vir ons groot plesier verskaf. Ek is dankbaar vir die geleenthede wat ek nou het om positiewe insette in ander mense se lewens te lewer.

As ek my lewe kon redigeer, sou ek ... min daarvan wou verander, want uit die negatiewe en positiewe gebeure het ek baie geleer en dit het my gemaak wat ek vandag is. Die keuses en besluite wat ek gemaak het, het ek altyd met die regte redes gedoen. 'n Mens leer egter eers later dat daardie keuses nie altyd die resultate oplewer wat jy in gedagte gehad het nie.

Theuns en sy vrou, Martie

21-jarige Springbok

Een van die grootste lesse wat ek vanjaar geleer het ... *is soos Psalm 90 ons duidelik leer. Die lewe wat ons gegun word, ongeag die tydperk, is baie kort as ons dit in perspektief sien en in ag neem dat die jare wat ons gegun word maar 'n baie klein gedeelte is met 'n ewigheid voor ons. Dat ons uit dankbaarheid moet lewe, is ons grootste verantwoordelikheid.*

My grootste prestasie is ... *Vir my is die definisie van prestasie iets wat suksesvol, met moeite, vaardigheid en moed bereik is. In daardie lig kan ek seker my rugbyloopbaan as 'n prestasie beskou. Vandag is ek egter 'n familieberader en -mediator. Dit is vir my nou die grootste prestasie om twee persone wat in 'n verhouding is te help om die gereedskap wat beskikbaar is, te gebruik en die uniekheid van elke mens te besef. Om op so 'n manier mense, gesinne of families wat besig is om uitmekaar te spat, van hulp te wees sodat daar 'n ommekeer is, is vir my 'n oneindige beloning en het ewigheidswaarde.*

Die Bybelvers wat my deurdra ...

Die hele Psalm 90.

> ***"'Om ons lewensdae na waarde te skat – dit moet U ons leer, sodat ons 'n hart vol wysheid kan verwerf' (vers 12). Dié Psalm van Moses speel vir my 'n geweldige groot rol waar hy die verganklikheid van die mens so bevestig en ons vergelyk met gras wat verdor (vers 5-6)."***

In hierdie deel van die Psalm bely die psalmdigter dat die geheim van die lewe afhanklik is van God se gawes, van sy ontferming (vers 13), sy liefde (vers 14), en die jare wat Hy ons gee (vers 15). Dit is wanneer Hy elke dag sy liefde in oorvloed gee (vers 14) en Hy sorg dat sy werk en grootheid duidelik raak vir ons kinders (vers 16) dat die lewe sin begin maak en ons blydskap kan belewe (vers 15).

Daarom vra die psalmdigter dat ons die goedheid van die Here ons God só sal belewe, dat Hy die werk van ons hande in stand sal hou. Watter ongelooflike insig in hoe die lewe werk, en watter belangrike gebed om te bid!

Wedstryd teen Frankryk

Toer in Nieu-Seeland

MY STORIE
Theuns Stofberg

Theuns Stofberg sal altyd trots wees op die feit dat hy 'n dominee se seun is. Die vierde van ses kinders. Ja, almal het altyd geskerts dat die dominee se kinders die stoutste kinders is, maar in dieselfde asem het hulle ook vertel dat daar 'n roeping van leierskap in hom steek. Daar was 'n sterk bedieningsfokus, om voor te loop en seker te maak dat sy woord krag dra. Theuns het nog altyd 'n liefde vir mense van verskillende kulture in ons land gehad. Respek, eerlikheid en regverdigheid was vir hom belangrik en al was hy jonk, was dit dié beginsels wat hy uitgeleef het op en van die veld af. Dit was die jaar 1981, tydens 'n rugbytoer beter bekend as die rebelletoer, waar hy as kaptein vir die Springbok-span sou uitdraf en baie belangrike besluite moes neem.

Die Suid-Afrikaanse rugbytoer in Nieu-Seeland in 1981 het menings gepolariseer en wydverspreide betogings in Nieu-Seeland tot gevolg gehad. Die omstredenheid het ook uitgebrei na Amerika, waar die Suid-Afrikaanse rugbyspan hulle toer voortgesit het ná hulle vertrek uit Nieu-Seeland. Apartheid het Suid-Afrika 'n internasionale paria gemaak en ander lande is ten sterkste ontmoedig om sportkontrakte met Suid-Afrika te teken. Die Nieu-Seelandse Rugbyunie sou egter alle reëls verbreek deur die Suid-Afrikaners na hulle tuisveld te nooi sodat die All Blacks teen hul sterkste teenstanders, die gedugte Springbokke, kragte kon meet. 'n Reusemeningsverskil het oor die koppe van die Nieu-Seelandse bestuur losgebars oor die vraag of politiek sport so moet beïnvloed en of die Springbokke toegelaat moes word om te toer. Wedstryde is in die geheim gespeel en sou geboikot word, met Springbok-spelers wat in konvooi onder polisiebewaking begelei moes word.

> **Dit was in situasies soos hierdie waar die jong Theuns die verskil tussen sy gawes en talente en sy roeping moes onderskei.**

God het hom geseën met albei; die vaardigheid van die spel het natuurlik gekom, hier kon hy op sy brute krag en grootte steun. Dit was egter die ontwikkeling van sy roeping om rentmeesterskap te verstaan, om honderd persent op God te vertrou vir leiding en wysheid, wat hom later 'n briljante mentor sou maak. *"In die Christelike huis waar ek grootgeword het, was dit 'n daaglikse leefwyse om in geloof te lewe. Die ervaring van God se teenwoordigheid het gekom in die tye waar jy Hom aangeroep en vir sy hulp gevra het oor keuses wat jy moes maak. Waar alles hopeloos lyk en sonder uitkoms ... dit is daar waar ek geleer het: God kan help."*

Jare se karakterbou en hierdie bewustheid van God se stem in sy lewe het Theuns deur die grootste stormseisoene in sy lewe gedra. Hy het die storms oorleef in die wete dat God altyd midde-in 'n storm saam met hom staan. *"Soos dié keer toe ek uit die diepsee se golwe van Stilbaai gered is toe ek nie meer hoop gehad het nie; ook toe ek vertroosting gesoek het met die dood van my eerste kleinkind."*

"Ek het geweet God is al Een wat vertroosting kan bring."

"En toe ek met 'n ernstige siekte gediagnoseer is, was dit een van die kere waar ek regtig 'n persoonlike ervaring met God gehad het."

Theuns is in 2008 met 'n outo-immuunsiekte gediagnoseer nadat hy die gebruik van sy hande en voete tydelik verloor het. Sy senuwees was aangetas en hy moes groot veranderinge in sy lewe maak. Dit het egter sy roeping ontsluit waar hy as berader en mediator begin werk het. *"Ek moes deur 'n siekteproses gaan om my roeping te bereik om ander mense in verhoudings te help! Dis ervarings soos dié wat my nader aan God gebring het en 'n persoonlike ervaring met Hom gegee het waarvan ek nie kan wegstap nie."*

Dit is meer as 40 jaar later en steeds vertrou God Theuns toe met 'n rol as sportpersoon – iemand wat insette lewer in ander mense se lewens. *"My sportloopbaan is baie jare gelede al verby, maar dit het by my 'n leefwyse gekweek van dankbaarheid oor die gawes wat ek ontvang het. Aangesien ek steeds as sportman beskou word, gee dit vir my 'n platform om 'n rol te speel in bemiddeling in gesinsverhoudinge, in verskeie besighede asook etniese groepe se verskille in ons land."*

Theuns en die legendariese Frik du Preez

Die saad van leierskap is in 'n huishouding in Villiers gesaai. Daardie saad het onder druk en moeilike omstandighede op die rugbyveld in die 1980's ontkiem en dit is die vrug van die Gees wat Theuns vandag steeds dra. *"Ek leef uit wat ek by my ouers geleer het: 'n gesonde liggaam met 'n gesonde gees sal jou in die posisie sal stel om die vrug van die Gees te dra."*

God kón Theuns Stofberg met 'n besliste rol in Suid-Afrika vertrou en vandag vertrou Hy hom steeds as verhoudingsmediator toe met mense se lewens.

> *"As ek weet God kon my vertrou om 'n rol in Suid-Afrika te speel, is dit vir my die grootste eer."*

"Die prys om daarvoor te betaal is om tyd van jou lewe vir Hom te gee. Tyd – wat ons eintlik verniet van God ontvang het – is lewe en lewe is tyd."

"Ek is al meer as 45 jaar 'n terapeut. Dit is die wonderlikste werk in die wêreld. Ek versorg mense in hulle donkerste tye. Ek hoor aangrypende, dikwels hartverskeurende stories oor mense se reise en verwonder my oor hulle deursettingsvermoë. Ek het die voorreg om deernis, rigting, insig, inspirasie en diepgaande sorg aan ander te bied. Ek voel nederig oor die ontelbare lesse wat ek al by kliënte geleer het oor die rykdom van die menslike gees."

Theuns Stofberg is vandag steeds die leier wat bereid is om te leer.

Wat is die woorde en boodskap uit God se hart vir jou oor hierdie afgelope twee jaar? Wat het Hy met jou gedeel oor jou lewe, karakter en menswees tydens COVID?

COVID was 'n unieke en ook amper vreesaanjaende tydperk waar feitlik almal verskillende aanpassings moes maak omdat ons deur die onbekende bedreig is. Baie van ons het familie of vriende verloor en ons is nader gebring aan die werklikheid daarvan dat daar 'n einde aan die lewe op aarde is; ons is herinner aan die verganklikheid van die mens. Dit het ons weer laat besef dat dit nie gaan oor hoeveel tyd ons tot ons beskikking het nie, maar wat ons doen met die tyd wat ons gegun word.

Wat dink jy is die grootste struikelblok in mans se lewens?

Mans se onbewuste en primêre funksie is om te voorsien. Ons as mans glo dat ons daaraan gemeet word. In ons strewe daarna sal vele mans nie besef hoe ander dalk benadeel word in die proses om die hoogste sport te bereik nie. Die tyd en aandag wat gegee word om daardie funksie te bereik, kan soveel skade tussen vriende, familie en in verhoudinge aanrig indien die insig nie daar is nie.

Ek glo die grootste struikelblok in mans se lewens is om nie op die punt te kom om te weet dat die lewe eintlik nie om jouself en jou sukses draai nie. Die meeste van ons gaan deur 'n stadium tussen 20 en 35 wat ons glo die lewe draai om ons en dat sukses gemeet word aan ons status en prestasies en wat ons bereik. Om egosentries te leef, glo ek, is een van die grootste struikelblokke in baie mans se lewe.

Hoe sal jy graag onthou wil word?

Elkeen van ons het van jongs af ons helde gehad, meestal sporthelde. Ons wou wees soos daardie helde. Ons wou onthou word as so 'n held, maar soos ons ouer geword het, het ek besef daar is ander helde. Ek noem hulle die onbekende helde wat eintlik elkeen 'n standbeeld regverdig. Ek weet elkeen van ons kan daagliks as so 'n held gesien word in ons optrede teenoor ander. Optrede om die regte ding op die regte tyd te doen sonder om aan gevolge of opoffering te dink en sonder om raakgesien te word. Soos daardie tye wat 'n vrou opkyk na haar man om die regte finansiële besluite te neem. Dan is hy haar held. Wanneer jy iemand help wat honger is, wat verbygangers smekend in die oë kyk vir 'n aalmoes of wanneer 'n seun of dogter opkyk na 'n pa of ma om die voorbeeld te wees van hoe om konflik in verhoudings te hanteer. Daar is so baie sulke geleenthede om helde te wees.

Ek sal graag onthou wil word as iemand wat 'n positiewe rol gespeel het in ander mense se lewens en hulle verhoudings.

Stofberg-gesin 1967

Theuns as 'n jong 20-jarige Vrystaatspeler

Jou boodskap aan Suid-Afrika

Ons ontvang byna daagliks buitelandse toeriste by ons in Stellenbosch en dit is vir my opvallend en byna sonder uitsondering dat almal wat ons besoek nie uitgepraat kan raak oor die wonderlike land waarin ons woon nie. Dit is nie net die wonderlike natuurskoon nie, maar ook die besonder gasvrye en vriendelike mense van Suid-Afrika. Ons is so geneig om ons oë te rig op die negatiewe gebeure en dinge in ons land en ons mis die mooi wat ons het.

Ek het in my lewe 'n groot lewensles geleer: Deur minder aandag te gee aan die negatiewe en op die positiewe dinge in die lewe te fokus, kan jou lewe verander. Baie van die dinge wat jou depressief maak en min hoop gee, verdwyn as jy jou uitkyk verander en fokus op wat goed gaan en waarvoor jy dankbaar moet wees.

Wees dankbaar en rig jou oë op die positiewe. Ek het; dit het my lewe verander.

Theuns Stofberg
Eksklusiewe onderhoud
Skandeer kode en kyk
◀◀◀

Thomas
du Toit

Thomas Joubert du Toit, gebore op 5 Mei 1995, is 'n Suid-Afrikaanse rugbyspeler wat vir die Haaie in die Verenigde Rugbykampioenskap en vir die Springbokke speel. Die boorling van Moorreesburg trek vroeg-vroeg rugbystewels aan en verteenwoordig die Boland in 2008 in die o. 13-Cravenweek-kompetisie. In 2011 speel hy vir die Westelike Provinsie in die o. 16-Grant Khomo-week en in 2013 in die o. 18-Cravenweek-kompetisie. Die voormalige Hoër Jongenskool Paarl-leerder draf in 2012 en 2013 vir die skool se eerste span uit en voer ook in 2013 die span as kaptein aan. In 2013 word Thomas by die Suid-Afrikaanse Skolespan ingesluit wat in Augustus van daardie jaar in drie wedstryde speel. Hy word ook in 2014 gekies om op 19-jarige ouderdom na Durban te verhuis en by die Sharks Academy aan te sluit. Dit is in daardie jaar, tydens die 2014-IRB Junior Wêreldkampioenskap en 2015-toer deur Argentinië, dat Thomas die geleentheid kry om met sy insluiting by die Suid-Afrikaanse o. 20-span vir die eerste keer hand op die Springbok op sy bors die nasionale volkslied te sing.

Al het hy geen vorige seniorrugby-ervaring agter sy naam nie, word Thomas verrassend by die Haaie-groep vir die 2014-Superrugby-seisoen ingesluit. Hy maak sy debuut vir die Haaie op 7 Maart 2014 teen die Grens Bulldogs in Oos-Londen. Hy draf as 'n rustydplaasvervanger op en druk sy eerste senior drie binne die eerste 15 minute van spel. Thomas se ander professionele kontrakte sluit in drie maande by die Ierse Pro14-span Munster en die Suid-Afrikaanse A-groep wat in 2022 'n reeks van twee wedstryde teen 'n toerspan van Engeland, die Saxons, speel.

Thomas, wat aanvanklik nie in Suid-Afrika se groep vir die 2019-Rugbywêreldbeker ingesluit is nie, maak op 23 September 2019 egter sy debuut as senior Springbok-stut wanneer hy opgeroep word om die beseerde Trevor Nyakane in Suid-Afrika se uitspeelwedstryde te vervang. Sodoende word Thomas deel van die Suid-Afrikaanse span wat die Rugbywêreldbeker wen deur Engeland in die eindstryd te verslaan.

Die intimiderende voorkoms van hierdie 128 kg-voorryreus wat 1,89 m lank is, word perfek vasgevang in sy bynaam, "The Tank". Hy het die oorgang van loskop- na vaskopstut vervolmaak, wat beteken dat hy met ewe veel vernietigende krag aan beide kante van die skrum kan druk.

Thomas verlaat Suid-Afrika aan die einde van 2023 om homself in Bath, Engeland, te gaan vestig.

My liefde vir sport het begin ... *as sewejarige seuntjie by Laerskool Dirkie Uys in Moorreesburg. Dit was 'n baie klein laerskooltjie en ek was die grootste seuntjie in die skool! Dus het ek aan alles deelgeneem wat die grootste seun moes doen. In atletiek het ek aan spiesgooi, diskus en gewigstoot deelgeneem. Ek het 'n bietjie rugby gespeel as loskopstut en agsteman – eintlik elke liewe posisie as baldraer. Hoewel ek lief was vir sport, het ek eers in die hoërskool werklik besef dat ek 'n talent vir rugby het en toe meer daarin begin belangstel. Ek het rugby gespeel net omdat ek dit geniet het en nooit gedink dat ek 'n loopbaan daarvan sou maak nie. Die passie vir rugby het eers veel later by my posgevat.*

As ek nie 'n sportster was nie, sou ek ... *beslis gaan boer het. Ek was op pad Elsenburg toe om daar te gaan studeer en dan sou ek na ons familieplaas terugkeer. Ek wou ook in 'n stadium atletiek as 'n loopbaan oorweeg omdat ek dit so geniet het en ook uitgeblink het daarin, maar my roeping was rugby en die Here het besluit om my in hierdie hoedanigheid te gebruik!*

Ek is ongelooflik dankbaar vir ... *my vrou! Sy is 'n ongelooflike mens en ek sou nooit in my lewe met enigiemand anders getroud wil wees of my lewe met iemand anders deel nie. Ek het haar in my lewe nodig en ek weet ons maak 'n goeie span. Ons is aanspreeklikheidsvennote wat mekaar op die regte pad hou. Ons kan enigiets saam aanpak: van kinders grootmaak tot groot besluite neem en na 'n ander land trek.*

Dan is ek ook baie dankbaar teenoor my familie. Ek het die beste en mees liefdevolle familie in die wêreld!

Laaste, maar nie die minste nie, is ek so dankbaar vir my kinders. Hulle is die kosbaarste besittings wat God aan ons toevertrou het. Hulle is 'n lekker uitdaging, want dit voel asof ons "outnumbered" is, maar hulle is die grootste beloning.

As ek my lewe kon redigeer, sou ek ... *seker niks verander het nie. Ek weet nie of ek vroeër in my lewe meer fokus op rugby sou plaas nie, want ek voel ek het 'n goeie balans gehad tussen sport en vriende en akademie, familietyd en alleentyd. Ek sou nooit my keuse om Haaie toe te kom, verander nie, want dan sou ek nooit my vrou ontmoet het nie en nooit my kinders en die lewe waarvoor ek so dankbaar is, gehad het nie. Ek is baie dankbaar teenoor die Here vir hoe Hy my lewe laat verloop het.*

Thomas ontvang 'n trofee in graad 7

Thomas en sy vrou, Elaine, met hul seun, Ruben

Een van die grootste lesse wat ek geleer het ... Wees standvastig in jou besluite – ongeag of dit verkeerde of regte besluite was. Gaan 'n honderd persent daarvoor! Gaan "flat box" vir iets, nie halfhartig nie en pas hierdie beginsel toe op alles in jou lewe. Dit is presies hoe ek lewe – toe ons besluit het om te trou en ook toe ons 'n gesin wou begin; asook in beroepskeuses en keuses oor kontrakte. Dit is verder belangrik om dinge klaar te maak in jou lewe. Voltooi die seisoen en moenie halfpad deur die proses van iets af wegstap nie.

My grootste prestasie ... het alles te make met my persoonlike lewe: Om my vrou te kry was my grootste prestasie! As ek haar nie gehad het nie, het ek nie my twee kinders gehad of die lewe waarvoor ek so lief is nie.

Die Bybelvers wat my deurdra ...

Johannes 3:16:
"God het die wêreld so liefgehad dat Hy sy enigste Seun gegee het, sodat dié wat in Hom glo, nie verlore sal gaan nie maar die ewige lewe sal hê."

Thomas saam met Ruben ná sy laaste wedstryd by Kings Park

MY STORIE
Thomas du Toit

Thomas du Toit was 12 jaar oud toe die Springbokke daardie jaar aan die sesde Wêreldbekerrugbytoernooi in Frankryk deelneem met 20 lande wat vier jaar lank hard gewerk het om mee te ding – nie net vir die titel en trofee nie, maar vir die eer wat daarmee gepaard gaan. Op 20 Oktober 2007 het die Springbokke onder leiding van afrigter Jake White en kaptein John Smit vir Engeland met 'n telling van 15–6 gewen en vir 'n tweede keer die Webb Ellis-trofee jubelend bo hulle koppe gelig! Suid-Afrika het behoorlik mal gegaan van vreugde; êrens in 'n plaashuis op Moorreesburg het die Du Toit-gesin saam met familie en boerevriende van die omgewing ook vir 'n oomblik in uitbundige vreugde oor die oorwinning gejubel en toe buitentoe gestap, die vure aangesteek en met die lewe voortgegaan. *"Ek onthou daardie dag so goed, want in ons huis was sport nie 'n 'big deal' nie. Ons was nog altyd baie patrioties oor ons land, maar nooit so op sport gefokus nie. Niemand in my familie, gesin, oupas of oumas, het ooit aan sport deelgeneem nie en daarom het ons altyd net op mense en vriendskappe gefokus. Ware mense, boerdery, kos, kuier, lag, liefde en lekker stories was ons ding. Nie sport nie!"*

God het egter 'n ander plan gehad en dít was totaal teenstrydig met wat Thomas gedink het. Thomas "The Tank" du Toit se lewe was reeds in die moederskoot vir hom beplan en uitgelê en rugby was sy roeping. Dit was nie die klein seuntjie se droom nie en selfs al het hy teen die idee geskop, was dit God se hand in sy lewe wat keer op keer in rugby sigbaar geraak het. *"Ek was vas oortuig dat ek boerdery sou studeer en deel word van die familieboerdery."*

> *"Nooit het ek gedink dat ek in rugby sou uitblink nie. 'n Lewe as professionele rugbyspeler was nooit 'n opsie nie, om nie eens te praat van 'n droom om 'n Springbok te word nie!"*

"Sport was net 'n lekker tydverdryf. Ek was die grootste seun in my laerskool en daarom het ek alles gedoen wat 'n groot seun in sy ouderdomsgroep doen. Rugby was maar net een van die opsies en die feit dat ek goed gespeel het, het ek aan my grootte toegeskryf."

Die Godgegewe talent was in Thomas se bloed. Dit sou op die regte tyd – op God se tyd – in sy hart ontwaak en in 'n groot passie ontwikkel, maar eers veel later in sy lewe. Hy sou God eers leer ken, 'n standvastige verhouding met Hom bou en later in rugbykringe sy lig laat skyn.

Thomas word groot in 'n liefdevolle gesin wat vrye keuse en oop gesprekke toelaat. Dit is juis daardie benadering tot die lewe wat Thomas die vryheid gegee het om Hoër Jongenskool Paarl sy keuse vir hoërskool te maak en sodoende sy lewenspad te vorm. Rugbylegendes soos Mannetjies Roux, Corné Krige, Gurthrö Steenkamp en Frans Malherbe het almal die skool se blou-en-wit streeptrui oor die kop getrek. Hy het in die voetspore van dié bekende rugbylui gevolg: Thomas het nie net sy rugbytalent jaar na jaar ontwikkel nie, maar die passie vir rugby het in sy hart vlamgevat, in so 'n mate dat hy as 18-jarige in sy matriekjaar kaptein van die eerste span was.

"Ek kyk terug na my skooljare en is net dankbaar vir my ondersteuningstelsels. My pa, Jacobus, my ma, Adele, en die vriendekring waarmee ek my omring het, het my stewig in God geanker. Ek onthou hoe ek as jong seun saam met my pelle Shofar-kerk toe gegaan het; hoe ek gekies het dat pastore en leiers positiewe inspraak in my lewe kon hê. Dieselfde pelle wat saam met my harde rugby gespeel het, was die ouens wat 'n liefde vir God het en my beïnvloed het om te groei in my geloof. Dit was vir my 'n prioriteit om God te leer ken en meer van Hom en ons Christen-geloof te leer."

> **"Ek wou weet en verstaan waarom ek myself 'n Christen noem. Ek wou weet wie Jesus is en wat die doel van die Heilige Gees is."**

"Daardie grootwordjare het my 'n vaste fondament gegee in my geloof. Dit is van onskatbare waarde en ek sal altyd dankbaar wees daarvoor ..."

Thomas sou ná die dag van sy ontmoeting met God ophou soek na antwoorde oor geloof en sy roeping en dié dag as die belangrikste van sy lewe koester. *"Ek het standvastigheid in Hom gekry al was ek 'n jong man. Die belang van my verhouding met God het gelê in die goed wat dit my verhoed het om by betrokke te raak. Ek het geweet God wil my nie van dinge weerhou nie, Hy wil my net teen slegte gevolge beskerm. Ek het dus net die dinge gedoen waaroor ek seker was. Hy het my selfvertroue gegee oor my keuses, want ek het geweet aan die einde van die pad is God. Ek het na sy stem geluister en sy stem in my lewe herken."*

Die swart rubberbandjie met die wit letters om sy pols lees: "I am second." Dit is 'n teken en herinnering van sy besluit oor sy geloof in God. Thomas is 'n praktiese mens – hy wil weet waaraan hy vashou en waarom hy dit glo. Daarom staan hy op die een fundamentele Skrifgedeelte in die Bybel – Johannes 3:16: *"God het die wêreld so liefgehad dat Hy sy enigste Seun gegee het, sodat dié wat in Hom glo, nie verlore sal gaan nie maar die ewige lewe sal hê."* Hy skroom nie om te erken dat ander mense meer Skrifgedeeltes in die Bybel sal kan aanhaal nie, maar hy wéét waarin hy glo! *"Hierdie*

Skrifgedeelte handel nie oor die dood van Jesus nie, maar die liefde, opstanding en oorwinning. As Jesus nie opgestaan het uit die dood nie, sou Hy net nog 'n Bybelkarakter gewees het, maar Hy is nie. Hy is die Seun van ons almagtige God en daarom weet ek dat ek Hom kan vertrou met my alles!"

Thomas se kern is standvastig – hy wankel nie. Wanneer stormseisoene met beserings of groot keuses aan sy deur klop, weet hy wat om te doen. Hy draai na sy ondersteuningstelsel, hulle praat saam, bid saam en vertrou saam, want God is "real" en Hy antwoord altyd op die regte tyd. *"Ek is twee jaar gelede voor 'n groep mense in 'n vriend van my se swembad grootgedoop. Ja, ek is as kind gedoop en ek het altyd gehoor van die waarde van grootdoop, maar ek moes eers vir myself uitvind wat die betekenis en belangrikheid van die besluit is. Ek het daardie dag my eie wil en menswees, my beeld as die 'tawwe ou' eenkant toe gestoot en in kwesbaarheid voor God gaan kniel, want dit is wat ons geloof verg. God wil ons afhanklikheid van Hom ervaar en dit is 'n eer om voor Hom die knie te buig. Ek vertrou God met alles binne my vir myself, my gesin en die mense waarvoor ek lief is."*

Thomas se naam beteken "tweeling" in Hebreeus en asof God dit self so beplan het, is daar voorwaar twee kante aan Thomas du Toit! Op die veld is hy die sterk, vreeslose rugbyspeler wat bekend staan as "The Tank" en tuis, tussen sy mense, is hy die saggeaarde seun, man en pa wat almal se vriend is. Hy is gemaklik met al twee kante: hy weet presies wie hy is, wat God van hom verwag en waarheen hy op pad is, want hy weet God ken sy naam.

Twee bordjies hang soos vaandels in sy huis. Die een spreek die duidelike boodskap van Josua 24:14 uit: *"Ek en my huis, ons sal die Here dien."* Die tweede hang oor die braaiplek en lees: "In hierdie huis is daar nie dingetjies nie." Tx4, oftewel Thomas "The Tank" du Toit, leef sonder geite en fieterjasies, hy hou dinge eenvoudig en lekker en maak seker dat elkeen wat hy ontmoet net hulleself kan wees.

"God het geweet waarom Hy my so gemaak het. Hy gebruik my net soos wat ek is. Hy wou my hiér in rugby tussen die manne hê en dit is waar ek nou my passie uitleef – vir Hom en vir rugby."

Mosselbaai, Desember-vakansie saam met Thomas se familie.
Marzet, Danie, FG, Elaine, Adele en Jacobus

Wat dink jy is die grootste struikelblok in mans se lewens?

Ons is te trots en ons weier om broos voor te kom. Ons wil ook nie altyd aanvaar dat ons standpunte en menings verkeerd kan wees nie en dan redeneer en stry ons hoewel ons baie bewus is van ons foute of tekortkominge. Soms kos dit dat jy jou trots in die sak steek en erken dat jy verkeerd is.

Hoe sal jy graag onthou wil word?

As 'n man wat 'n geestelik positiewe invloed op mense gehad het. As 'n eenvoudige mens wat gehou het van eenvoudige dinge. 'n Man wat homself kon wees en met enigiemand kon gesels – wat oop, eerlike en reguit gesprekke waardeer het.

Ek hoop die Haaie onthou my elke keer as daar goeie koffie gedrink word, 'n vuur aangesteek word of as daar oor 'n 4x4-bakkie gepraat word! Mag ons die lekker, gemaklik vloeiende gesprekke oor alles onthou.

Pappa Thomas saam met Ruben en Leah

Leah se inseëning

Jou boodskap aan Suid-Afrika

Ek kom terug!

Ons bly in die mooiste en beste land. Jan Braai sê altyd: "... aan al my vriende in die buiteland ... dit gaan nog oukei hier in SA." En dit is wat ek altyd wil kan sê. Ons land is besonders en daar is nie 'n plek soos hierdie nie. Ek weet ons almal gaan deur seisoene van keelvol-wees, maar wanneer jy so voel, steek 'n vuur aan, braai vleis en knak 'n biertjie ... wees in die oomblik en weet daar is geen ander land soos ons Suid-Afrika nie. Ons mense en kultuurverskille maak Suid-Afrika!

Reinardt Janse v Rensburg

Reinardt Janse van Rensburg, gebore op 3 Februarie 1989, is 'n Suid-Afrikaanse professionele padfietsrenjaer en sesmalige Tour de France-deelnemer. Reinardt, die 1,81 m lange blits op wiele, is gebore in Virginia, 'n klein dorpie in die Vrystaat. As deel van die Amerikaanse NCL (National Cycling League) se Denver Disruptors-span, bly hy die held van menige jong Suid-Afrikaanse fietsryer. Die spanne vir wie Reinardt al in sy professionele fietsryloopbaan gery het, sluit in: MTN-Energade (2010-2012), die Nederlandse UCI ProTeam Argos-Shimano (2013-2014), Suid-Afrikaanse MTN-Qhubeka-span (2015-2021) en die UCI WorldTeam Lotto Dstny (2021-2022).

Hy maak sy buiging in die wêreldbekende padfietswedren, die Tour de France, in 2015 en verteenwoordig Suid-Afrika vir 'n tweede keer in 2016. Die Tour de France is 'n jaarlikse skoftefietswedren met agt fietsryers in 'n span wat hoofsaaklik in Frankryk gehou word, terwyl die roete ook soms deur nabygeleë lande soos België, Spanje, Italië en Duitsland gaan. Soos die ander Grand Tours (die Giro d'Italia en die Vuelta a España) bestaan dit uit 21 skofte, elk 'n dag lank, oor 23 dae. Die toer bestaan gewoonlik uit 20 professionele spanne van agt ryers elk en dek sowat 3 600 km. Dit is die oudste van die Grand Tours en word algemeen as die mees gesogte fietswedren ooit beskou. Suid-Afrika se Reinardt laat wapper die veelkleurvlag vir 'n sesde maal by dié wedren as deel van die UCI WorldTeam Lotto Dstny-span in 2022.

My liefde vir sport het begin ... as kind. Van kleins af het ek baie daarvan gehou om rugby en krieket te speel en te kyk. As kind was my sporthelde al die Suid-Afrikaanse rugby- en krieketspelers. Ek onthou hoe ek as sewejarige in die badkamer sit en huil het nadat Wallis die Springbokke in 'n toetswedstryd gewen het! Ek het nog altyd 'n liefde vir sport gehad. My pa het begin fietsry toe ek tien jaar oud was en hy het ons na padwedrenne toe geneem. Dit was eers die jaar nadat ek vir Kersfees 'n behoorlike fiets gekry het – 'n opgegradeerde weergawe van die Pick n Pay-fiets wat ek altyd gery het – dat my belangstelling in fietsry vlamgevat het.

As ek nie 'n sportster was nie, sou ek ... in sportadministrasie of biokinetika gewerk het. Ek het sportwetenskap aan die Universiteit van Pretoria studeer en is tans besig met bestuursrekeningkunde. 'n Toekoms met 'n eie besigheid mag moontlik dus net 'n goeie opsie wees.

Ek is ongelooflik dankbaar vir ... *die mense wat my in my loopbaan ondersteun het. Ek sou nooit al die hoogtepunte sonder hulle kon behaal nie. Ek is dankbaar vir my familie en veral my vrou wat baie opofferings moes maak om my te ondersteun.*

As ek my lewe kon redigeer, sou ek ... *Daar sal altyd dinge wees wat 'n mens wil verander, juis omdat ons dink die resultaat sou anders gewees het. Daar is maar hier en daar goed waaroor 'n mens spyt is, maar eintlik sal ek niks verander nie. 'n Mens moet met jou besluite saamleef en aanvaar dat jy foute gaan maak. Op hierdie manier vind jy jou weg.*

Een van die grootste lesse wat ek vanjaar geleer het ... *is om te besef dat 'n mens nie altyd in beheer van alles is nie. Doen jou beste en bring jou kant, maar weet ook dit lewer nie altyd die resultate wat jy verwag op nie. Ek was in 2021-2022 lank sonder 'n kontrak. Gedurende hierdie tyd moes God my geduld, kalmte, aanvaarding en vertroue leer. Ek moes Hom vertrou vir 'n uitweg en ek het beleef hoe Hy in sy tyd vir my deure oopmaak.*

My grootste prestasie is ... *om in 'n eerste plek in Europa vir 'n professionele fietsryspan te ry en om deel uit te maak van die top negeryers van 'n Tour de France-span.*

Die Bybelvers wat my deurdra ...

Jesaja 40:29-31:
"Hy gee die vermoeides krag, Hy versterk dié wat nie meer kan nie. Selfs jong manne word moeg en raak afgemat, selfs manne in hulle fleur struikel en val, maar dié wat op die Here vertrou, kry nuwe krag. Hulle vlieg met arendsvlerke, hulle hardloop en word nie moeg nie, hulle loop en raak nie afgemat nie."

Reinardt saam met sy broer, Lean, besoek Ierse kastele op hulle fietse

MY STORIE
Reinardt Janse v Rensburg

Dit was Reinardt se pa wat hom aan fietsry bekendgestel het en dit was sy pa wat trots by die wenstreep van elke junior kompetisie gestaan en wag het. Dit was in 2012 – slegs twee maande voordat hy sy professionele fietsryloopbaan in Europa sou begin het – dat Reinardt se pa oorlede is. Nooit sou hy sy seun se prestasies en sporthoogtepunte sien nie en nooit sou hy weet dat die drome wat hy vir Reinardt gehad het om 'n Tour de France-ryer te word, nie net een maal nie, maar ses keer waar sou word!

Hy was 24 jaar oud toe sy pa en grootste ondersteuner sterf. Reinardt moes die stukkies optel en fokus.

Hy het die woorde van Jesaja 40:29-31 gelééf: *"Hy gee die vermoeides krag, Hy versterk dié wat nie meer kan nie. Selfs jong manne word moeg en raak afgemat, selfs manne in hulle fleur struikel en val, maar dié wat op die Here vertrou, kry nuwe krag. Hulle vlieg met arendsvlerke, hulle hardloop en word nie moeg nie, hulle loop en raak nie afgemat nie."*

"Dit is hierdie woorde wat my keer op keer deur van die moeilikste omstandighede in my lewe gedra het. In hierdie geval was ek in 'n ander land, omring deur 'n ander kultuur. Ek wou dinge laat werk en goed doen om almal tuis weer moed en hoop te gee."

Sy kenmerk as "sprinter" (naelryer) is om ken teen die bors, sy kop te laat sak en hard te werk. Reinardt weet van vasbyt en deurdruk, maar toe die nuus van sy vrou se nierversaking in 2014 kom, het die dokter se onverwagse diagnose hom totaal onkant betrap. Haar toestand was reeds ver gevorderd en dialise as behandeling het dadelik begin. Dit sou ses maande lank duur voordat sy 'n geskikte orgaanskenker en nieroorplanting kry. "Dit is in tye soos hierdie dat 'n mens die waarde van familie besef. Fietsry is net 'n sport, 'n faset van jou lewe, iets wat vermaak verskaf aan mense. Dit is slegs een klein aspek van jou lewe en nie jou hele lewe nie. Dié na aan jou, jou geliefdes, is jou hart en hulle moet gekoester word."

Dit is met hierdie ingesteldheid dat Reinardt die wedrenne wat sou volg – en selfs die gesogte Tour de France – benader het. Hy moes vroeg leer dat geloof en Christelike waardes die fondament is waarop hy sou bou. Dit was ook hierdie gewaarwording wat hom nederig gehou het. En toe aansien kom, veral kinders wat hom vereer, het hy hierdie verantwoordelikheid ernstig opgeneem, sy gedrag herevalueer en aangepas.

"Elke aksie en elke besluit wat 'n mens neem, beïnvloed ander mense."

"Hulle na-aap jou gedrag en die manier hoe jy keuses maak – goed of sleg. Ek wou my Christen-waardes en geloof in God gebruik om myself stabiel te hou ondanks slegte goed wat gebeur."

Reinardt se professionele sportloopbaan was ook nie sonder 'n paar uitdagings nie. Dit was die begin van 2022 en sonder 'n vaste kontrak was hy sonder 'n vaste inkomste. As man en broodwinner van 'n gesin, was sy hart verdeeld. Hy was getrou met die talent wat God aan hom toevertrou het. Hy was fiks, gereed vir aksie en as gevolg van die voorbereiding vir die Suid-Afrikaanse en Afrika-kampioenskappe was sy geestesingesteldheid sterk. Vier maande sonder enige kontrak of belofte van 'n kontrak het hom egter die ongekende keuse laat maak om op te pak, alles te verkoop en terug te keer na Suid-Afrika.

"Hy gee die vermoeides krag, Hy versterk dié wat nie meer kan nie. Selfs jong manne word moeg en raak afgemat, selfs manne in hulle fleur struikel en val, maar dié wat op die Here vertrou, kry nuwe krag. Hulle vlieg met arendsvlerke, hulle hardloop en word nie moeg nie, hulle loop en raak nie afgemat nie."

Reinardt saam met sy vrou, Leilani

Met dié woorde van Jesaja 40:29-31 in sy hart, 'n vreemde rustigheid in sy siel en die wete dat professionele fietsry vir eers in sy lewe verby is, het sy voete Suid-Afrikaanse grond geraak.

God werk in sy tyd. Soms voel dit vir ons asof Hy laat is, maar Hy is altyd betyds.

Twee ure ná sy aankoms sou Reinardt die langverwagte droomtelefoonoproep ontvang van sy toekomstige spanbestuurder wat sy plek as een van die gekose nege ryers in die Lotto Dstny-span bevestig het. Reinardt sou teen middagete pen op papier sit om sy derde Tour de France te bewaarheid en binne 48 uur sou hy terugvlieg Europa toe om weer in dieselfde ontruimde woonstel in te trek. *"Die dag toe ek die kontrak in April 2022 by Lotto-Dstny geteken het, het dit nie beteken ek sou deel uitmaak van die Tour de France-span van agt nie. Die hele groep bestaan uit 29-ryers, en hulle vat gewoonlik die beste agt, waar almal 'n spesifieke rol het om te speel. 'n Ryer moet homself eers verskeie kere bewys voordat hy in aanmerking kan kom. Die verwagting dat ek op daardie punt aan die toer sou deelneem, was dus nul. Dit was ongehoord in fietsry vir enigiemand om in April sonder 'n kontrak te wees en dan in Julie aan die Tour de France deel te neem. Ek tel dit as 'n wonderwerk van God in my lewe."*

"Dit is in tye van onsekerheid dat 'n mens moet kalm bly en vertrou. God verwag van ons om ons kant te bring, vas te byt en hard te werk. Ons kan nie bekostig om net terug te sit en te verwag dat alles goed gaan uitwerk nie. Ons moet hard werk en gló. Want wanneer jou beloning uit God se hand kom ... is dit altyd groter as wat jy verwag."

Hy gee die vermoeides **KRAG**, Hy **VERSTERK** dié wat nie meer kan nie. Selfs jong manne word moeg en raak afgemat, selfs manne in hulle fleur struikel en val, maar dié wat op die Here **VERTROU**, kry **NUWE KRAG**. Hulle **VLIEG** met arendsvlerke, hulle hardloop en word **NIE MOEG NIE**, hulle loop en raak **NIE AFGEMAT NIE**.

Wat dink jy is die grootste struikelblok in mans se lewens?

Mans word tradisioneel as die voorsiener in die huis beskou. Wanneer hy nie in die behoeftes van sy gesin voorsien nie, kan daar groot psigologiese probleme opduik. Elke man wil vir sy gesin sorg, maar wanneer hulle swaarkry, blameer mans hulle eie tekortkominge en dit plaas ongelooflike druk op mans in die samelewing.

Hoe sal jy graag onthou wil word?

As iemand wat nooit opgegee het nie, ondanks dinge wat miskien skeefgeloop het; as 'n man wat deursettingsvermoë gehad het om sy drome na te jaag. Iemand wat geïnspireer het, nie net deur fietsry nie, maar deur menswees.

Die dag voor die SA-kampioenskap wys Reinardt vir sy broer, Lean, dat hy gereed is

Jou boodskap aan Suid-Afrika

Die lewe is 'n reis, nie 'n eindbestemming nie. Ons is so gefokus op die einddoel en vier of geniet nie die hede nie. Wanneer jy jou einddoel bereik – goed so! Maar geniet die groei en ervaring langs die pad, want dit is hoe herinneringe gemaak word. In moeilike tye; plaas een voet voor die ander. Moet jouself nie meet aan jou eindbestemming nie. Ons, as mense, is onversadigbare wesens, ons sal nooit honderd persent gelukkig wees met dit wat ons bereik het nie, so geniet die proses!

My nuwe span-"kit" vir 2022-seisoen

'n Kersete saam met die familie

Ine-Marí Venter

Ine-Marí Venter, 'n Pretoria-nooi gebore op 21 April 1995, is 'n Suid-Afrikaanse netbalspeler. Met haar lengte van 1,92 m begin Ine-Marí haar netballoopbaan saam met TuksNetball gevolg deur Gauteng Jaguars in die Suid-Afrikaanse Brutal Fruit-netbalbekerreeks (2015-2018). In 2017 trek sy die groen en goud oor haar kop en draf vir die Suid-Afrikaanse senior nasionale span uit nadat sy die nasionale o. 19-span vanaf 2014 verteenwoordig het asook die o. 21-span vanaf 2015. Ine-Marí se talent gaan haar vooruit en sy trek in 2018 by die Statebondspele die aandag van Simone McKinnis, die hoofafrigter van die Melbourne Vixens. Ine-Marí hou Suid-Afrika se naam hoog in die 2019-seisoen in dié Australiese span en ook in die 2020-seisoen by die Queensland Firebirds. Sy speel vanaf 2021 vir die Saracens Mavericks en tree ook tans aan as doel vir die Proteas.

My liefde vir sport het begin ... *langs die netbalbaan in Pretoria. My ma was 'n Transvaalse netbalspeler en ek het as 'n klein dogtertjie op Tukkies se netbalbaan rondgehardloop tydens haar oefensessies. Op laer- en hoërskool het ek uitgeblink in atletiek, hokkie en muurbal, maar netbal het my gekies en my hart gesteel. Dit was die een sportsoort in 'n jaar waarvoor ek nie kon wag nie. Al die ander sportsoorte was 'n bysaak, iets wat ek kon doen terwyl ek gewag het vir die netbalseisoen.*

As ek nie 'n sportster was nie, sou ek ... *'n veearts geword het. My liefde vir diere is ongekend. In graad 2 moes ons as agtjariges op beroepsdag met 'n uitrusting uitbeeld wat ons eendag wil word. Met my tannie se verpleeguniform aan en epoulette op my skouers het ek trots in 'n veearts se skoene gestaan! Dit was egter heelwat later in my lewe dat ek besef het sport en netbal neem 'n groter fokus en tyd in beslag. Hoewel ek aansoek gedoen het, het ek nooit keuring vir veeartsenykunde of veeartsverpleegkunde gekry nie, maar ek het tog wel 'n jaarkursus in veeartsverpleegkunde voltooi voor my eerste professionele netbalkontrak en ek het my BScAgric-graad in veekunde verwerf.*

Ek is ongelooflik dankbaar vir ... *my familie. Ons is 'n klein familietjie en 'n klein gesinnetjie wat baie na aan mekaar is. Te midde van talle persoonlike uitdagings wat my ma die hoof moes bied, het sy my altyd ondersteun. Sy was en is my nommereen-ondersteuner, met my pa en stiefma kort op haar hakke.*

As ek my lewe kon redigeer, sou ek ... *niks verander het nie. Ek glo dat alles in my lewe met 'n spesifieke rede gebeur het. Dit is nie altyd verklaarbaar nie, maar elke geleentheid* het my gemaak wie ek vandag as vrou is. As ek miskien een klein keuse-aanpassing kon maak, sou ek 'n bietjie harder geleer het en nie net op my korttermyngeheue gesteun het nie. Ek sou nog harder gewerk het in my afseisoen. Maar ek sou nie aan die groter prentjie en keuses wou peuter nie, want dit sou die opwinding tot op hede en die eindresultaat verander het. Ek weet hoekom ek nou hier moet wees.

Een van die grootste lesse wat ek vanjaar geleer het ... *is rakende God se goedheid in my lewe en waarin my identiteit gevestig is. Dit was 'n interessante en moeilike jaar in my persoonlike asook my sportlewe. Ek het God op 'n ander manier leer ken en sy hand in alle aspekte van my lewe begin raaksien. Ek het ervaar hoe Hy my lei, beskerm en vasgehou het. Ek moes my identiteit losmaak van my sportloopbaan omdat dit soms so inmekaargeweef word. Ek moes besef dat ek meer as net 'n netbalspeler is, ek is 'n vrou in sy oë.*

My grootste prestasie ... *sien ek nie in my persoonlike lewe nie omdat ek nog nie getroud, 'n ma of 'n besigheidsvrou is nie. Ek is wel dankbaar oor my graad in veekunde. My honneurs is deur die universiteit by my graad ingesluit en ek kon deurentyd vir die Jaguars- en Protea-span uitdraf. Dit het fyn beplanning gekos en ek het nie altyd akademies so goed gevaar soos wat ek gehoop het nie. Ek wou egter iets substansieel hê waarvan ek werklik hou om op terug te val wanneer ek uit netbal tree en daarom het ek deurgedruk.*

Die Bybelvers wat my deurdra ...
Afhangend van die seisoene in my lewe is daar verskillende verse waarop ek steun. Maar die een vers waaraan ek vashou, veral op die netbalbaan, is:

Ester 4:14:
"Wie weet, miskien is dit juis met die oog op 'n tyd soos hierdie dat jy koningin geword het!" *Vir elke oomblik in my lewe is daar 'n rede. God het my daar geplaas om 'n doel uit te leef, 'n verskil te maak of om iets te leer.*

Ine-Marí tydens haar avonture

MY STORIE
Ine-Marí Venter

Ine-Marí, die middelste van drie kinders en een van twee dogters aan haar ma se kant, word in 'n hegte en ondersteunende gesin groot. (Sy is een van vyf kinders as 'n mens haar stiefsussie en -boetie bytel.) Dit is 'n gesin vol liefde, wat hulle keuses en besluite rondom Christelike waardes maak, wat kerk toe gaan en die régte ding doen. Maar wanneer woorde soos molestasie, werkloosheid, identiteitskrisis, finansieel moeilike tye, pornografie en wellus opduik en in dieselfde sin genoem word as Christenskap, is dit wanneer Ine-Marí in die verlede die deur op dié onderwerpe wou toemaak en dit vir die wêreld wegsteek uit vrees vir wat mense sou sê. Dit is ook presies in daardie verskuilde plek waar die vyand sy vatplek kry en beheer uitoefen oor 'n mens se gedagtes, drome en menswees. Dit word die plek waar hy jou in vrees gevange hou. Maar Ine-Marí ken 'n God van nog 'n kans, 'n ware Verlosser, Voorsiener, Vader, Lewensmaat en die enigste Een wat ware vergifnis bied!

Sy moes op 'n jong ouderdom haar kinderskoene ontgroei. Ine-Marí se ma, 'n aktetikster, verloor haar werk tydens die Suid-Afrikaanse resessie en binne ses maande moet sy noodgedwonge nie net haar huis nie, maar haar motor en van haar besittings verkoop om te oorleef. Ine-Marí moet na haar pa verhuis en terwyl sy self met 'n paar uitdagings stoei, moet sy as hoërskooldogter haar gedagtes oor werk en voorsiening verander en haar ma soms finansieel help ondersteun. Ine-Marí leer van jongs af die waarde daarvan om haar verantwoordelikheid op te neem; sy leer die krag van transformasie en dankbaarheid. Dit is ook hierdie ervarings wat die grootste lewenslesse vir haar leer oor haar toekoms terwyl sy deur haar vrese en vrae moet werk.

> *"Ek het gedink dat dinge makliker gaan wees en alles gaan verander die dag toe ek as jong tienermeisie my hart vir die Here gee en gedoop is."*

"Ek was 'n aktiewe lid van 'n gemeente en dit was my groot verklaring aan die wêreld dat ek God toelaat om beheer in my lewe te neem. Ek wou die wortels van 'n sondige natuur wortel en tak uitruk. Ek wou glo dat ek nooit weer die knie sou buig voor die versoekings wat my so lank al gekniehalter het nie. Ek wou nie meer sleg voel oor my gedagtes, doen en late nie ... want ek was moeg daarvoor om konstant skuldig te voel. Die vyand het vir te lank die oorhand gehad ..."

Maar Ine-Marí moes leer dat Christenskap geen blitskursus met kitsoplossings is nie. Om verslawing en die vyand te oorwin, verg tyd, geduld en werk aan jouself.

Sy was in haar tweede jaar op universiteit toe sy 'n jeugkamp bywoon. Die een oggend is die manne en vroue geskei. Van die vrouestudente het hulle getuienisse gegee. Ine-Marí het geweet sy moes die duisternis binne-in haar oopbreek, haar skande aan die lig bring, want sy kon nie meer in gevangenskap lewe nie. Sy is as klein dogtertjie gemolesteer en dit het haar op 'n te vroeë ouderdom seksueel wakker gemaak. Sy het met masturbasie en later pornografie begin eksperimenteer totdat dit 'n probleem geword en in 'n verslawing ontwikkel het. *"Ek het altyd gedink pornografieverslawing is iets waarmee mans sukkel, totdat ek daardie oggend my storie kon deel en besef het dat dit 'n duistere probleem is waarmee baie ander jong meisies ook sukkel! Ek het alleen gevoel totdat 'n paar jong vroue ook erken het dat dit 'n werklikheid in hulle lewens is."* Daardie aand, tydens die lof-en-aanbiddingsessie, het sy die teenwoordigheid van die Heilige Gees by haar gevoel.

Dit was die woorde van die Hillsong-lied, "Sinking deep", wat oor die luidsprekers weergalm het en Ine-Marí finaal tot op haar knieë gedwing het:

Ek vind vrede en rustigheid in die natuur

Standing here in Your presence
In a grace so relentless
I am won
By perfect love
Wrapped within the arms of heaven
In a peace that lasts forever
Sinking deep
In mercy's sea
I'm wide awake
Drawing close
Stirred by grace
And all my heart is Yours
All fear removed
I breathe You in
I lean into Your love
Oh, Your love

Daardie aand het Ine-Marí 'n ontmoeting – van aangesig tot aangesig – met die Here gehad. Dit was 'n waterskeidingsoomblik in haar lewe; die ervaring waarna sy altyd kon terugkeer wanneer 'n ander probleem opduik.

> *"God het in daardie oomblik 'n werklikheid geword.*
> *Al sou ek weer in die toekoms struikel en val of die vyand*
> *weer kom fluister ... sou ek terugverwys na daardie*
> *oomblik in 2015."*

"Dit was my anker. Hy is my anker."

Dit is daardie gewaarwording wat Ine-Marí nou nog deurdra; op en van die baan af, oor haar lewe, haar loopbaan, haar toekoms, wanneer sy net as reserwe gekies word of sonder 'n kontrak sit. *"Ek het my identiteit in Hom gevind. My vrede oor wie ek is en waar ek in my lewe is. Ek het na sy stem begin luister en die ander geraas begin uitskakel, want dit het my lewensreis vertraag ... Ek kan God vertrou en sy pad en proses vir my lewe."*

Ine-Marí vergelyk nie meer haar lewe met die mense om haar nie. Dit was 'n proses van vrede maak, kop stamp en aanvaar. Sy volg haar hart. As sportvrou wil sy steeds presteer, maar haar prestasie definieer nie meer wie sy as persoon is nie. Hoewel daar voor en tydens COVID 'n paar uitdagings was, weet sy steeds dat God die een is wat deure oop- en toemaak. *"Ek verstaan geestelike uitputting omdat ek toegelaat het dat fisiese druk, beserings en depressie die oorhand kry. Maar ek verstaan ook dat 'n mens altyd iets uit elke omstandigheid kan leer. Nie alles is altyd deur God se toedoen nie. As sy kinders kan ons soms ook maar lekker hardkoppig wees!"*

Die Here het vir haar 'n belofte gegee van 'n getroue Vader waaraan sy nou as 27-jarige steeds vashou. *"Die eerste jaar nadat ek gedoop is, in 2015, het die Here vir my 'n beeld gewys. Ek was besig om in 'n wit rok met Hom te dans. Toe vat iemand by Hom oor. Die Here het my huwelikspaadjie vir my aangekondig. En hoewel ek baie keer mal was oor 'n man, het ek nog nooit 'n rêrige kêrel gehad nie. Die Here het my waarlik beskut en rein gehou."* Ine-Marí wil die waardes soos beskryf word in John en Stasi Eldredge se boek, Captivating, ervaar en uitleef. *"Dit sluit in die waarde van vergifnis vir jouself, die verlede en diegene om jou. Ek wil my identiteit in Hom behou en ek wil Hom vertrou vir 'n lewensmaat wat Hy vir my uitgekies het, want ek weet: God ken my pad, my hart, my vrese en my wense ..."*

En dit is al wat saak maak.

Wat dink jy is die grootste struikelblok in vrouens se lewens?

Ons identiteit in God. As vrouens moet ons konstant aanpassings maak oor hoe ons lyk om aan die samelewing se vereistes te voldoen. Ons moet voortdurend veranderinge aanbring in hoe ons aantrek en bewus wees van die indruk wat ons skep om aanvaarbaar te wees en dan word ons nog met mekaar vergelyk! Hoe die wêreld dink 'n vrou moet wees, lyk en doen is nie altyd volgens elkeen se eie standaard nie en heel moontlik ook nie volgens God se standaard vir ons nie. Die natuurlike skoonheid van 'n vrou moet gevier en nie ondermyn word nie.

Hoe sal jy graag onthou wil word?

As iemand wat haar alles gegee het vir haar familie, haar verhoudings en vriendskappe – op die netbalbaan, vir God en vir my man eendag. Kolossense 3:23 lui: "Wat julle ook al doen, doen dit van harte soos vir die Here en nie vir mense nie ..." Mag al my dade en motiewe God-gedrewe wees!

Jou boodskap aan Suid-Afrika

Die vraag is eintlik, wat wil God vir ons as Suid-Afrikaners sê? Want Hy moet die middelpunt van ons bestaan wees. Ons ware identiteit is in God. Leef in die hier en nou. Moenie jou lewensroete vergelyk met enigiemand om jou nie en moenie die oomblik mis nie. Jy is net een keer in hierdie oomblik.

Ine-Marí Venter
Eksklusiewe onderhoud
Skandeer kode en kyk
◀◀◀

My ondersteuningstelsel

Sandile Ngcobo

Sandile Caleb "Stix" Ngcobo, gebore op 1 Augustus 1989, is 'n voormalige professionele Suid-Afrikaanse rugbyspeler en is tans die hoofafrigter van die Suid-Afrikaanse sewesspan. Die trots van Alexandra in Gauteng, en 'n voormalige leerder van Highlands North Boys High School, maak in 2007 as jong rugbyspeler vir die Goue Leeus by die o. 18 Akademieweek-toernooi sy buiging. Sy verhouding met die Goue Leeus duur voort en in 2010 verteenwoordig hy hulle by die o. 21- provinsiale kampioenskap, Groep A. Sandile se naam word ook gekoppel aan die UJ-groep, die Universiteit van Johannesburg se span in die Varsitybeker-reeks in 2012. Sy provinsiale loopbaan as vleuel sluit in 36 wedstryde vir die Valke (2012-2014) – hy eindig die seisoen as die voorste driedrukker vir die Valke in die 2014-Vodacombeker-reeks met vier drieë. Sandile maak ook in 2015 'n verskyning in ses wedstryde vir die Griekwas.

Hy maak sy toetrede tot sewesrugby en word in 2016 as die kaptein van die Akademiespan aangewys. Onder sy leiding in die groen en goud behaal hulle sukses in toernooie tydens die Rome-sewes in Italië en die Genèva-sewes in Switserland. Stix maak ook sy debuut as Blitsbok onder die leiding van afrigter Neil Powell en vanaf 2016-2018 verteenwoordig hy Suid-Afrika in 20 wedstryde.

My liefde vir sport het begin ... *as sewejarige. Ek is 'n seun van Alexandra, 'n informele nedersetting in Johannesburg. My Engelse onderwyser, wat eintlik 'n Afrikaanssprekende man was, sou 'n groot invloed op my lewe hê en my hele lewe verander. Hy het my aangemoedig om aan sport deel te neem en het gesê "hardloop!" en dan het ek dit met oorgawe gedoen. Ek het totaal verlief geraak op sport en rugby. Ek het my hart op sport verloor en groot drome begin droom om vir my land te speel.*

As ek nie 'n sportster was nie, sou ek ... *seker in die militêre diens opgeëindig het. My oom het dié beroep beoefen en dit sou die natuurlike keuse vir my wees. Maar toe raak ek verlief op rugby en ál wat ek daarna nog altyd wou doen, was om rugby te speel en diensbaar te wees binne die rugbysisteem wat my lewe so positief verander het. Die leiers wat ons voorafgegaan het, het baie opgeoffer, iets merkwaardig gevestig wat regtig werk, waarde toegevoeg tot jong mans se lewens en in mense belê. Ek voel geëerd om deel uit te maak van hierdie groep mense.*

Ek is ongelooflik dankbaar vir ... *Kobus Vermeulen, 'n man wat ek steeds pa noem. Sy ongekende, onselfsugtige liefde het my lewe verander. Ek is dankbaar teenoor my ouers* wat 'n keuse gemaak het om opsy te staan sodat ek ander blootstelling kon kry en as mens en sportman ontwikkel. Ek is oneindig dankbaar teenoor die rugbysisteem by SAS (Stellenbosch Academy of Sport) en die leierskap daar. Laastens is ek dankbaar vir my vrou en dogtertjie. Om 'n man en pa te wees is 'n droom wat waar geword het.

My grootste prestasie is ... *om as speler my hand op die Springbok op my bors te sit, om my familie se van op my rugbytrui se rug te sien en as Blitsbok vir my land uit te draf. Ek wou mense trots maak op my. Vandag het ek die voorreg om as die hoofafrigter van die Blitsbokke self in spelers te belê.*

Die Bybelvers wat my deurdra ...

Filippense 4:13:
"Ek is tot alles in staat deur Hom wat my krag gee."

MY STORIE
Sandile Ngcobo

Daar is krag in 'n naam. Die woorde wat oor jou uitgespreek word, het die mag om te bou en by te dra tot jou karakter, menswees en roeping in jou lewe.

Sy naam is Sandile Caleb Ngcobo.

Caleb is 'n Hebreeuse naam wat "getrou", "heelhartig" of "dapper" beteken. Sommige mense dink ook dat dit dalk "toewyding aan God" beteken. Die naam is afgelei van twee Hebreeuse woorde, "kal" en "lev", wat "heelhartig" beteken wanneer saamgevoeg word.

Dit beskryf Sandile se menswees en karakter. Hy is soos sy naamgenoot van wie ons in die Bybel lees 'n jong verspieder wat die hart en durf van 'n hele weermag gehad het:

Die verhaal van Kaleb, 'n getroue man van God, begin in die Bybelboek Numeri. Nadat hulle uit slawerny in Egipte verlos is, is die Israeliete deur God gelei na die grens van die land Kanaän, 'n land wat sou "vloei van melk en heuning" wat God belowe het hulle sou beërwe (Eksodus 3:8, 17). Moses het 12 manne gekies, een uit elke stam, om die land te verken. Onder hulle was Kaleb, wat die stam van Juda verteenwoordig het.

Die 12 mans het die land 40 dae lank bespied en toe teruggekom na Moses toe. Hulle het berig dat die land wel vrugbaar was, maar dat sy inwoners die magtige afstammelinge van Enak was. Verskrik deur die grootte en sterkte van die Kanaäniete, het tien van die spioene Moses gewaarsku om Kanaän nie binne te gaan nie (Numeri 13:23-33). Kaleb het die murmurerende, bang manne stilgemaak deur te sê: "Ons moet optrek en die land in besit neem, want ons kan dit beslis doen" (Numeri 13:30). Kaleb het sy standpunt ingeneem omdat hy die Here heelhartig gevolg het (Josua 14:8-9). Kaleb het geweet van die beloftes van God aan die Israeliete en het ondanks die struikelblokke wat hy met sy eie oë gesien het, steeds die geloof gehad dat God hulle die oorwinning oor die Kanaäniete sou gee.

Sandile, die jong seun van Alexandra in Gauteng, sou van kleins af 'n roeping op sy lewe ervaar vir iets groter as wat hy ooit sou kon verduidelik. God se genade het op hom gerus en hy sou nooit werklik verstaan waarom God hóm, tussen al sy ander maatjies in die strate van die informele nedersetting, uitgekies het vir iets groter nie.

Sy naam is Kobus Vermeulen. Van beroep is hy vandag die skoolhoof van Curro Hermanus, maar in menswees was hy die man wat Sandile 26 jaar gelede meer blootstelling aan die lewe sou gee. *"Ek was sewe jaar oud toe Kobus my ouers nader met 'n versoek om my onder sy vlerk te neem. Kobus het geen kinders van sy eie gehad nie; om in jong mense te belê was sy hartsbegeerte en roeping. As Engelse onderwyser van ons skool in Johannesburg was hy 'n bekende figuur in die gemeenskap en iemand wat my ouers kon vertrou. Hulle het die moeilike keuse gemaak om my in sy sorg te laat met die belofte dat die blootstelling wat hy kon bied, 'n nuwe lewe vir my sou ontsluit. En vir 'n gesin in Alexandra was enige standvastige belofte beter as die onsekere toekoms in die strate van die informele nedersetting."*

Sandile, oftewel Stix soos hy deur vriende en familie gedoop is, sou die vaderlike liefde van 'n Afrikaanssprekende man oor die kleurgrense heen leer ken. Vir Sandile het die negatiewe rassepersepsie en oordeel oor 'n sogenaamde "bevoorregte lewe" dag na dag verminder en met die belewenis van onverwagte liefde en aanvaarding het die hoë mure van sý waarheid waaragter hy as jong seun geskuil het, begin verbrokkel. Want daar was 'n groter waarheid waarin hy kon lewe en dit was die waarheid van omgee, liefde, blootstelling aan geleenthede, dissipline en harde werk.

"Vir Kobus was dit belangrik dat ek goed doen in my skoolwerk en sport. Daar was konstante lesse in algemene beleefdheid, taalgebruik en hoe om vroue met respek te hanteer. Ek moes oefen om 'n deur vir 'n dame oop te maak, maar ek moes ook kon visvang en goed kon lees. Ek het begin rugby speel. My natuurlike talent en spoed het deure oopgemaak, maar my werksetiek sou my deurdra. Daar was altyd spelers meer talentvol as ek, maar ek was bereid om die nodige harde werk te doen."

Sandile het deurentyd kontak behou met sy ouers en die ondersteuning van die trotse Ngcobo-gesin het hom gemotiveer om nie met minder as die groen en goud tevrede te wees nie. Dit was tydens sy provinsiale loopbaan dat omstredenheid in rugby egter Sandile se passie vir die spel gesteel het. Hy het uit rugby getree en weggestap van sy geliefde sport omdat hy nie met 'n verloënde hart kon saamleef nie.

Hy het sy rugbystewels opgehang, werk by die OR Tambo Internasionale Lughawe aanvaar en ná 13 jaar na sy ouerhuis teruggekeer. Hy het na sy bejaarde ouers omgesien, finansieel voorsien en van die droom van die groen en goud vergeet, want 'n groen oorpak as vragmotorbestuurder was nou sy realiteit. *"My terugkeer township toe het net een ding beteken ... ek was op pad ander kant toe – wat nie 'n goeie kant was nie. My momentum vorentoe het gestop en ek het die moeilikste tyd met die hardste keuses in my lewe bereik. My broer was in die tronk en sou ek nie beter keuses maak nie, kon dit ook my voorland wees."*

Twaalf maande van eentonige normaliteit sou verbysleep voordat Sandile weer Kobus se raad volg – hy moes terugkeer rugby toe. Sy talent en roeping het gelê op die 106 m x 144 m-oppervlakte van 'n rugbyveld. Hy moes die pyn van teleurstelling in mense en voormalige afrigters verwerk en toe hard werk om 'n toekoms te verseker.

Die ure se harde werk by die lughawe sou Sandile geestelik voorberei vir dít wat God vir hom in gedagte gehad het. Sy werksetiek om ná werk hard in die gimnasium te oefen, is beloon toe die geleentheid opduik om weer rugby te speel. *"God gebruik alles om 'n mens voor te berei vir jou volgende seisoen. Hy moes my gemaklike leefstyl met 'n vaste rugbykontrak wegneem en my op 'n plek van totale afhanklikheid op Hom plaas om my aandag te kry. Ek moes sy stem weer hoor en my geloof die kans gee om my persepsie te verander. Slegs ná daardie ondervinding kon ek weer met 'n oop gemoed, sonder verwyt of wraak teenoor enigiemand uit die verlede, op die rugbyveld draf. Ek het tyd nodig gehad om my geloof en perspektief weer in pas met God se Woord te kry. God was genadig om my nóg 'n kans te gun."*

Dit was die groen-en-wit streeptrui van die Valke wat Sandile weer sou verwelkom. Dit is ook waar Blitsbok-afrigters, Neil Powell en Marius Schoeman, hom sou raaksien. In 2016 begin hy aan sewesrugby deelneem en word as kaptein van die Akademie-span aangewys. Onder sy leiding behaal die Suid-Afrikaanse sewesspan sukses in die Rome-sewestoernooi in Italië en die Genèva-sewestoernooi in Switserland. Hy maak ook sy debuut as Blitsbok en verteenwoordig Suid-Afrika in 20 wedstryde vanaf 2016-2018. *"Met die intrapslag by SAS het my passie vir sport weer teruggekeer. Die bestuurstyl lê klem op die speler as mens. Resultate is 'n fokuspunt, maar nie die hoofprioriteit nie. En geloofs- en gesinswaardes is bo-aan die lys. Dit het gevoel soos huis en as Blitsbok-familie was ons lojaal teenoor mekaar en het ons hard gewerk om die fokuspunte te bereik."*

Sandile se pa het voor sy dood sy seun sien uitdraf met die Springbok op sy bors en die Ngcobo-naam op sy rug. Die dag toe hy sy debuut vir sy land in die Blitsbok-span maak, was dit sy ma wat die foto's aangestuur het van twee lewensveranderende gebeurtenisse in Sandile se lewe:

1. 'n Foto van hom in sy groen oorpak agter die stuurwiel van sy vragmotor en
2. 'n Foto in sy groen en goud voor die televisiekameras besig met 'n onderhoud.

"Ek weet nou dat ek 'n ander roeping het as ander jong mans in Suid-Afrika. Hoekom ek die geleentheid gekry het op 'n tweede kans tot 'n ander leefstyl, weg van die strate van wat 'n ondraaglike township-lewe was, is steeds 'n vraag in my hart. Ek het geen antwoord nie, behalwe dat ek ongelooflike genade in my lewe ontvang het en dat ek dankbaar daarvoor is. Alles wat ek aanpak, doen ek vir 'n groter saak; ek wil 'n lewende God eer; hoop en moed bring in 'n donker wêreld waar soms net oorlewing 'n werklikheid is. Maar ek kan niks sonder God doen nie. Sou Hy nie elke dag keer op keer ingryp nie, is al my dade nutteloos."

Vandag, op 33-jarige ouderdom, vind Sandile Ngcobo nie sy identiteit in enigiets anders as God nie. Selfs nie as hoofafrigter van die Blitsbokke nie. *"Hierdie titel en platform wat aan my toevertrou word, is net genade van God af. Ek was my hele lewe lank omring deur mans wat my geleer en gewys het hóé om 'n goeie mens en leier te wees en nou moet ek dit leef! Dit is 'n verantwoordelikheid en voorreg om nou hierdie posisie te beklee ... met God as my middelpunt kan die vyand maar kom, ek weet God is my agterspeler, 'He's got my back'."*

En Kobus staan steeds standvastig agter Sandile; soos altyd, in die agtergrond. By elke Blitsbok-wedstryd juig sy hart. Daar is geen verwagting nie. Hy wou net gee, seën en aan die jong seuntjie met die groot glimlag en wakker oë vol drome 'n geleentheid bied. Vandag is dit daardie drome wat 'n rimpeleffek in ander jong mans se lewens het.

Wat dink jy is die grootste struikelblok in mans se lewens?

Daar is drie groot kwelpunte:

- *Mans se afwesigheid in hulle huisgesinne, familie en eie lewens is 'n reuseprobleem.*
- *Ons skakel die Heilige Gees uit ons lewens en het geen rigtinggewer nie. God het ons gemaak om leiers in ons land en huisgesinne te wees, maar as ons nie God se stem en leiding volg nie, sal ons rigtingloos bly.*
- *Ons sit met tronke wat vol is en vroue wat as slagoffers onder mans deurloop. Dit is ons verantwoordelikheid om mans op te voed en vrouens te beskerm.*

God vertrou my met die posisie waarin ek tans is om inspraak te hê in jong mans se lewens, maar dit moet eintlik elke pa, oom, oupa en bestuurder se verantwoordelikheid wees om 'n invloed op jong manne te hê en hulle te inspireer om beter mans te wees en om nog voorbeelde in ons land op te rig.

Hoe sal jy graag onthou wil word?

Ek sal graag onthou wil word as 'n man wat altyd daar was vir my vrou, kinders, familie, vriende en span. 'n Man wat liefde en ondersteuning geleef het. Ek wil bekendstaan vir my teenwoordigheid en my woord wat my eer is.

Jou boodskap aan Suid-Afrika

Dit was die boodskap in die kleedkamer in Sydney, Australië, waar ons vir mekaar gesê het: "Almal gaan deur so baie negatiewe ervarings in Suid-Afrika. Jou van, julle familie se naam, staan agter op jou trui en die Springbok is op jou bors. Dit verteenwoordig jou mense en jou land. Hoe gaan jy hulle inspireer deur net jou dade en geen woorde nie? Watter pyn sal jy eerder verkies om te verduur: Die pyn om te verloor vir jou land en mense of die pyn om hard te werk?" Almal het eenstemmig gekies – die pyn van harde werk.

Suid-Afrika, ons sal altyd aanhou deurdruk. Daar is al te veel gepraat, ons weet dit is tyd om te doen en werklik te streef na grootsheid. Maar ons het mekaar nodig. Kom ons staan dus saam.

Sandile Ngcobo
Eksklusiewe onderhoud
Skandeer kode en kyk

Sandile en Raquel

"Coach Stix"

Ivan van Rooyen

Ivan van Rooyen, gebore op 7 Mei 1982, is 'n voormalige professionele rugbyspeler en is tans die hoofafrigter vir die Leeus in die Verenigde Rugbykampioenskap. Dié seun van Mpumalanga en voormalige leerder van die Hoër Tegniese Skool Middelburg, ryg wel sy rugbystewels vas in sy hoërskool- en studentejare, maar akademie en tersiêre opleiding is sy hooffokus. Alhoewel Ivan as sewesspeler asook vir die Valke uitdraf, vind hy in 2009 sy nis as krag-en-kondisioneringsafrigter vir die Goue Leeus en die Leeus-span. Hy word in 2018 as assistentafrigter aangestel en in 2019 as hoofafrigter van die Leeus. Onder sy leiding is die Leeus in 2019 die Curriebeker-premierafdeling se naaswenner. "Cash" van Rooyen, soos baie hom ken, is die ontslape Springbok-senter, Darius Botha, se skoonseun. Sy benadering tot bestuur en sy afrigtingstyl in sy termyn by die Leeus is gegrond op sy skoonpa se positiewe halfvolglas-filosofie. Hy is 'n selferkende spanspeler en het geglo dat die Leeus baie kon leer uit hulle 2012-relegasie uit Superrugby en die lesse kan toepas om 'n nuwe bloeitydperk te beleef. Hy was aan die spits van die Leeus se fiksheidsafrigting om te verseker dat hulle die fiksste franchise in die land is tydens die Johan Ackermann-geïnspireerde renaissance. Ivan word deur kenners geprys as een van Suid-Afrikaanse sport se mees begaafde en ervare kondisioneringskenners.

Sy eggenote kan beskou word as lid van Suid-Afrikaanse rugby se koninklike familie: Rienie is die dogter van die voormalige Springbok-vleuel Darius Botha en die broerskind van Naas Botha. Ivan is die pa van twee dogters, Lisa en Nina.

My liefde vir sport het begin in ... *Mpumalanga. My pa was 'n bankbestuurder en dit het daartoe gelei dat ons telkens van dorp tot dorp moes trek. Ek was byvoorbeeld in Laerskool JJ van der Merwe in Ermelo, Laerskool Witrivier en Laerskool Skukuza. My hoërskooljare was in Middelburg in die koshuis. Vir so lank as wat ek kan onthou, is ek nog altyd omring deur rugby-, krieket- en tennisballe. Rakette, rugbykegels en kolwe het die wêreld vol gelê. Ons het álles gespeel, altyd gehardloop en daar was nooit 'n tyd wat ons nié die een of ander sport beoefen het nie!*

As ek nie 'n sportafrigter was nie, sou ek ... *seker 'n kommentator gewees het, net sodat ek in sport betrokke kon wees! Ek is beslis nie 'n pak-klere-en-das-tipe ou nie en dus sou geen kantoorwerk my gepas het nie.*

My oupa en skoonpa was beide dominees, ek kon dus moontlik ook in die bediening opgeëindig het.

Ek is ongelooflik dankbaar vir ... *my familie en vriende.* My ma en pa is ongelooflike mense en die beste voorbeeld van ouers en Godskinders. Hulle bereidwilligheid om hulle tyd en energie vir almal op te offer, is inspirerend en hulle bekers vol liefde raak nooit leeg nie.

Rienie, Lisa en Nina is 'n man en 'n pa se droom: altyd ondersteunend, altyd daar om 'n glimlag op jou gesig te sit. Hulle maak my lewe vol.

Ons is geseënd met 'n ongelooflike vriendekring wat 'n mens toelaat om net te wees. Hulle is opreg en gee waarlik om.

As ek my lewe kon redigeer, sou ek ... *myself van 'n vroeër ouderdom af meer uitgedaag het;* ek sou ook die mense naby aan my meer uitgedaag het. Ek is geseënd om natuurlik atleties en sportief te wees, dus voel ek dat dit my somtyds gekeer het om nog harder te werk en beter te presteer. Ontwikkeling is meer doeltreffend hoe meer jy bereid is om uit jou gemaksone te beweeg. Ek kon dit van 'n baie vroeër ouderdom af begin doen het.

Een van die grootste lesse wat ek vanjaar geleer het ... *Die uitdaging en die werklikheid van ons werk veroorsaak dat 'n mens partykeer neig om veilig te wil speel en so min as moontlik foute te maak eerder as om "bold" te wees.* Om 'n duidelike identiteit te hê as individu of span is so belangrik. My werk vereis van my om die spelers onder druk te laat presteer en te laat uitstyg bo hulle vermoëns. Dit is daarom nodig om 'n energie en verwagting te skep en sodoende die individu en ook die span so uit te daag. Ons moet hulle elke dag kry om hulle passie met oorgawe uit te leef, maar ook te laat besef hulle is deel van 'n groter doel/prentjie, wat vereis dat hulle hulself en hulle spanmaats vorentoe sal neem om sodoende bo hulle verwagte vermoëns te presteer.

Ivan, sy vrou, Rienie, en dogters Lisa en Nina

My grootste prestasie is ... *In my persoonlike lewe:* Om 'n goeie man te wees in my gesin; my vrou te ondersteun en 'n aktiewe rol te speel in die daaglikse lewe van my kinders. Om teenwoordig te wees wanneer ek wel die geleentheid kry om my ouers en my broer en sy gesin te sien.

In my loopbaan: Ek het die voorreg gehad om (in my vorige posisie) met jong mans te werk en te sien hoe 16 van hulle Springbokke word. Met die ander 300 wat nie Bokke geword het nie, kon ek steeds beleef hoe hulle geestelike en fisieke deurbrake maak. Dit is 'n voorreg om in 'n stelsel opgeneem te word en jong mans te help om te glo dat wie elkeen individueel is, 'n verskil aan die groter prentjie maak. As hoofafrigter is my fokus vandag op wedstrydplanne en hulpafrigters gerig. Ek waardeer die verhoudings wat ek met ander mense het, dat hulle die vrymoedigheid het om raad te vra oor hulle kinders en familieprobleme. Die ondersteuning wat ek nou bied, is vir my goud werd.

Die Bybelvers wat my deurdra ...

Filippense 4:13:
"Ek is tot alles in staat deur Hom wat my krag gee."

MY STORIE
Ivan van Rooyen

"Verwag jy om te wen as jy hard genoeg bid?" was die vraag wat na Ivan van Rooyen se kant geslinger is voor 'n wedstryd. Dit was die Leeus-span se gewoonte om voor en ná afloop van 'n wedstryd 'n kring te vorm, op hulle knieë te gaan en onbeskaamd, ten aanskoue van honderdduisende kykers, te bid. *"Geloof en sport staan nie apart in Suid-Afrika nie. Moenie die lyn kruis nie,"* was sy kalm antwoord. *"Ek en jy is aparte individue. Laat my dus toe om te doen wat ek wil doen. Ons bid nie vir 'n sekere resultaat nie; ons verwerking van ons resultate is anders ..."*

Dit was kort ná die 2016-Superrugby-finaal. Die Hurricanes het hulle eerste Superrugby-titel gewen met 'n dominante oorwinning van 20–3 oor die Leeus in Wellington. Drieë was moeilik om te behaal in die nat, koue en winderige weerstoestande en albei drieë is gedruk weens foute wat die Leeus begaan het. Barrett en sy stewel het met twee doelskoppe en twee strafskoppe tot onstuimige tonele in die stampvol stadion van 39 000 toeskouers gelei. Die Leeus kon net nie 'n manier vind om die Hurricanes-verdediging te ontsluit nie en so het die Hurricanes die vyfde Nieu-Seelandse span geword om as Super-kampioene gekroon te word.

Dit was 'n aand wat enige ander sportman vir ewig uit sy gedagtes sou wou wis, maar tog was dit 'n oomblik waar geloof en gebed ná die wedstryd 'n saad van inspirasie en hoop gesaai het. *"Vier mans van Wellington het ons kort ná daardie toernooi gekontak met die nuus dat hulle so geraak was deur die manier waarop ons die nederlaag verwerk en hanteer het dat dit hulle geïnspireer het om 'n plaaslike rugbyligaspan te stig en na die Leeus te vernoem!"*

Ná afloop van daardie voorval het Ivan geweet: Mense hou jou dop. Elke aksie en reaksie. As ambassadeur van God rus daar 'n groot verantwoordelikheid op sy skouers.

Ivan het die Mpumalanga-stof al lankal van sy voete afgeskud en die jare in Gauteng het blywende en diep spore in sy lewe getrap. Hy is nie skaam oor sy vormingsjare nie. Inteendeel, dit was 'n lekker uitdaging om van dorp tot dorp te trek en aan nie net die omgewing nie, maar ook die mense gewoond te raak. *"My ouers bly steeds in Delmas. Wanneer ons span lank genoeg in Suid-Afrika is en die rugbyseisoen laat dit toe, is dit vir my 'n prioriteit om by die familie te gaan inloer. Ons is 'n ongelooflik liefdevolle familie wat erg oor mekaar is!"*

Sy universiteits- en nabye vriende noem hom "Cash", 'n herinnering aan sy tyd by die Universiteit van Johannesburg oftewel RAU (Randse Afrikaanse Universiteit). *"Ek was *in die Dromedaris-manskoshuis en volgens tradisie het almal in hulle eerste jaar op universiteit 'n bynaam gekry. Omdat my pa in die bankwese was, is ek 'Kontant' genoem. My kamermaat was 'Kontrak'. Cash was makliker om te onthou en meer 'catchy'. Die bynaam het 'gestick'."*

Wanneer Ivan terugdink aan die uiters uitdagende begintyd van sy termyn as die Leeus se Superrugby-hoofafrigter, is dit opvallend hoe hy die spreekwoordelike halfvolglas-filosofie toepas. *"Die droom van goeie rugby speel en 'hoekom' ons dit doen, mag nooit verdwyn nie. Dit is belangrik om die droom aan die lewe te hou. Die ouens wat dit maak, is die ouens wat die droom lewend hou. Of dit die 'ball boy' langs die veld is of die speler wat die trui oor sy kop trek, dit is belangrik om weggevoer te raak in jou roeping en die rol wat 'n mens vervul. Ek glo die oomblik as enigiets soos 'werk' begin voel en moeite word, gaan jy nie meer 'n verskil maak in ander se lewens nie. Die legendes is dié wat die vlam van inspirasie behou ..."*

En sy vlam vir afrigting brand hoog. Hy hou daarvan om deel te wees van die strategiese beplanning, want hy is 'n lojale spanmens wat baie lief is vir die samewerkende omgewing. *"As dit net gegaan het oor die titel 'coach' het ek al lankal opgehou. Dit is 'n voorreg om daaglikse inspraak te hê in jong mans se toekoms en drome; om mense se lewens beter te maak. Maar 'n mens moet altyd jou 'why' bevestig. Hoekom doen jy daagliks wat jy doen? Wanneer jy dit weet en self leef, deel ander mense makliker in jou visie. En wanneer ek op my beurt glo in iemand anders se plan, ondersteun ek dit met my hele hart."*

Hy is nie 'n baie emosionele mens nie, maar een van sy beste karaktereienskappe is dat hy bestendig bly onder druk en probeer om dit te hanteer wat binne sy beheer is. Die res moet hy in God se hande laat en vertrou dat Hy inspraak sal lewer. Hierdie lewensuitkyk is in 'n groot mate te danke aan sy vasberadenheid en opvoeding, maar ook die invloed van sy oorlede skoonpa asook dié van sy eie pa, wat self 'n kranige sportman is. Die oud-Noord-Transvaal-legende, Springbok en dominee, Darius Botha, se invloed op sy skoonseun was meestal op 'n leierskaps- en geestelike vlak. *"Dit was 'n absolute voorreg om hom te ken. Hy was 'n fantastiese pa, oupa en 'n wonderlike man. Hy het sy dapper stryd teen maagkanker in 2018 verloor, maar die Botha-familie het my geleer hóé om die verlies van 'n lewe te verwerk. Dit bly altyd belangrik om iemand se lewe en beste eienskappe te vier, selfs al is hy nie meer daar nie ..."*

Dit is met dieselfde deernis en positiewe visie van die groter prentjie dat Ivan nou sy Leeus-span lei. As afrigter voel hy amper magteloos op die kantlyn wanneer hulle speel, maar hy het die voorreg om weekliks vyf dae lank in hulle te belê. Spelers het dan elke naweek geleentheid om te wys waarmee die Here hulle geseën het. Die kameraadskap as spelers en vriende is van onskatbare waarde. Die tyd, opoffering en inspraak in mekaar se lewens is te sien in die resultate op en van die veld af. En álles bou karakter.

"As jy nie balans het in die lewe nie, koppel jy jou identiteit aan wen (of verloor). Jy moet gewortel wees in balans en die stem van die Here in jou lewe. Onmiddellike bevrediging is die euwel van ons tyd. Tesame met die hoeveelheid 'likes' op sosiale media."

Sy missie is om jong mans te leer om al hulle Godgegewe gawes en talente te gebruik en presies te wees wie hulle veronderstel is om te wees asook om te leer en om mense se menings te ignoreer. *"Ek het soms 'n stryd met sosiale media. Dit bly maar altyd 'n uitdaging. Ons almal is mens en wil soms klippe teruggooi ... maar dan stop die innerlike stem my. Ek wens net die publiek kan verstaan dat niemand in die oggend opstaan en aspris nie goed genoeg wil wees vir sy eie roeping nie ... Aan die ander kant van die televisieskerm is daardie rugbyspelers maar net mense wat kritiek ook moeilik verwerk soos elkeen van ons ..."*

Ivan sal altyd die oortuiging onderskryf dat die span groter is as enige individu; elke speler se identiteit in God, binne die span se identiteit. En wanneer die individu gesond is, is die span gesonder! En saam met 'n gesonde span is daar geloof in iets groter as net die individu self. In 'n God met 'n beskermende, leidende hand.

> **"God is die stuurwiel wat die rigting bepaal en is soms ook die ratkas wat dinge vinniger of stadiger laat gebeur ... ons moet Hom net in ons lewens die vryheid gee om te doen wat Hy wil doen."**

Dié afrigter en familieman onthou graag die talle hartlike rugbyverhale wat deur die Bothas om etenstafel vertel word – veral oor die berugte Springbok-toer van 1981 na Nieu-Seeland. Dit is daardie stories wat hom inspireer om voortdurend te vra: Wie is ek? En wat doen ek daarmee?

Met 'n rustigheid in sy hart kan hy vandag antwoord: *"Ek is Ivan van Rooyen, man van Rienie, pa van twee dogters, seun van trotse ouers, vriend van vele en hoofafrigter van die Leeus.*

En solank ek my beste gee, is dit goed genoeg vir Hom."

Familie is alles!

Wat dink jy is die grootste struikelblok in mans se lewens?

Mans is oorhaastig. Op 20- of 21-jarige ouderdom is daar die druk om professioneel rugby te speel, die druk om 'n huis te besit of in Springbok-kleure uit te draf. Hierdie onnodige onderliggende druk kan positief of negatief wees, want hoe vroeër sukses aan jou deur klop, hoe groter is die kans om uit te brand. My gebed is dat mans van 35 jaar en ouer genoeg karakter ontwikkel het om op 'n latere ouderdom selfonderhoudend te kan wees – vir hulleself en hul gesin. Mag elke jong man se identiteit in God wees en mag hulle weet wie hulle is weg van die sportveld af.

Hoe sal jy graag onthou wil word?

As iemand wat 'n opregte en liefdevolle kind, man, pa, mentor en vriend is. Iemand wat die mens altyd eerste wou stel en daardeur ander tot volle potensiaal geïnspireer het. Iemand wat deur sy aksies die Koninkryk verkondig.

God vertrou ons om goeie ouers te wees

Jou boodskap aan Suid-Afrika

Na alles het jy altyd 'n keuse om 'n verskil te maak en die verskil wat jy maak, hang van jou af. Partymaal wag ons vir die perfekte geleentheid om iets te doen of te sê … as jy sit en wag, gaan jy vir ewig sit en wag … maar fokus nou daarop en doen dit opreg en weet wie jy is, leef dit. Ons weet nooit wie ons boodskap nou nodig het nie.

Ivan van Rooyen
Eksklusiewe onderhoud
Skandeer kode en kyk

Jannie Putter

Jannie Putter, gebore op 30 November 1966, is 'n voormalige rugbyspeler. As geestelike afrigter, sportsielkundige, skrywer, spreker, mentor en berader het hy egter sedert 1994 baie inspraak in mense en sportspanne se lewens. Jannie, 'n seun van Potchefstroom, speel as provinsiale en nasionale rugbyspeler vanaf 1987-1993 vir die voormalige Wes-Transvaal. In 1992 word hy na die Springbok-proewe genooi en gekies om deel uit te maak van die SA Barbarians-span. Jannie se leierskapsvaardighede word vroeg ontwikkel en met hom as kaptein van die gekombineerde Sentrale Unies-rugbyspan, die Pukke (destydse Potchefstroomse Universiteit vir Christelike Hoër Onderwys) asook die SA Universiteite-span behaal dié spanne hoë hoogtes. Sy rugbyloopbaan sluit ook in om vir die Suid-Afrikaanse Weermagspan uit te draf.

Hy studeer vanaf 1985-1993 by die Noordwes-Universiteit (vroeër PU vir CHO) en verwerf sy BA-graad, 'n honneursgraad in sielkunde, 'n honneursgraad in sportwetenskap asook sy meestersgraad in sportsielkunde met die onderwerp: Doeltreffende leierskap van sportafrigters. Sy inspraak as geestelike afrigter vir bekende Suid-Afrikaanse sportspanne sluit in die Blou Bulle (2006-2010) wat die Super 14-titel drie keer gewen het. Vanaf 2015-2019 reis hy saam met die Goue Leeus wat die Curriebeker in 2015 wen en drie agtereenvolgende jare die eindstryd van die Superrugby-kampioenskap haal. Vanaf 2018-2020 werk hy ook saam met die Orlando Pirates-sokkerspan.

Sy passie en fokus sluit in om met skole, maatskappye en verskeie spanne (nie net in sport nie, maar ook in besigheid) te werk. Beginsels van sinergie, spanwerk, leierskap, hantering van stres, die huwelik en geloof is meestal van sy onderwerpe.

Jannie is 'n skrywer van 'n aantal insiggewende boeke met titels soos *Wie wen – Ek of my kind?*; *Die geheime van 'n kampioen*; *Wenplan vir jou kind se lewe* en *Koelkop: Dink soos 'n wenner*.

Hy is getroud met Tertia en hulle het twee kinders. Deesdae geniet hy tennis en gholf as sport.

My liefde vir sport het begin in ... in my kinderjare. Ek het grootgeword in 'n huis waar my pa my absolute held was. Hy was die departementshoof van menslike bewegingskunde oftewel die Potchefstroomse Universiteit se sportafdeling. Hy was 'n uitstekende sportman met provinsiale kleure in stoei, gimnastiek, tennis en swem.

Hy kon voorwaar alles en enigiets doen! Sy broer, my oom Dick, was 'n Springbokrugbyspeler, dus was sport 'n groot passie in ons Putter-familie. Ek het in hulle voetspore gevolg en my provinsiale kleure in atletiek en tennis gekry, maar my hoofsport was rugby. My liefde vir sportsielkunde het egter ook dáár tydens die vormingsjare posgevat. Met my verjaarsdag wat op 30 November val, was ek meeste van die tyd die "kleinste" in my ouderdomsgroep. Ek het dit eers later besef. In retrospeksie was dit egter tot my voordeel, want ek het altyd met groot geesdrif aan alles deelgeneem. Ek wou maats maak, ek was nie altyd goed in al die sportsoorte nie, het baie selde gewen – waarskynlik omdat ek so klein was – maar ek het alles met oordrewe passie aangedurf. Dit het ook later duidelik geword dat ek atletiek as 'n wegkruipplek gebruik het. Ek was baie jonk toe my ouers skei en daar op die atletiekveld kon ek uiting gee aan my selfbejammering en woede, hoewel ek nooit sou tou opgooi nie. Ek het die hartseerste tye in my lewe oorbrug met die lekkerste tye op die sportveld. Ek het die teleurstelling te bowe gekom en beheer uitgeoefen oor dít wat ek wel kon beheer. Sport was en is steeds vir my 'n groot deel van my lewe.

As ek nie 'n sportsielkundige was nie, sou ek ... sekerlik geboer het! In my hart is ek 'n boer. Ek hou daarvan om met my hande te werk, planne te maak en in die grond te werk. Die natuur bring my weer terug na my menswees en maak my kalm. As ek wil rus, gaan werk ek in die tuin of bou ek iets. Ingenieurswese sou 'n sterk tweede keuse wees, maar terselfdertyd geniet ek mense. Ek is dus beslis in die regte beroep en wie weet? Eendag kry ek nog my plasie!

Ek is ongelooflik dankbaar vir ... soveel dinge in my lewe. Ek het onmeetbare dankbaarheid dat ek gered is uit 'n lewe van selfbejammering, om mense te oordeel, pateties te wees en God te betwyfel. Toe my ouers skei, moes ek toekyk hoe my ma haarself verloor omdat sy gevoel het haar lewe val uitmekaar. Vandag weet ek hoe kragtig Romeine 8:28 is: "Ons weet dat God alles ten goede laat meewerk vir dié wat Hom liefhet, dié wat volgens sy besluit geroep is." Ek het dit nooit werklik verstaan nie, maar vandag weet ek dat alles wat met my gebeur het – die verliese en seer, die onsekerheid en my eie tuimelrit op my lewenspad – tot my voordeel was om my lewenslesse te leer en dat God altyd daar is wanneer 'n mens Hom werklik soek.

As ek my lewe kon redigeer, sou ek ... nie noodwendig iets wil verander nie. Ek weet ek kon sekerlik wyser besluite geneem het, maar dan sou ek nooit die pyn gely het wat my die nodige lesse geleer het wat ek moes leer nie. God se plan is perfek. Die seer kan jy nie weg wens nie, dit is deel daarvan om 'n wyser mens te word. Ek is dankbaar vir die verlede, dankbaar teenoor die Here en ek sien uit na die toekoms met verwagting. Die verlede was tot my voordeel – al was dit soms pynlik.

Een van die grootste lesse wat ek vanjaar geleer het ...
1. Hoe belangrik gesondheid is. Ek het in die verlede al baie beserings gehad en omdat ek alles so vinnig wil uitsorteer en van nature haastig is, het ek nie altyd die nodige aandag gegee aan dít wat ek moes nie. Ek is nou ouer en wyser en daarmee saam kom wyser besluite oor wat en hoe 'n mens dinge aanpak. Ek kon tot op 50-jarige ouderdom nog uit 'n staande posisie 'n bollemakiesie agteroor doen, maar sal nou

versigtiger wees met wat ek aanpak. Ek het besef, as jou motor 'n diens benodig, neem dit dadelik vir 'n diens. Net omdat dit steeds ry, beteken nie noodwendig dat alles in orde is nie. As iets gebreek het, maak dit so goed as moontlik reg. Instandhouding gaan vir ewig aanhou, fokus dus op die klein goedjies, liggaamlik, emosioneel en ook geestelik.

2. Ek het ook geleer dat ons nooit moet ophou om lesse te leer nie. Ek het voorwaar 'n fassinerende werk en die voorreg om met 'n wye verskeidenheid van mense 'n pad te stap.

3. Ek het geleer om saam met die lewe te vloei en nie teen die lewe te veg nie.

My grootste prestasie is … *In my persoonlike lewe is dit dat ek die wonderlike vrou met wie ek getrou het, kon behou en ons huwelik kon herstel. Ek was nie 'n goeie man nie. Ek was selfgesentreerd en ek het baie drooggemaak. Die feit dat sy my vergewe het en dat ons vandag nog saam is, is vir my 'n wonder, want sy het alle reg gehad om ons huwelik te beëindig. Nog 'n prestasie is dat my kinders lief vir my is en ek vir hulle kan lief wees – en dat al twee van hulle lief is vir die Here. Dit is een van die wonderlikste dinge in my lewe.*

In my werksomgewing is dit moeilik om prestasies te meet … dit is elke keer 'n groot voorreg om saam met 'n span of individue te kan werk en te sien dat die dinge waaroor ons gepraat het, verwesenlik word omdat dit Goddelike beginsels is wat toegepas word; dit is nie mense se slimpraatjies nie.

Ek dink elke ding in 'n mens se lewe kan as 'n prestasie gevier word. Ek kon 'n "somersault" maak, ek het matriek deurgekom, dit het my ses jaar geneem voordat ek my eerste boek uitgegee het – en toe het die volgende boeke "gebeur". Ons honde en die vreugde wat hulle ons verskaf kan as 'n prestasie beleef word. My werk met mense kan as 'n prestasie (vir my) beleef word … So het ons elkeen ons oomblikke!

Die beste raad wat ek al gekry het … *Begin jou dag vroeg, want dan sal jy altyd voor wees en nie die hele tyd probeer inhaal nie. Begin jou dag met God en wees in voeling met jou gesin. Tree altyd so op asof jou kinders jou dophou – en dat hulle met trots na jou kan kyk en sê: "Dit is my pa daardie."*

Die beste raad wat ek al gegee het … *Moenie nuus luister of koerant lees nie – ek het sedert 1996 self daarmee opgehou. Ek wou altyd ingelig wees, maar het uiteindelik besef dat nuus my net vol pomp met emosionele gif (kommer en vrees). Wat ingaan, gaan uitkom. In plaas daarvan om jou energie te mors op die realiteit (die dinge van hierdie wêreld), gebruik liewers jou energie vir dinge soos geloof en hoop. Lees goeie, opbouende en insiggewende boeke, luister na praatjies van gesaghebbende mense. Pas die beginsels toe. Maak seker dat wanneer jy iets doen, jy dit met uitnemendheid doen. Maak daardie persoonlike keuse om alles bogemiddeld te doen. Antwoord jou foon met "excellence"; as jy gaan draf, doen dit in "excellence"; wanneer jy 'n opstoot doen of kos maak, doen dit met "excellence"! Gemiddeld is nie goed genoeg nie! Uitnemendheid sal jou altyd laat uitstaan bo die massas van gemiddeld wees.*

My gunsteling-Bybelverse ...

Spreuke 18:21:
"In die mag van jou tong is lewe en dood – en elkeen wat dit graag gebruik sal die vrugte daarvan eet."

Hebreërs 11:1:
"Om te glo, is om seker te wees van die dinge wat ons hoop, om oortuig te wees van die dinge wat ons (nog) nie (kan) sien nie."

Wat ek KIES om te sê, is die saad van my toekoms (en dit sal 'n oes inbring).

MY STORIE
Jannie Putter

As klein seuntjie sou Jannie se ma langs hom op die bed kom sit, haar hand oor sy seer magie hou en saggies bid. Jannie het nooit geweet wat sy bid nie, maar hy het geweet dat hy altyd vir haar kon vra om vir hom te bid. En dit het dikwels gebeur, want Jannie sou in werklikheid maagpyn ontwikkel as gevolg van die onderliggende spanning wat hy in sy ouerhuis beleef het. Hy het grootgeword in 'n Christelike gesin. Hulle het Sondae kerk toe gegaan, want sy pa was ouderling in die kerk. "Kerk was nooit vir my 'n lekker plek nie. As klein seuntjie was dit vir my 'n somber plek waar mense agter maskers gesit het. Gesigte wat nie geglimlag het nie en 'n predikant wat altyd nors of bedruk gelyk het."

> *"Ek het altyd geglo dat God nie gelukkig is met ons nie ..."*

Eers op 30-jarige ouderdom het Jannie vir God persoonlik leer ken. Daardie dag het sy lewe vir altyd verander. Maar eers het die lewe gebeur, met hom en om hom sodat sy karakter kon ontwikkel en hy die man kon word wat God in gedagte gehad het. "Die pad het begin rof raak toe ek 11 jaar oud was. Dit was die jaar toe my ouers geskei het. My pa het 'n nuwe liefde in sy lewe gevind en ons verlaat. My ma het nie geweet hoe om hierdie vernedering en verandering te hanteer nie en drank het haar wegkruipplek geword. Ek moes tussendeur grootword, my eie prentjie oor die lewe begin uitkerf en verantwoordelikheid vir my besluite en dade neem. Ek was kwaad en teleurgesteld. Ek het in die God getwyfel tot wie my ma altyd gebid het."

> **Die werklikheid van sy lewe het in 'n duisternis verander, maar op die sportveld kon hy 'n droom uitleef, het hy "lig" gevoel – vry van die donkerte.**

Daar kon hy sy lewe beheer; sy gemoed bestuur; 'n binnekring van mense na aan sy hart insluit of die harde werklikheid buite hou. Jannie Putter sou dáár wegkruip en sonder dat hy dit besef, is daar elke dag geskaaf aan hom sodat hy uiteindelik die rol kan vervul wat hy vandag doen – om ander mense te help om die seer van realiteit te verander in 'n storie van oorwinning en nie een van mislukking nie!

Jannie saam met Daniëlle (dogter), Victor (seun) en Tertia (sy vrou)

Matteus 6:31-33 lui: *"Julle moet julle dus nie bekommer en vra: 'Wat moet ons eet of wat moet ons drink of wat moet ons aantrek?' nie. Dit is alles dinge waaroor die ongelowiges begaan is. Julle hemelse Vader weet tog dat julle dit alles nodig het. Nee, beywer julle allereers vir die koninkryk van God en vir die wil van God, dan sal Hy julle ook al hierdie dinge gee. Moet julle dus nie oor môre bekommer nie, want môre bring sy eie bekommernis. Elke dag bring genoeg moeilikheid van sy eie."*

Soos die lewenspad ontvou, sou Jannie dag vir dag en storm vir storm die waarde en betekenis van hierdie Skrifgedeelte leer. Elke dag het sy eie uitdagings opgelewer en elke maand het sy eie bekommernisse ingehou. Tog moes hy êrens leer wat dit beteken om God se Koninkryk eerste te stel en vir Hom te begin lewe.

Jannie was in daardie stadium 'n jong man van 30 jaar met meer vrae as antwoorde in sy hart. En met al die slim praatjies in sy kop as sy eie raadgewer – geen mentor of iemand wat hom verantwoordbaar hou nie – was die lewe wat Jannie wou hê dit moet wees. "Ek was totaal van die pad af. Niemand anders as Jannie en Satan het my lewe regeer nie. Ek was 'n slagoffer van die lewe. Ek was werkloos. Platsak. Ek was getroud met 'n asemrowende vrou, maar vir die verkeerde redes. Ons het nog nie kinders gehad nie en was besig om te skei. Ek was ontrou, het totaal sedeloos gelewe en pornografie het my denkwêreld oorheers. Niks of niemand kon my keer of anders laat dink oor die lewe nie. Ek was 'n slagoffer van die lewe."

"Spreuke 16:9 sê: ''n Mens beplan sy pad, maar die Here bepaal hoe hy loop.' En wanneer jy God toegang gee tot jou hart en jou siel, begin wonderwerke gebeur. Dan verstaan jy die krag van vergifnis, wat dit beteken om nie 'n slagoffer te wees nie, maar 'n meester deur jou geloof in God!"

Dit was in reaksie op 'n uitnodiging van vriende dat Jannie en Tertia daardie oggend in 'n kerkdiens van die bekende Amerikaanse prediker en skrywer, dr. Myles Munroe, sou sit. Die boodskap was eerlik, sonder tierlantyntjies en die gebed 'n antwoord op stille vrae in Jannie se hart wat nog nooit beantwoord was nie. "Wie van julle wat hier voor my sit, voel soos 'n slagoffer van julle eie lewe en omstandighede en jy weet jy het God uit jou lewe geskuif en Satan sit op jou lewenstoel?" het dr. Munroe gevra. "Wie van julle weet jy is nêrens heen op pad nie? Jy is totaal verlore ... Jy weet van God, maar jy ken Hom nie werklik nie?" En toe bid hy hierdie eenvoudige gebed: "As jou hart op hierdie oomblik net 'n fluistering antwoord met die woord 'ja' ... Staan op, kom na vore en gee oor. Gee jou lewe vir God om te bestuur. Maak jou ore oop om God se stem te hoor." Jannie Putter het daardie oggend sy oë eers stywer toegeknyp, sy hande in vrees vasgeklem en toe ná 'n paar diep asemteue die waagmoed gekry om op te staan. Daar was honderde mense wat een voet voor die ander gesit het en na die ruimte voor die verhoog beweeg het. Stadig en onseker, maar met 'n wanhopige uitroep in sy hart het hy voor die verhoog gaan staan om God te vra om in sy lewe te kom. Jannie het oorgegee ... die pyn en vrese, die vrae en angs. Die verlede, hede en sy toekoms in 'n onbekende, onsigbare God se hande ... want hy kon nie meer alleen in beheer wees nie. *"Dit was die beste besluit van my lewe! Geen weerlig het my getref nie en niks vreemds het met my gebeur terwyl ek vorentoe gestap het nie, maar in my binneste het ek geweet dat hierdie my afspraak met God was. Elke tree vorentoe was 'n tree nader aan God en sy doel met my lewe. Ek moes laat gaan en God beheer laat neem. As 'n redelik realistiese mens was daardie oomblik onbeskryflik bevrydend."*

God gebruik ander mense om jou terug te roep na Hom, maar slegs wanneer jou hart gereed is om sy stem te hoor. God het hom nooit alleen gelos nie, want die plan vir sy lewe moes deurgevoer word. *"God het vir my gewag om Hom te kies. As ek nie daardie oggend 'n ommekeer gemaak het nie, sou ek verder die duisternis ingeloop het met geen uitkoms nie. Ek moes daardie oggend my denke oor God en die lewe verander. Ongeag hóé sleg ek as mens was, God is altyd gereed om deur ons te werk wanneer ons Hom toegang tot ons lewe gee."*

Jannie moes God vir homself ontmoet. Nie God deur die oë van sy ma of die dominee nie. Néé – Jannie se eie ontmoeting met God. Ses en twintig jaar later staan Jannie steeds verstom oor die goedheid en guns van die Here.

> **"Ek wens ek het God en sy Goddelike beginsels vroeër in my lewe ontdek en daarvolgens geleef, maar dankie tog ek het op 30-jarige leeftyd die keuse wel gemaak."**

Jannie se lewe lyk nou heeltemal anders. Sy roetines, sy denkwyse, sy woordkeuses en sy dade het verander. *"Alles in ons lewe word bepaal deur ons gewoontes. Om sukses- gewoontes te vestig beteken jy moet BEGIN – dag vir dag en nooit ophou nie! Uiteindelik word jou suksesgewoontes 'n leefwyse. Wanneer geloof 'n leefwyse word, verloor die realiteite van hierdie wêreld sy krag oor jou. Dan verdwyn vrees. Dan verdwyn kommer. Dan kan 'n mens leef as 'n meester van die lewe en nie 'n slagoffer nie! As jou mond net vol is van die realiteite om jou, dít wat die nuus vir jou voer en die televisie vir jou wys, sal* kommer, vrees en twyfel jou vernaamste emosies wees terwyl hoop en geloof verdwyn. Die vraag is: Watter een kies jy – realiteit of geloof?"

Die sleutel tot geloof is hoop. Met Hebreërs 11:1 oor sy lewe geskryf: *"Om te glo, is om seker te wees van die dinge wat ons hoop, om oortuig te wees van die dinge wat ons nog nie kan sien nie."* Hoe meer hoop hy daagliks in sy sessies met kliënte deel, hoe meer hoop beleef hy self. En ja, die snoeiproses het nie gestop nie – dit bly deel van daaglikse lewe, want hy is 'n mens wat God gekies het as Koning van sy lewe. Met daardie keuse kom daar ook 'n sekere prys om te betaal. *"Ek moes kies of ek deel wil wees van hierdie wêreld en of ek bereid is om uitverkoop te wees vir God. Die wêreld het die media en platforms en liggies, maar God se Woord is duidelik hieroor. Wie ook al sy erkenning weggee op aarde het dit in die hemel, en andersom. Dit is my hart – dit gaan nie vir my oor aansien of hoe belangrik ander dink jy is nie. Ek antwoord my eie telefoon, boek my eie dagboek; my vrou help my natuurlik baie, maar ek bly verantwoordelik daarvoor. Ek moes iets opgee – daardie menslike begeerte om bekend te wees en erken te word. Dit gaan nie oor my nie – ALLES gaan oor God!"*

Romeine 8:28 is so waar … ALLES wat MET ons gebeur, gebeur VIR ons wanneer ons God liefhet en Hom die eer gee. Die lewe gaan nie oor hoe belangrik ons is nie – die lewe gaan oor hoe belangrik ons God kan maak in ander mense se lewens.

Wat is die woorde en boodskap uit God se hart vir jou hierdie afgelope twee jaar? Wat het Hy met jou gedeel oor jou lewe, karakter en menswees, weg van die sportveld af?

Ons is soos 'n skip op die see of soos 'n boom wat groei. Daar sal altyd storms op die see wees of takke wat gaan buig in die wind. Ons gaan saam met die storms in ons lewens groei of breek. Die Here beloof dat Hy geen storm oor ons pad gaan stuur wat ons nie kan hanteer nie en dat ons nooit bo ons kragte versoek gaan word nie.

My werk is met die publiek en ook een-tot-een-konsultasiesessies. Toe COVID-19 dus tref, het alles tot stilstand gekom. Toe hulle die grendeltyd aankondig, het ons as gesin gekies om nie die woord "lockdown" te gebruik nie omdat ons weet watter krag woorde dra. Ons het besluit om na daardie tyd te verwys as "time out". In sport gebruik hulle die term wanneer jy 'n breek nodig het, of wanneer jy wil hergroepeer. Jy kry tyd om jouself te herbelyn en te herstel van die stryd wat jy gehad het in die wedstryd. Ons het gedurende hierdie "time out"-tyd besef dat ons seisoen verander het en dat ons moet saai. Dit was nie 'n oesseisoen vir ons nie. Ons het aan die werk gespring om te begin saai in mense en gesinne se lewens. Hierdie ou-skool-ou wat nie baie te doen het met hedendaagse tegnologie nie, het binne een dag alles oor Zoom en YouTube-video's geleer en toe elke dag vir 13 weke lank uit my kantoor 'n geesteliketaaiheid-forum aangebied – 'n halfuur Afrikaanse en 'n halfuur Engelse sessie. In 'n stadium het meer as 100 gesinne elke dag ingeskakel vir hierdie sessies! Selfs mense uit Engeland en Australië! Ek weet ek het self die meeste gegroei en geleer gedurende daardie tyd. Ek weet mos dat alles wat MET my gebeur ook VIR my gebeur.

Wat dink jy is die grootste struikelblok in mans se lewens?

Universeel is daar drie struikelblokke wat groot strikke is vir ons as mans:

- **Wellus** – dit is een van die oudste en bekendste strikke wat groot "manne" al laat val het. Vandag is pornografie waarskynlik die grootste siekte in ons wêreld.
- **Roem** – die begeerte om bekend te wees en aansien te hê in hierdie wêreld. Dit is die sogenaamde "rat race" waar die korporatiewe leer geklim word teen 'n prys wat jy die meeste van die tyd te laat sien.
- **Trots** – dit is die tipe trots wat in arrogansie kan verander; 'n tipe trots wat sê: "Ek het niemand nodig nie. Ek is 'n self-gemaakte mens."

Hoe sal jy graag onthou wil word?

Ek hoop my vrou kom eendag in die hemel en sê: "Dankie, Here, vir die sagte, dog uitdagende man wat U vir my gegee het!" Ek hoop my kinders sal sê: "Ek het die 'amazingste' pa gehad. Hy het my geïnspireer om 'n vol lewe te leef en hy het my gewys hoe om God lief te hê." Ek hoop die mense naby aan my (familie) sal sê – "Jannie se woord was sy eer en hy het gedoen – nie net gepraat nie." Ek hoop mense sal my onthou vir die kinderlike gees wat ek het. Matteus 18:3 sê: 'Dit verseker Ek julle: As julle nie verander en soos kindertjies word nie, sal julle beslis nie in die koninkryk van die hemel kom nie.' Ek wil nooit my kindwees verloor nie. Ek wil speel en kind bly, ek wil my verwondering vir God behou, ek wil altyd in 'awe' staan oor wie God is! Ek wil hê die Here moet weet dat ek niks wat ek het of beleef as vanselfsprekend aanvaar nie – nie die huis waarin ek woon, die mense waarmee ek werk of die voëlsang wat ek elke oggend hoor nie. Ek hoop dat die spanne en sportlui waarmee ek al gewerk het, my sal onthou vir my eerlikheid en my bereidwilligheid om alles wat ek leer, ook self te doen. Mag niemand ooit omdraai en dink ek sal agter sy rug van hom praat nie. Ek het al in die strik getrap en slegte dinge gesê, maar ek wil betroubaar wees. Ek wil my vertroue in God sit en 'n ware Godsman wees. Ek wil vergifnis leef, vry wees, vry van wêreldse strikke en status en honderd persent gehoorsaam wees aan God wanneer Hy sê ek moet iets doen.

Jannie en sy vrou deel 'n wonderlike oomblik

Weerstandsoefening met sy seun, Victor, voor dié se terugkeer na die VSA vir sy tennis

Jou boodskap aan Suid-Afrika

Suid-Afrika, as jy jou vertroue in mense stel, gaan jy altyd teleurgesteld wees. As jy jou vertroue in God stel, sal jy altyd verras staan. Ons is elke dag in 'n oorlog; 'n werklikheid waar Satan heers, maar waar ons nie as slagoffers van realiteit hoef te leef nie, eerder as oorwinnaars deur die krag van Christus wat deur ons werk! As jy jou hoop lewendig hou, is dit die sleutel tot geloof. As jy jou hoop verloor, val jy vas in die werklikheid om jou.

Die realiteit om jou word daagliks in koerante en op nuusblaaie uitgebasuin, maar wees sterk genoeg om dit te ignoreer en Satan nie die oorhand te gee in jou gedagtes nie. Gee God die gesag in jou lewe, want Hy gee gesag aan jou met jou vrye wil en keuses.

Die werklikheid om ons beteken vir my min en om as 'n realis te lewe gaan jou net negatief maak. Kies om in geloof te lewe. Kom ons gesels oor wat moontlik is – al beskou die wêreld dit as onrealisties. Filippense 4:13: "Ek is tot alles in staat deur Christus wat my krag gee." Verras jouself en lewe in geloof!

Jannie Putter
Eksklusiewe onderhoud
Skandeer kode en kyk
◀◀◀

Ruhan Nel

Adriaan Ruhan Nel, gebore op 17 Mei 1991, is 'n professionele Suid-Afrikaanse rugbyspeler. Ruhan, 'n voormalige leerder van Hoërskool Brandwag, trek aandag as o. 19-speler vir die Pumas in 2010 en draf in dieselfde jaar in die provinsiale o. 19-kampioenskappe uit. As student by die Universiteit van Pretoria vorm hy deel van UP Tuks, die universiteitspan in die Varsitybeker-reeks. Ruhan se provinsiale rugbyloopbaan sluit in wedstryde vir die Goue Leeus (2012-2014) en Griekwas (2015) en sedert 2017 trek hy die bekende streeptrui van die Westelike Provinsie en Stormers oor sy kop. Sy gereelde posisies is heelagter, vleuel en senter. Hy maak ook sy buiging in die groen en goud as Blitsbok-speler en bring sy vaardighede in die 2014/2015-seisoen na die Suid-Afrikaanse sewesspan by die Gold Coast-been van die IRR-seweswêreldreeks.

My liefde vir sport het begin by ... *my pa. Een van die eerste geskenke wat hy vir my gegee het, was 'n oranje rubber-rugbybal. Daarmee het ek en my jonger broer ure lank in ons agterplaas gespeel en geleer skop en aangee. Wanneer my pa smiddae ná werk teruggekeer het huis toe, het hy saam met ons rugby gespeel. Rugby het tóé al my hart gesteel!*

As ek nie 'n sportster was nie, sou ek ... *Ek wou niks anders wees of word nie! Ek wou nog altyd net 'n professionele rugbyspeler gewees het.*

Ek is ongelooflik dankbaar vir ... *gesondheid. Ek het vroeg in 2023 'n groot skok en slegte ervaring gehad toe 'n voorval op die veld amper my lewe soos ek dit ken, tot 'n einde gebring het ... dinge kon baie anders gewees het. Ek kon die gebruik van my bene verloor het. Ek voel so geseënd om 'n tweede kans te hê. Ek is ook dankbaar teenoor my vrou en die voorreg om 'n pa vir 'n klein dogtertjie te wees.*

As ek my lewe kon redigeer, sou ek ... *Om eerlik te wees, ek sou niks wou anders hê nie. Ek dink 'n mens sê altyd "as ek toe geweet het wat ek nou weet, sou ek ..." maar in werklikheid is dit juis daardie ondervindinge, hartseer, teleurstellings en goeie tye wat jou op die ou einde vorm en jou denkwyse verander. Selfs in jou slegste tye is jy nooit buite die bereik van God se genade nie en in jou beste tye is jy nooit te goed vir sy genade nie.*

Een van die grootste lesse wat ek vanjaar geleer het ... *Net 'n oorweldigende gevoel van hoe dankbaar 'n mens moet wees. Die lewe kan somtyds in 'n oogwink verander en 'n* mens besef nie altyd wat jy het totdat jy dit amper verloor nie. Selfs wanneer ek hierdie sin vir myself teruglees, klink dit soos iets wat jy in elke tweede "rom-com" (romantiese komedie) of storieboek vind. Ek is seker daarvan 'n paar lesers sal ook dink dit is iets wat hulle al 'n miljoen keer gehoor het, maar al wat dit verg is een verkeerde besluit en 'n mens se hele lewe word omgekeer. Somtyds, veral in ons land, word 'n besluit vír jou geneem, iets buite jou beheer, wat jou lewe verander. Ek sê elke dag dankie vir gesondheid, 'n werk, 'n huis en soveel basiese dinge wat talle ander mense nie het nie.

My grootste prestasie is ... om die Springbok op my bors te hê en as Blitsbok vir my land te speel. Die sewessisteem is 'n formidabele een. Dit is 'n plek waar 'n mens gesonde groei ervaar. Dit was 'n voorreg om onder daardie leierskap te ontwikkel. Ek was ook geëerd om saam met die Westelike Provinsie die 2017-Curriebeker te wen. Ons kon die eerste keer in jare weer die legendariese trofee huis toe bring. In 2022 was ek bevoorreg om die Verenigde Rugbykampioenskap saam met die Stormers te wen en deel te wees van die eerste Stormers-span wat 'n internasionale trofee kon wen. As ek terugdink aan my helde toe ek grootgeword het, ouens wat ook in dié trui gespeel het, staan ek somtyds steeds in verwondering hoe ek ook daar kon opeindig.

Die Bybelvers wat my deurdra ...

Ek het twee gunstelingskrifgedeeltes. God sê ons moet kom net soos ons is; met geen skaamte of voorafopgestelde idees oor wie ons moet wees of wie Hy gaan wees nie. Hy is God. "He will blow your mind" ... as jy Hom die kans gun.

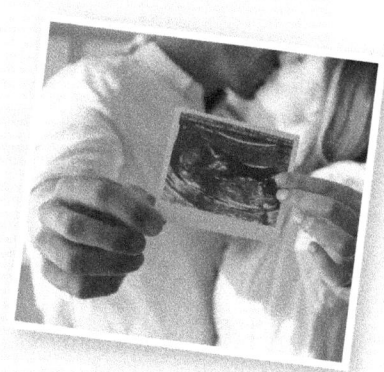

Matteus 11:28:
"Kom na My toe, almal wat uitgeput en oorlaai is, en Ek sal julle rus gee. Neem my juk op julle en leer van My, want Ek is sagmoedig en nederig van hart, en julle sal rus kry vir julle gemoed. My juk is sag en my las is lig."

1 Korintiërs 15:10:
"Maar deur die genade van God is ek wat ek is. Sy genade aan my was nie tevergeefs nie; inteendeel, ek het harder gewerk as hulle almal; eintlik was dit nie ek nie, maar die genade van God wat by my is."

MY STORIE
Ruhan Nel

Ruhan Nel word groot in 'n huis vol liefde, beginsels en met 'n fokus op rugby! Sy pa, 'n voormalige rugbyspeler in sy jong dae, se loopbaan word ná 'n motorfietsongeluk kortgeknip, maar dit demp nie die liefde vir die sport nie. Inteendeel, die entoesiasme vir rugby word aangevuur met raad en ondersteuning aan die twee Nel-broers wat al twee vir provinsiale spanne speel en gespeel het. Dit is nie net Ruhan se pa nie, maar ook sy ma, Karen, se stem wat bo dié van die ondersteuners langs die veld uitklink wanneer haar seuns goed speel. Daar word nie 'n oproep voor of ná 'n wedstryd gemis nie en vra jy Ruhan se ouers, was elke wedstryd die beste wedstryd van sy lewe, want dit is wat hulle glo. Doen álles wat jy doen elke keer voluit. Moet niks halfhartig aanpak nie en maak klaar wat jy begin.

Dit is hierdie ingesteldheid wat Ruhan op universiteit laat aanhou glo aan sy vermoëns, al het geen rugbyunie toe aan sy deur geklop om hom 'n kontrak aan te bied nie. Hy sou besef dat 'n rugbykontrak geen gegewe reg is vir enige talentvolle speler nie, maar altyd 'n voorreg met baie genade. Volgens statistiek sal 0,004% geregistreerde rugbyspelers in Suid-Afrika die voorreg geniet om professionele spelers te word; 670 000 kandidate droom oor die 15 posisies in elke provinsiale en nasionale span. Dit is hier waar drome óf in skerwe spat óf daar nog harder gewerk word. Ruhan sou laasgenoemde opsie kies. Hy het van jongs af elke trui oor sy bors soos 'n Springboktrui hanteer. *"Elke nuwe rugbytrui was telkens die hoogste eer waarmee ek op daardie gegewe stadium mee vertrou is. Ek moes dit respekteer asof dit die groen en goud was. Ek kon dit onder geen omstandighede net afmaak as niks nie. Néé, daardie trui is wat ek in daardie stadium in my hande gehad het en dit sou ondankbaar wees om dit te minag en te vergelyk met 'n trui van 'n meer geduqte of groter span, want dít het ek elk geval (nog) nie besit nie. Ek moes myself voorberei vir 'n professionele opset en kon nie die proses aanjaag nie."*

Ruhan het elke geleentheid gebruik om homself te verbeter en vir die volgende seisoen van sy lewe voor te berei, want al wat hy nog ooit wou doen, is om rugby te speel. *"Dit was rugby wat my na die Here toe gelei het! Ek was 16 toe ek my hart vir die Here gegee het. Ek was deel van 24 jong manne wat kattekwaad aangevang het op die o. 16-rugbytoer in Winkelspruit. Vir ons straf is ons gehok. Die enigste aktiwiteit wat ons toegelaat is, was 'n kerkdiens op dieselfde kampterrein waar ons tuisgegaan het. Dit was 'n kerkdiens waar jy met 'n simboliese aksie van jou oorgawe en die nuwe lewe wat jy begin 'n brief by die voet van 'n kruis neersit. Daar het my hart gedraai. Ek sou net nooit weer wegdraai nie."*

Die snoeiproses in sy lewe was egter konstant en nêrens het hy ooit gevoel "I have arrived" of dat hy die botoon voer nie. *"Néé, inteendeel! Die snoeiprosesse stop nooit nie. Soms voel 'n mens baie na aan die Here en ander tye is jy kwaad en voel jy baie ver van Hom af. Teleurstellings en sportbeserings op ongewenste tye laat 'n mens altyd die vraag vra: 'Here, hoekom laat U dit toe?'"* Twee spesifieke voorvalle was stormseisoene in Ruhan se lewe, tye van baie vrae en introspeksie. *"In 2014 is my droom bewaarheid en het ek die voorreg gehad om my debuut vir die Blitsbokke te maak. Ek beleef in 2016 'n deurbraakseisoen vol hoogtepunte. Dit is egter tydens 'n semifinaal teen Nieu-Seeland in Parys dat 'n plettervat my tot stilstand ruk en X-strale later bevestig dat ek my sleutelbeen op drie plekke gebreek het – skaars vier maande voor die Olimpiese Spele. 'n Sportman se kop begin dadelik somme maak, tydlyne trek en vra: Gaan ek gerehabiliteer en sterk genoeg wees om te speel?"* As die doelwit aanloklik genoeg is, sal 'n mens alles doen om dit te bereik en daarom was dit so 'n diep teleurstelling vir Ruhan toe die span aangekondig word en hy nie ingesluit is nie. *"Ek was in trane, afrigter Neil Powell was in trane ... dit is nooit lekker nie. Ek was teleurgesteld omdat ek harder gewerk het in my afseisoen as enige ander speler en steeds was dit nie goed genoeg nie. Ek was kwaad. Ek het ophou Bybel lees en bid. Ek wou net afstand skep en hierdie ding op my eie uitredeneer."* Dit was tydens hierdie tydperk van Ruhan se lewe dat God hom vir 'n tweede keer moes kom haal het. *"Ek moes dit vir myself uitklaar; God is nie op 'n rugbyveld as jou beskermengel nie. Dit bly 'n sport en eintlik is ons menslike liggame nie gemaak om teen 40 km per uur teen mekaar vas te hardloop nie. Dit beteken nie dat God op die veld afwesig is nie, néé, ons moet net die verantwoordelikheid vir ons eie keuses dra en nie die blaam op Hom laai wanneer iets skeefloop nie. Besering is deel van sport. Punt. Wanneer iets sleg gebeur, maak dit nie van Hom 'n God wat nie omgee nie."*

Die saak was opgeklaar. Dit was 'n lewensles wat hom sou bybly en 'n oomblik waarna hy kon terugverwys toe die volgende uitdaging hom tref.

Die 2023-voorseisoenwedstryd in Wildernis tussen die Stormers en die SWD Arende was 'n maklike wedstryd met min tot geen kompetisie nie. Ruhan het 15 minute voor die eindfluitjie geblaas het op die veld gegaan. Dit was tydens 'n laaste beweging toe hy 'n duikslag maak dat 'n ander speler se knie sy nek tref. Sonder dat hy daarvan bewus was, het die slag groter skade aangerig as wat hy gedink het. *"Daar was 'n klapgeluid en almal wou weet of ek oukei is. Ek was gelukkig genoeg om van die veld af te stap. In my hart het ek geweet iets is nie lekker nie, want ek kon my kop na links draai, maar moes dan my ken met my hand vashou en my kop stadig terugdraai. Die gekraak van been op been was hoorbaar. Twee dae later het my afrigter se woorde op die oefenveld my lewe tot stilstand geruk – die X-straal het bevestig dat my nek by my C1-werwel gebreek was."* Die werwelbreuk het wonderbaarlik nie tot die rugmurg deurgedring nie en Ruhan kon die gebruik van sy ledemate behou. *"My klein dogtertjie het voor my oë geflits en die feit dat ek my vrou nog kan vashou, was in my gedagtes. Ek kon hulle nog druk. Ek was nie verlam nie."*

Trane het oor Ruhan se wange gerol; 'n skrale 1 mm was die verskil tussen totale verlamming en onbeskryflike genade.

Vier dae later, tydens 'n voorseisoentoer in Gqeberha toe die span teen die Haaie sou speel, het Ruhan 'n versoek ontvang om 'n hospitaalbesoek te doen. Hy het steeds met die genade wat hy ontvang het, in sy kop en hart gestoei. Wat Ruhan daardie dag beleef het, was 'n waterskeidingsoomblik; 'n geleentheid wat hy nooit sal vergeet nie. *"Ek moes 'n jong rugbyspeler gaan besoek. Ek het vir Bakkies ontmoet; 'n 19-jarige jong man in 'n rolstoel ... verlam. Toe ek uitvra oor sy besering, het Bakkies genoem dat hy sy C1-nekwerwel gebreek het in 'n duikslag tydens 'n wedstryd. 'n Seun se knie het sy nek getref en sy C1-werwel het tot in die rugmurg gebreek ..."*

Bakkies was vier minute lank op die veld dood voordat mediese personeel hom met resussitasie kon terugbring. Hy was egter van die nek af ondertoe verlam. 'n Ander lewe het vir die 19-jarige voorgelê.

"Ek het in myself vasgekyk. Ek het besef dat dit net genade van God is dat ek nie ook in 'n rolstoel sit nie. In 'n oogwink het ek 'n nuwe uitkyk op die lewe gehad. Dit was asof God self in 'n hoorbare stem met my gepraat het. Ek het besef dat die lewe nie net om rugby gaan nie! Rugby is nie my alles nie, want daar is soveel meer om voor te leef en dankbaar te wees."

Vir die eerste keer in 'n lang ruk sou Ruhan weer die Gees van God voel, sy stem hoor en dié keer sou hy luister, nie net hoor nie. Ruhan sou nuwe prioriteite in sy lewe opstel waarvan tyd met God en sy gesin bo-aan die lys is.

"Ons God is 'n genadige God. Hy ontmoet ons waar ons op ons vlak van geloof is. En wanneer jy Hom toelaat, wys Hy jou presies wie Hy is en waarom Hy jou so liefhet."

Wat dink jy is die grootste struikelblok in mans se lewens?

Ons mans is maar trots. Ons gesels moeilik oor hoe ons eerlikwaar diep in ons binneste voel. Ek is bevoorreg om 'n groep mans om my te hê wat mekaar geestelik bystaan. 'n Groep waarby 'n mens een keer per week kan uitkom, koffie gaan drink en oor bekommernisse kan praat. Telkemale besef 'n mens dat jy eintlik nie jou eie is nie. Van die manne is al self deur 'n paar dinge in die lewe en ander is besig om met dieselfde dinge te worstel as jy. As 'n man neem 'n mens baie op jou eie skouers en is trots op die feit dat jy vir jou gesin kan sorg, hulle kan beskerm en die beste gee wat jy moontlik kan. Maar dit gaan alles met uitdagings gepaard en daarom is dit goed dat mans 'n ruimte het waar hulle dit met vriende kan deel wat verstaan en hulle bystaan.

Hoe sal jy graag onthou wil word?

Ek wil graag onthou word as iemand wat my dogtertjie gewys het hoe 'n Godvresende man lewe, wat reg en verkeerd is en hoe 'n vrou hanteer moet word. Ek wil onthou word as 'n man wat God ken, 'n man wat eerlik is en sy hart op sy mou dra – op en van die veld af.

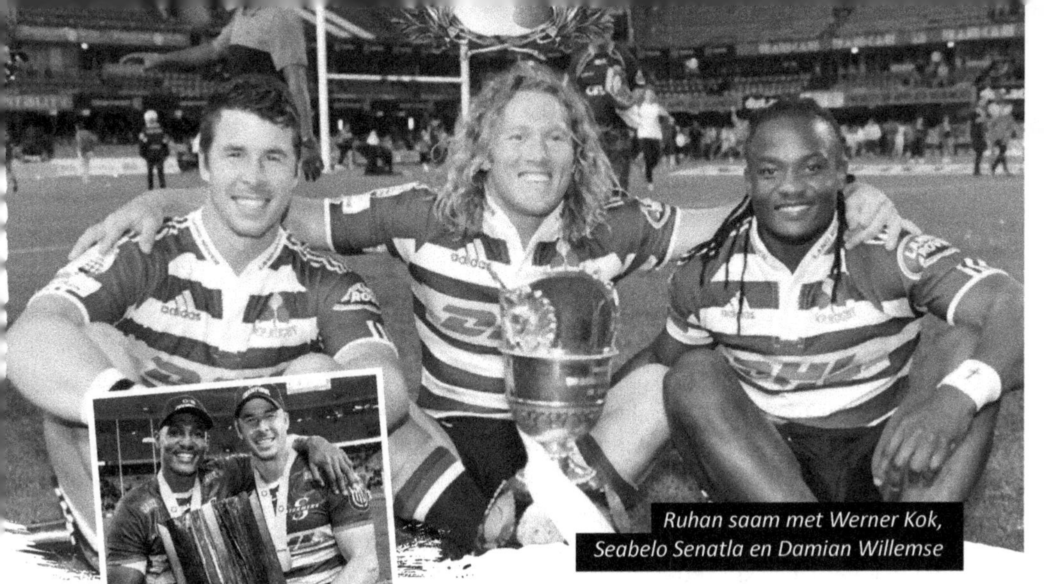

Ruhan saam met Werner Kok, Seabelo Senatla en Damian Willemse

Jou boodskap aan Suid-Afrika

Dit verg niks behalwe jou tyd en jou gemak om iemand anders se agtergrond, kultuur en denkwyse te verstaan nie. Ons bly in 'n unieke land met verskillende uitdagings, rasse, tale, kulture en natuurlik 'n geskiedenis wat emosionele letsels in baie mense se harte gelaat het. Ek was bevoorreg genoeg om een van my beste vriende se troue in die Oos-Kaap by te woon. Dit was 'n tradisionele Xhosa-troue. Hoewel ek die vriend al jare lank baie goed ken, het ek vir die eerste keer werklik verstaan waarom hy sekere dinge doen soos hy dit doen. Ek het hom beleef waar hy op sy gemak by die huis, tussen sy mense, honderd persent in sy kultuur is – en hy het floreer. Om van hom te verwag om dinge anders te doen, druis natuurlik in teen wie hy is en wat hy ken. As 'n mens nie begrip het en mekaar se stories en agtergronde leer ken nie, gaan daar altyd wrywing tussen ons as mense wees. Ons ken een manier van doen, maar daar is soveel ander sieninge en maniere wat net ons tyd en opoffering van ons gemak verg om dit te verken en te verstaan. Ons moet leer om ons emosies opsy te skuif en net te gesels. Somtyds is die moeilike en ongemaklike gesprekke juis dít wat nodig is om vorentoe te beweeg.

Ruhan Nel
Eksklusiewe onderhoud
Skandeer kode en kyk

Ruhan saam met sy vrou, Marlé

Vernon Philander

Vernon Darryl Philander, gebore op 24 Junie 1985, is 'n voormalige Suid-Afrikaanse internasionale krieketspeler. "The Surgeon", "VDP", "Vern", "Pro" of "V-Dawg" soos sy vriende en ondersteuners hom noem, is bekend vir sy mediumsnel- regshandige boulwerk op die krieketveld. Dié goue seun van Webner Street Primary School in Ravensmead se krieketloopbaan begin op 'n jong ouderdom en vorder tot waar hy Suid-Afrika reeds op o. 19-vlak verteenwoordig. Die voormalige Ravensmead Secondary School-leerder se krieketresumé sluit in deelname as speler vir: die Westelike Provinsie (2003-2004, 2015-2016, 2021-2022); die Tolchards Devon-krieketliga wat die hoogste vlak van klubkrieketkompetisie in Devon, Engeland is met die ligahoofkwartier in Little Torrington, Devon (2004); die Cape Cobras (2005-2006, 2018-2019); Somerset County-krieketklub, beter bekend as een van 18 eersteklas-graafskapklubs in die binnelandse krieketstruktuur van Engeland en Wallis (2012); Kent en Jamaica Tallawahs (2013); Nottinghamshire (2015); Suidwestelike Distrikte (2015-2016); Sussex County-krieketklub, ook een van die oudste van 18 eersteklas-graafskapklubs (2017). Hy het verder graafskapkriek in Middlesex gespeel asook vir Durban Heat in die eerste Mzansi Superliga T20-toernooi (2018) asook vir die Cape Town Blitz-span (2019) in dieselfde toernooi.

Vernon het 'n geweldig indrukwekkende begin tot sy internasionale loopbaan geniet. Hy maak op 24 Junie 2007 (sy 22ste verjaardag) sy buiging in eendagkrieket (ODI) teen Ierland in Belfast, waar hy vier paaltjies vir 12 lopies neem, 'n vertoning wat die wedstryd vir sy span help beklink. Hy maak op 11 September 2007 sy T20-debuut teen Wes-Indië in Johannesburg en op 9 November 2011 stap Vernon op die krieketveld uit vir die senior Protea-span en maak sy toetskrieketbuiging teen Australië. Hy word bekroon met die Speler van die Wedstryd-toekenning nadat hy vyf vir 15 in Australië se tweede beurt geneem het, waarin Australië vir 47 lopies uitgehaal is. Dit was Australië se laagste voltooide toetsbeurttotaal sedert 1902. Vernon word ook as speler van die reeks aangekondig met 14 paaltjies teen 'n lopietempo van 13,92. Hy het boonop twee keer vyf paaltjies laat kantel tydens die twee toetse.

Van sy rekords en toekennings sluit in: Hy het die vyfde speler in die geskiedenis geword wat vyf paaltjies in 'n beurt in elk van sy eerste drie toetse geneem het. Hy verower die 2012-SA Sportman van die Jaar-toekenning en in 2013 steek hy sy spanmaat, Dale Steyn, verby en word die nommer 1-ICC-toetsreeksbouler.

Vernon kondig in Desember 2019 sy uittrede uit internasionale krieket aan en in September 2021 is sy naam by die Pakistanse afrigtingspan gevoeg vir die T20-Wêreldbeker in die Verenigde Arabiese Emirate. Tans hoor ons hom as aanbieder en kommentator op SuperSport. Hy bestuur deeltyds sy organisasie sonder winsbejag, die Vernon Philander Foundation.

My liefde vir sport het begin ... *in die strate van Ravensmead. Sport op televisie het 'n groot invloed op ons as kinders gehad. Ons sou Wimbledon, sokker- of Curriebeker-wedstryde op televisie kyk, net om ná afloop van die sportuitsending saam met ons vriende alles wat ons gesien het te gaan namaak in die straat voor ons ouerhuise. Elke kind in die gemeenskap se verjaarsdag en elke present wat 'n bal ingesluit het, was belangrik. Dit het ons verskeidenheid van sport uitgebrei! Soms was die kompetisie baie ernstig en ander kere het ons net vir die plesier daarvan rondgehardloop. Dit het ons uit die moeilikheid gehou.*

As ek nie 'n sportster was nie, sou ek ... *'n gesinsman gewees het. As ek sport nie professioneel kon doen nie, sou ek op my liefde vir rekeningkunde voortgebou het en seker 'n entrepreneur en besigheidsman geword het.*

Ek is ongelooflik dankbaar vir ... *my tweede, derde en selfs vierde kanse in my lewe. Ek is ook dankbaar teenoor my gesin en familie vir hulle ondersteuning en liefde, selfs in tye wanneer ons mekaar min gesien het en dinge nie altyd sin gemaak het nie. Ek is baie bevoorreg om 'n pa te wees en God werklik te ken. My lewe en geloofspad was maar 'n wipplank tot op hede, maar ek is so dankbaar dat God my hart ken.*

As ek my lewe kon redigeer, sou ek ... *die leerprosesse in my lewe wou versnel. Ek kyk soms terug en voel die seer knoppe op my kop weens swaar lesse en my eie hardkoppigheid; ek het dinge aanhoudend dieselfde gedoen ... Noudat ek ouer is en terugkyk, dink ek met spyt: Ek kon hierdie lesse vroeër en vinniger geleer het ...*

Een van die grootste lesse wat ek vanjaar geleer het ... *is die krag van broosheid. Ek is maar 'n bietjie van 'n beheervraat, maar ná 'n baie uitdagende 24 tot 36 maande weet ek nou dit is oukei en belangrik om jou kwesbaarheid te wys en daaroor te praat. Ek het ook geleer dat ander mense om jou óók 'n stem het en dus die reg het tot hulle eie mening.*

My grootste prestasie is ... *Ek dink mense sal verwag dat ek 'n krieketprestasie moet noem, maar in my geval is dit om te erken wanneer ek 'n probleem het. Om openhartig en eerlik daaroor te praat; om te erken dat ek nie altyd reg is nie. Dat hoewel ek 'n goeie krieketspeler is, daar ander ernstige en ware persoonlike lewenskwessies is wat aandag moet geniet buite die krieketveld; dat daar dinge is waaraan ek elke dag moet werk.*

Die Bybelvers wat my deurdra ...

Psalm 23:4:
*"Al gaan ek ook in 'n dal van doodskaduwee,
ek sal geen onheil vrees nie; want U is met my:
u stok en u staf dié vertroos my."*

MY STORIE
Vernon Philander

Wanneer hy met sy nommer 24-hemp op die kriketveld uitgestap het, moes die opposisiekolwers hulself staal – want wanneer toestande in Vernon Philander se guns was, was hy waarskynlik die gevaarlikste bouler om te trotseer. Hy was nie 'n blitsige snelbouler nie, maar met die gawe van akkuraatheid en die vermoë om die bal van sy naat af te laat beweeg, was hy Suid-Afrika se betroubaarste wapen met die kriketbal. Hy was egter nie net 'n briljante mediumsnelbouler nie. Hy was ook handig met die kolf in die laer orde. *"Ek onthou my minikriketdae so goed en wonder soms hoe alles tot op hede so gebeur het. Kyk ek na my lewensverhaal, weet ek dat ek as kind nooit die beste kriketspeler was nie en dat ek nooit meer talent as enige van die ander seuns gehad het nie. Tog het ek baie genade uit God se hand oor my lewe ervaar en met baie ure se harde werk, uithouvermoë en deursettingsvermoë die geleentheid gekry om my land te verteenwoordig ..."*

Sodra jy 'n doelwit vir jou kriketoefening of enige ander aktiwiteit in jou lewe stel, sal jy daarin verbeter. Daarna moet jy jou haalbare mikpunte, doelwitte en groot drome neerskryf, want dan kan dit verwesenlik word – as dit die Here se goedkeuring wegdra. Dit was dié raad van afrigter James Adams wat Vernon se uitkyk op die lewe en benadering tot kriket vir ewig sou verander. Sy doelwit was 'n beter lewe vir homself, sy drie jonger broers, sy enkelma en oupa en ouma in die klein Kaapse gemeenskap van Ravensmead, Parow. Die gebied is nie bekend vir sy sportsterre nie, maar vir geweld, bendes, misdaad, drank- en dwelmmisbruik.

"Al gaan ek ook in 'n dal van doodskaduwee, ek sal geen onheil vrees nie; want U is met my: u stok en u staf dié vertroos my ..." het sy ouma Leah altyd gesê. Dit was die Skrifgefundeerde, streng grootwordjare aan huis van sy oupa en ouma wat hom

die basiese beginsels van respek, stiptelikheid en dissipline geleer het. Hulle was die rigtingwysers en God, elke Sondag in kerk, die ware Noord. *"Ek het grootgeword met die wete van hoe belangrik geloof, die kerk, Sondagskool en aanneming is. As 'n mens jonk is, glo jy wat vir jou vertel word en leef jy volgens die waardes wat neergelê word, maar wanneer 'n jong man ouer word en hy op sy eie insigte begin steun, begin die prentjie so ietwat anders lyk! Ek wou lewe en alles wat daarmee saamgaan vir myself ervaar. Ek wou uitvind wát ek glo, waarom ek dit glo en dan my eie rigting inslaan. Sukses op 'n jong ouderdom, bekendheid, roem wat daarmee gepaard gaan, 'n vol kriekettoerkalender en die wêreld aan my voete, het my eiewys gemaak en my ego vir my opgepof! Ek het gedink ek was onaantasbaar, onoorwinlik, groter as die algemene mense en selfs die sport waarvoor ek so lief was ..."*

Dit is die woorde van 'n bekende spreker wat enigeen vir 'n oomblik sal laat stilstaan, jou eie lewe evalueer en sommer laat herevalueer... *"If you put your trust in something other than God, it will become a problem. Because the thing that will make you, is the same thing that will break you ..."* Soos vele ander jong mans sou Vernon hierdie duur lewensles baie vinnig leer. Ná sy debuut vir die Proteas op 22-jarige ouderdom in 2007 en 'n roemryke warrelwindkrieketjaar as professionele internasionale eendag- en T20-krieketspeler, word Vernon se Protea-toetskrieketloopbaan in 'n oogwink kortgeknip. Daarmee saam word die droom om sy land in toetskrieket by die 2011-Wêreldbeker te verteenwoordig ook begrawe. Vernon is nie gekies vir die Suid-Afrikaanse toetskrieketspan nie. *"Ek was vernietig. Honderde onbeantwoorde vrae het deur my kop gemaal, want ek kon nie verstaan waarom dit op die kruin van my loopbaan kon gebeur nie. Volgens my was ek reg vir die groot stap en die verantwoordelikheid van toetskrieket, maar in die oë van die afrigters en keurders was ek net 'n jong man met talent ... met 'n ego te groot vir die span en die toetskrieketveld."*

Vir die volgende paar jaar sou Vernon meer introspeksie doen as ooit tevore. *"Mislukking laat jou die harde vrae vra. Dit dwing jou grond toe. Dit breek die eie ek af. Voordat jy jouself weer kan vind, moet jy God vind."* Hy sou harder werk: aan sy spel en ingesteldheid. Hy het op sy knieë na God uitgereik, hy het weer leer bid en vertrou ... gevra vir 'n tweede kans ná verspeelde geleenthede en toe vertrou dat God sy hart sien en sy gebede hoor.

"'Al gaan ek ook in 'n dal van doodskaduwee, ek sal geen onheil vrees nie; want U is met my: u stok en u staf dié vertroos my.' Daardie Skrifgedeelte moes wortelskiet en myne word. Nié ouma Leah s'n nie, maar my belofte. Ek moes God self leer ken en Hom weer leer liefkry. Daarmee saam kon ek nie net op geloof fokus nie, ek moes in die fisiese wêreld ook die werk doen en die verlore vriendskapsverhoudings gaan optel."

Vier jaar.

Dit het Vernon vier jaar lank geneem om op siels-, geestelike en liggaamlike vlak op 'n goeie plek te wees voordat die oproep van Krieket Suid-Afrika en die Protea-afrigter, Gary Kirsten, sou kom. *"Ek praat nie regtig hieroor nie – my geloof is 'n baie private ding vir my – maar kyk ek terug na daardie vier jaar van my lewe, weet ek dat ek vele kere* sou tou opgegooi het as dit nie vir my geloof was nie. Ek verstaan beter as enige ander mens dat ons almal antwoorde benodig oor die swaar dinge in ons lewe en die meeste van die kere ontwyk dit ons. Ek moes eerstehands leer dat God sekere uitdagings in jou lewe toelaat sodat jy as mens kan groei. Dit is slegs by retrospeksie dat hierdie dinge duideliker raak ... wanneer jy die lesse moet toepas om die situasie volgende keer beter te hanteer en nie dieselfde foute te maak nie."

Op 29-jarige ouderdom word Vernon se naam ingesluit by die Suid-Afrikaanse krieketspan vir die 2015-Krieketwêreldbeker in Australië en Nieu-Seeland en kry hy die geleentheid om sy droom te bewaarheid. "Wanneer 'n mens eksamen skryf, kan nie jy verwag dat God namens jou die pen optel nie. Jy moet die werk self doen. Ja, Hy gaan jou die rustigheid gee, maar jy gaan die werk moet doen. Vandag weet ek dit. Ek leef dit steeds, ek pas die reëls toe, want ons woon in 'n veranderende wêreld met baie veranderlikes en konstante uitdagings."

Kyk hy terug oor die afgelope 24 tot 36 maande vanaf die COVID-pandemie tot op hede, is dáárdie woorde steeds 'n werklikheid in sy lewe. "Die uitdagings het nie gestop nie. My aankondiging van my uittrede uit professionele krieket was net voor COVID-19 en die grendeltyd. 'n Onsekere tyd met baie vrae oor my lewe en loopbaan het gevolg. Daarmee saam het ek my ouma en my broer aan die dood afgestaan en ek is deur 'n egskeiding." Dit was 'n tyd wat hy God se stem duideliker as ooit wou hoor. "Het ek nie 'n verhouding met God gehad nie, sou ek weer die knaende vrae gevra het: Hoekom ek, Here? Waarom nou? Maar dié keer het ek geweet dat daar meer dinge is om voor dankbaar as om oor negatief te wees. Ná elke toets is daar iets om voor dankbaar te wees. Ek weet nou dat ek in die dal van doodskaduwee na Hom toe kan draai, maar ook wanneer dit goed gaan. Ongeag wat mense dink, weet ek dit is 'n verhouding wat nooit sal verdwyn nie."

Vernon ken 'n God van nóg 'n kans en sy idee is nié om God se genade te misbruik nie. Néé, hy weet net dat solank hy sy bes probeer, God sy hart en intensies raaksien.

"Wanneer 'n mens in die kollig lewe, dink jy soms dat jy 'n sekere beeld moet handhaaf en iemand moet wees wat jy nie werklik is nie. Dit verg jare se ervaring en foute om tot die besef te kom dat jy maar net kan wéés. Ek leer dit nou deur die oë van my kind en saam met die mense van my niewinsgewende organisasie. Ek dien weer mense en maak 'n betekenisvolle verskil met 'n heilsame bord kos. 'n Mens hoef nie 'iemand spesiaal' te wees om die individu wat tans in sy dal van doodskaduwee is, te help nie ... Jy sal verbaas wees, as jy soms net tot stilstand kom en help, help dit jóú dalk uit jóú dal van doodskaduwee."

Vernon en sy seun, Hayden

Wat dink jy is die grootste struikelblok in mans se lewens?

Ego's!

- *Ons as mans hou maar daarvan om goed te voel en reg te wees en soms kom dit teen 'n prys.*
- *Die sterk hardekwaskarakter veroorsaak soms dat ons toeklap en voel dat ons nie nodig het om te praat nie. Ons vertrou dan op ons eie raad en kry geen objektiewe inspraak en raad in ons lewens nie. Dit is so belangrik om daardie agter-die-skerms-gesprekke in 'n veilige omgewing met 'n objektiewe kundige te bespreek. Ons het veilige platforms nodig om mekaar te hoor en raad te gee.*
- *Ek weet nou dat mans en vroue belangrike, maar verskillende rolle vertolk. Mans wil geliefd voel, ons wil waardeer word en dit is belangrik om te weet dat die vrou in ons lewe ons nodig het. Dit maak ons harte sag, maar ego's staan in die pad hiervan.*

Hoe sal jy graag onthou wil word?

As iemand wat 'n betekenisvolle uitwerking in mense se lewens gehad het. As 'n man wat sy doel gedien het. God was goed en genadig teenoor my. En as ek dit vir ander kan doen, hoekom nie?

Jou boodskap aan Suid-Afrika

Tye is moeilik en ons draai na ons eie manier van dinge doen, maar vertrou God wat jou en jou toekoms ken. Hê geloof en glo dat Hy jou gebede hoor en as dit in sy wil is, dit beantwoord. Glo my as ek vir jou sê: Hy sal jou nooit los nie!

Vernon as krieketkommentator

Philip Snyman

Philippus Albertus Borman Snyman, gebore op 26 Maart 1987, is 'n voormalige Suid-Afrikaanse rugbyspeler en kaptein van die Suid-Afrikaanse sewesspan, die Blitsbokke. Dit is nie net bekendes soos skrywer en intellektueel sir Laurens van der Post, aktrise Brümilda van Rensburg of Springbok-rugbyspeler Adriaan Strauss wat die dorpie Philippolis se naam hoog hou nie. Nee, dié Philippolis-boorling maak op 'n vroeë ouderdom ook naam in rugbykringe wanneer hy vir Grey College uitdraf en in daaropvolgende jare die Cheetah-trui oor sy kop trek. Van 2008 tot 2012 speel Philip in 59 wedstryde as senter of vleuel vir die Vrystaat Cheetahs in beide die Superrugby- en Curriebeker-reekse. Sy provinsiale loopbaan sluit ook ses wedstryde vir die Griffons in (2008-2009). Philip het die eer om in die groen en goud uit te draf en maak sy buiging vir die Blitsbokke in die 2008-Dubai-sewestoernooi. Hy word deel van die geskiedkundige groep wat daardie seisoen hulle eerste Wêreldreekstitel wen en in 2016 'n brons medalje by die Olimpiese Spele verower. Philip word in 2016 as kaptein van die Blitsbokke aangewys en lei die span tussen 2016 en 2019 in 28 toernooie, insluitend om die span in 2017 en 2018 na Wêreldsewesreeks-titels te lei. In die nommer 2-trui verteenwoordig hy Suid-Afrika by die Seweswêreldbekertoernooie in Dubai (2008), Moskou (2013) en San Francisco (2018), wat hom die enigste Blitsbok maak wat by drie sulke toernooie gespeel het. Philip hang sy stewels in 2019 as 32-jarige speler op – ná 63 toernooie saam met die Blitsbokke en 276 wedstryde waartydens hy 69 drieë, 14 doelskoppe en 'n strafdoel aangeteken het vir 'n loopbaantotaal van 376 punte. Hy sluit sy internasionale loopbaan vir die Blitsbokke af as Suid-Afrika se suksesvolste seweskaptein.

Philip is tans die hulpafrigter van die nasionale sewesspan. Hy is getroud met Esteé en die trotse pa van twee dogtertjies.

My liefde vir sport het begin ... *in Philippolis, 'n klein dorpie in die Vrystaat. My pa was 'n boer, onderwyser en rugbyafrigter. Omdat ek die afrigter se seun was, het die ouer seuns nie 'n keuse gehad as om saam met my rugby te oefen en bal te skop nie. Ons was heeldag en aldag langs en op die rugbyveld! Met twee ouer susters, nefies en 'n ma wat kranige sportentoesiaste was, het dit nie veel gekos om almal te kry om 'n bal rond te gooi nie. Daar was 'n liefde vir sport en familie en ons het ure lank saam gespeel.*

As ek nie 'n sportster was nie sou ek ... *tien teen een 'n boer in die Vrystaat gewees het! Maar sedert ons ons hier in die Kaapse wynlande gevestig het, sal dit nou 'n moeilike* keuse wees. Ek sou seker in my tweede liefde belê het – 'n finansiëlebestuursrigting. Dit hang natuurlik alles af van wáár en in watter area jy jouself bevind.

Ek is ongelooflik dankbaar vir ... my vrou, my twee kinders en my wonderlike familie.

As ek my lewe kon redigeer, sou ek ... nie iets verander het nie. Ek is deur baie hoogte- en laagtepunte, maar omdat ek so 'n positiewe mens is wat altyd die beste in alles wil raaksien – ook die rede agter die situasie – is daar min dinge wat my van balans af gooi. Ek sou nie gewees het waar ek vandag is as ek nie baie van die veranderlikes leer aanvaar het en hoe om die beste te maak van wat tot my beskikking is nie. Die kronkelpaaie, en selfs die deure wat toegegaan het, lei 'n mens tot waar jy moet wees en vorm jou in die mens wat jy moet wees.

Een van die grootste lesse wat ek vanjaar geleer het ... is om in die oomblik te wees. As sportman toer ek baie en wanneer jy in jou hotelkamer sit met twee huilende dogtertjies op die telefoon aan die ander kant, besef jy gou dat jy die meeste van elke oomblik moet maak. Wees in die oomblik wanneer jy tuis is, gee liefde en speel met jou kinders, deel drukkies en soene uit en wees dáár. Maar wanneer jy dan weer op die sportveld of by die werk is, wees honderd persent teenwoordig. 'n Mens kan ook nie toelaat dat skuldgevoelens jou beroof van geleenthede nie. Ons moet verantwoordelik wees met dít wat aan ons toevertrou word.

My grootste prestasie is ... in my persoonlike lewe: om so 'n vrou te kon kry – 'n mooi vrou daarby! Ek is trots op my troudag en die geboorte van my dogters. Op die sportveld is my grootste prestasie om die sewestrui oor my kop te kon trek. Ek was 20 jaar oud en 'n mens besef nie dan aldag die voorreg en verantwoordelikheid daarvan nie. Om toernooie te wen, jou land by die Olimpiese Spele te verteenwoordig en 'n bronsmedalje om jou nek te hang, is 'n groot eer en prestasie.

Die Bybelvers wat my deurdra ...

> **Matteus 6:33: "Nee, beywer julle allereers vir die koninkryk van God en vir die wil van God, dan sal Hy julle ook al hierdie dinge gee."**

Philip en Esteé met Emily en Elizabeth

MY STORIE
Philip Snyman

Jy sou dink dat geen mens die héle tyd, áltyd, so positief kan wees en bly nie, maar Philip Snyman ken nie 'n ander manier nie. Dit is meer as net 'n oorlewingsmeganisme of aangeleerde gedrag. Néé, hy leef wat hy glo en hy glo wat hy leef. Die oopkoppositiwiteit stroom uit hom uit, want soos hy glo, is daar altyd iets positiefs wat 'n mens uit elke situasie kan neem.

Die beste raad wat die jong Philip sou kry, onthou en altyd toepas, was baie prakties: "Wees altyd eerlik, opreg en net jouself." Die moeilikste raad was: "Leer uit jou eie foute en nie net uit ander mense se foute nie. Kyk wat en hoe hulle dit hanteer wanneer hulle foute maak, maar stamp ook jou eie kop en leer daaruit. Alle suksesvolle mense hou hulle oë oop en leer vinnig."

Philip het meer gedoen as net notas neem. Hy het opgelet en sy leefwyse en besluitneming aangepas.

> **"Ek het van jongs af besluit dat ek die produk van my eie keuses gaan wees."**

"Ek het my kop baie gestamp en in donker plekke beland, maar geweier om die slagoffer van my eie omstandighede te wees. Ek het gekies om 'n positiewe uitkyk op alles te hê en 'n slegte situasie die 'lekkerste slegste situasie' te maak!"

Hierdie gedragspatroon het nie sommer oornag ontwikkel nie, dit moes groei, bloei en blom; dit is 'n waardevolle skat in hom wat niemand ooit van hom sal kan wegneem nie.

> **Hy was 17 toe sy ouers skei.**
> **Sy pa was sy held en ikoon.**

Hy was die eerste een langs die rugbyveld en die laaste ondersteuner om te loop. Die egskeiding het Philip se jong lewe verwoes, soveel so dat hy amper sy geliefde rugby prysgegee het. *"Ek het saam met hom rugby geoefen vandat ek vyf jaar oud was, maar toe ek 17 was, het hy die mat onder my uitgeruk. Ek het rebels geraak, baie partytjies begin bywoon en 'gekuier' soos nog nooit tevore nie. Ek was hartseer en kwaad, teleurgesteld in die man wat my ma, my twee sussies en vir my ná al die jare so seer kon maak met sy keuses en dade."*

Philip het in 'n Christen-huis met Christelike waardes en norme grootgeword. Dít is sy grondslag. Elke Sondag het die hele Snyman-familie in die Philippolis Gereformeerde Kerk gesit en saam met agt ander gemeentelede deur die dominee vir God en die Bybel leer ken. Elke Sondag net voordat die jong Philip op sy ma se skoot aan die slaap geraak het, sou hy en sy nefies kyk wie die hardste kon sing en dan sou 'n Bybelverhaal en die waarde van die storie bevestig word. Philip het nooit vir God of sy geloof bevraagteken nie – tot die dag van sy pa se erkenning en die nuus oor die skeisaak. Alles waarin Philip geglo het, is in 'n oogwink verpletter en vervang met ongeloof en pessimistiese realisme.

"Dié seer het vier jaar lank in my gewoed. Gedurende daardie tyd wou ek niks met my pa te doen hê nie. Onvergewensgesindheid en haat het my beheer, maar ek wou nie vergewe en vergeet nie. Tot eendag, toe God ingryp en my hart aanraak …"

Dit was tydens sy tweede jaar by die Universiteit van die Vrystaat, 'n Sondagoggend met wingerdgriep ná nog 'n laat aand van baie kuier. Dit was die gebliep van 'n boodskap wat klokslag, net soos elke ander Sondagoggend, sou deurkom. Weer 'n uitnodiging om saam te gaan kerk toe. Hierdie keer sou Philip se slimste antwoorde hom nie loskry nie, want die teenantwoord was slaggereed. *"Ek het die uitnodiging na die oggenddiens vir die soveelste keer van die hand gewys met 'n verskoning dat ek reeds besig is, toe die antwoord kom: 'Dis oukei, ek gaan in elk geval na die aanddiens toe ook. Jy is welkom om dan saam te kom?'"*

Was dit die aanhouer-wen-houding van sy vriend of Philip se gewete wat aan hom gevreet het? Wat ook al die rede, God het Philip geken en dié keer sou Hy Philip nie laat wegkom nie!

Daardie aand in die kerkdiens in Bloemfontein ontmoet die 20-jarige Philip God vir die eerste keer waarlik. *"Daardie aand het my lewe verander. Ek het besef wat en wie God werklik is. Daardie warm, kalm gevoel wat oor my gekom het, was 'n lafenis vir my siel. Hy het die pyn weggeneem en genesing gebring waar geen medisyne dit kon regkry nie."*

Dit was gedurende hierdie fase van Philip se lewe dat hy sy voete moes vind in meer as net sy geestelike lewe. Hy moes stabiliteit in siel en liggaam ook vind. Met 'n deurmekaar kop en God se oog op hom, het hy en twee vriende 'n sabbatsverlof van die Vrystaatse rugbyunie geneem, 'n rugbykontrak van drie maande in Nederland aanvaar en die proses van soeke tot in die rooi gedruk. *"Daardie drie maande het my oë oopgemaak vir dit wat waardevol is in my lewe. Ons sou twee keer 'n week oefen, een wedstryd speel en die res van die tyd leeglê, bier drink en nonsens aanvang. Maar dit is gedurende hierdie tyd dat ek een aand my Bybel oopgeslaan en weer besef het dat ek my mense, my land en my geloof mis!"*

Dit was die gebede van sy ma en twee susters, 'n nooi en vriende wat Philip sou laat terugdraai, nie net Suid-Afrika toe nie, maar ook na die Here. Dié keer was alles in pas met mekaar – gees, siel en liggaam. *"Ek het huis toe gekom, my pa vir die eerste keer in vier jaar gaan sien en vrede gemaak. Ons het saam 'n beesboerdery begin, weer familievakansies gehou … alles het nie die hele tyd altyd honderd persent goed gegaan nie, maar ons kon weer vorentoe beweeg en nuwe herinneringe skep."*

> **Kyk Philip terug, sien hy God se hand in elke hoofstuk van sy lewensverhaal. Selfs in die hoofstukke wat hy self nie weer wil lees nie.**

God was selfs dáár, want dit is wie God was en steeds is en vir ewig sal wees. Die Een wat herstel bring, die Een wat vergifnis bring en die Een wat net 'n kans gegun wil word om 'n stem in sy lewe te wees.

Hierdie gebeurtenis het oor die verloop van drie jaar genoeg heling en herstel vir die Snyman-familie gebring. Net betyds, want in 2018 op Paassondag – vier dae voor die openingseremonie van die Statebondspele in Australië – is dit die onwerklike telefoonoproep sesuur die oggend wat Philip se krane oopdraai en trane van pyn en dankbaarheid, genade en verlies laat vloei. *"My pa is daardie Sondagoggend oorlede. Al waaraan ek kon dink was die drie jaar van nuwe herinneringe bou. Ek was so dankbaar vir die verhouding en vergifnis. Ek sou nooit met die worsteling van haat en verwyte kon saamleef nie. Ek was dankbaar, so dankbaar vir 'n pa wat my grootste held was … die man wat my rolmodel was ondanks slegte keuses en dade. My rolmodel was net 'n mens met foute. Die verraad, haat en pyn was nie onwerklik nie, maar 'n besluit wat ek met die Here se hulp gemaak het om hom te vergewe, het my lewe gered …"*

Vandag beskou Philip steeds sy pa as sy grootse rolmodel en al was hy nie volmaak nie, het Philip baie by hom geleer; selfs leiding ontvang oor watter tipe pa hy wil wees en hoe hý sy vrou en dogtertjies wil hanteer.

Net soos God dit beplan het, is dit nou hierdie lewenslesse wat Philip op 35-jarige ouderdom met ander jong mans deel. As hulpafrigter van die Blitsbokke het hy jong manne se oë op hom gevestig en skep hulle uit sy lewensfontein van wysheid en ervaring. *"My eerste en enigste raad aan die jong mans is altyd; maak seker die Here is en bly die middelpunt van jou lewe en alles wat jy aanpak … want dan sal jy nooit twee keer dink oor jou besluite nie."*

Philip Snyman is voorwaar 'n man met God as sy rigtingwyser. Dit is woorde van sy spanmaat en afrigter Neil Powell wat sy lewensuitkyk opsom: *"Ek het saam met hom gespeel en hom toe afgerig en in albei rolle het hy uitgeblink. Dit het nooit oor homself gegaan nie en ons stelsel het geweldig baat gevind by iemand van Philip se kaliber as leier en as speler, altyd beskikbaar en bereid om by te dra, dikwels ten eie koste. Hy het* ons kultuur gedryf en uitgeleef en hierdie span en baie spelers daarin is beter mense as gevolg daarvan."

Wat dink jy is die grootste struikelblok in mans se lewens?

Emosies. Ons as mans is maar van nature trots en hou nie daarvan om broosheid te wys nie. Alhoewel dit die beste opsie sal wees om oor seer en geluk, ongeluk en pyn te kan praat. Almal moet 'n uitlaatklep hê. Ek persoonlik probeer maar altyd om my emosies op die emosionele skaal van -5, 0 en 5 te bestuur. Met ander woorde: -5 is negatiewe reaksies, 0 is 'n neutrale aanslag en 5 is baie optimisties. My emosies bly altyd 0, sodat die afdae nie te rof is nie, maar dan spring ek van nature nie maklik na 'n 5 toe nie, omdat die pad terug altyd te lank en te swaar is. Werk op die skale wat vir jou funksioneel en so stabiel moontlik is. Maar praat, deel jou hart met ander en wys emosie.

Hoe sal jy graag onthou wil word?

As iemand wat 'n positiewe uitkyk op die lewe het. Iemand wat optimisties is en die lewe met 'n glimlag en humor aangepak het sonder om elke situasie te ernstig op te neem. As iemand wat gekies het om die lig en positiewe raak te sien en wat van die lewe gehou het!

Jou boodskap aan Suid-Afrika

Dit is so belangrik om positief te bly oor ons land en sy mense en nie visie te verloor oor wie ons is en kan wees nie. As elkeen net eers op homself/haarself fokus en seker maak dat hy/sy die beste weergawe van hulleself is, sal ons die fokus van ander mense se tekortkominge afhaal. Dit is dan wanneer ons ophou vinger wys. Dit is dan wanneer ons beskouing kan verander met 'n positiewe resultaat.

Philip Snyman
Eksklusiewe onderhoud
Skandeer kode en kyk

Cameron Wright

Cameron Robin Wright, gebore op 20 April 1994, is 'n Suid-Afrikaanse rugbyspeler wat vir die Cell C Haaie in die Superrugby-, Verenigde Rugbykampioenskap- en die Curriebeker-reeks speel. Die voormalige leerder van Westville Boys High School en Hilton College se rugbyloopbaan is 'n swart-en-wit prentjie met die Haaie se embleem op sy bors! Cameron dra die nommer 9-trui vir KwaZulu-Natal in die o. 16-Grant Khomoweek in 2010, verteenwoordig die Haaie by die o. 18-Cravenweek-toernooi in 2012 en draf in dieselfde jaar ook uit in die o. 19- provinsiale kampioenskap. Hy word in 2014 in die Haaie se o. 21-span opgeneem.

As student by die Universiteit van KwaZulu-Natal verruil Cameron sy geliefde swart-en-wit trui vir 'n sneeuwit UKZN-Impi-trui en maak deel uit van die 2014-span in die Varsityskild-kompetisie. Hy sprei sy vlerke en speel vanaf 2015 tot 2018 vir die Franse klub, Montpellier, maar maak sy terugkeer na Suid-Afrika in 2017. Die 1,81 m lange aanvangskrumskakel speel weer vir die Haaie in die Curriebeker Premierafdeling-seisoen en in die Verenigde Rugbykampioenskap. Cameron maak in 2018 onder afrigter Rassie Erasmus sy buiging in die Springbok-oefengroep en wag geduldig vir die dag wanneer hy die groen en goud oor sy kop kan trek.

My liefde vir sport het begin ... as 'n seuntjie. My pa het altyd gesê ek kon 'n bal gooi voordat ek nog kon loop! My pa was 'n groot sportman en rugbyspeler. Hy het in die vroeë 1990's as jong man vir die "Banana Boys" oftewel Piesangboere uitgedraf. Hy het nooit die geleentheid gekry om professioneel rugby te speel nie omdat al die gekontrakteerde spelers steeds moes werk om 'n goeie lewenstandaard te handhaaf. Die Banana Boys sou in die middel van die 1990's die logo van die Haaie begin gebruik weens borgskapredes. My liefde vir sport is wyd versprei: Ek was openingskolwer vir my skool se krieketspan, het sokker gespeel en heelwat later ook begin rugby speel. Dit was die vaardighede wat kriekt my geleer het – die tydsberekeningsfaktor om die bal perfek te tref, die kennis en ervaring oor die waarde van ruimtelike bewustheid en die finesse van die sport – wat bygedra het om my 'n beter rugbyspeler te maak.

As ek nie 'n sportster was nie, sou ek ... voltyds in die bediening gestaan het. Ek is tans besig om 'n teologiegraad te voltooi met die fokus op een-tot-een-berading. Ek is lief vir God en lief vir God se mense. My bediening lyk soms vir sommige mense ongewoon, maar ek weet God gebruik my presies op die plek waar Hy my nou wil hê.

Ek is ongelooflik dankbaar vir ... *so baie dinge. Ek voel asof ek 'n eindelose lys het, maar ek is uiters dankbaar dat ek geroep en afgesonder is deur God, ek is dankbaar vir die familie wat Hy vir my gegee het, die kerkgemeenskap waaraan ek behoort en die talente wat Hy my geskenk het.*

As ek my lewe kon redigeer sou ek ... *Ek sê nie gereeld dat ek baie dinge in my lewe sou verander het nie, want ek is uiters dankbaar vir die pad wat God vir my bepaal het. Dit het my soveel geleer en my gehelp om te wees wie ek vandag is. Ek dink egter as ek minder verwaand en meer nederig was, sou dit my toegelaat het om leerbaar te bly en dan sou ek potensieel minder trauma, minder hartseer veroorsaak het en meer van 'n invloed op 'n vroeër stadium in die lewens van individue rondom my gehad het.*

Een van die grootste lesse wat ek vanjaar geleer het ... *Ek dink die mees ongelooflike openbaring wat ek vanjaar gehad het, was oor God se getrouheid en goedheid. As jy Dawid se psalms lees, pleit hy in baie van hulle by God en beroep hy hom op God se onveranderlike natuur, sy goedheid en sy getrouheid. Dawid wys nooit op sy eie goeie werke as rede waarom God hom moet beloon nie. Hy erken dat hy niks sonder God kan doen nie en dat alles wat hy doen, niks beteken as God nie betrokke is nie. Hy het selfs duisende jare gelede reeds goeie insig in die genade van God gehad.*

My grootste prestasie is ... *Dít waarop ek die trotsste in my lewe is, is my gesin. Ek is nie seker of dit 'n prestasie of 'n voorreg of dalk selfs 'n geskenk is nie, maar ek is beslis uiters trots daarop om 'n man vir my vrou en 'n pa vir my kinders te wees.*

Die Bybelvers wat my deurdra ...

Galasiërs 2:20: "Ek is met Christus gekruisig, en ék leef nie meer nie, maar Christus leef in my. En wat ek nou in die vlees lewe, leef ek deur die geloof in die Seun van God wat my liefgehad het en Homself vir my oorgegee het."
Hierdie vers help my om te onthou wie ek is, waaroor die lewe werklik gaan en hoe wonderlik die God is wat ek dien.

Cameron, pappa van Harper Grace en Paisley Hope

MY STORIE
Cameron Wright

Dit is die tatoe van 'n brullende leeu op Cameron Wright se regterknie wat die kommentators en publiek altyd aan die praat het.

Die Hebreeuse letters en ander tatoeëermerke word deur die lang, swart rugbykouse bedek, maar die boodskap agter die tatoeërings is duidelik: Cameron staan vir dit waarin hy glo. Hy is nie bang om oor sy geloof te praat nie. Néé, hy skryf dit selfs op sy liggaam. Beskou dit as 'n aanknopingspunt vir 'n gesprek of frons in afkeer, maar wat jy nie van hom kan sê nie, is dat hy bang is. Cameron vrees niemand behalwe God nie. Hy vrees geen menslike mening of oordeel nie, want hy het al heelwat in sy lewe beleef; hy kan 'n boek skryf. Hy het gekies om die wonde van die verlede gesond te bid. Geen letsel sal hom terughou en geen valse persepsie sal hom weer pootjie nie, want sy anker is God en sy fondament is rotsvas op Hom gevestig.

Hy was die vurige seuntjie met te veel haat en woede vir een lyfie. Cameron se ouers is geskei toe hy slegs een jaar oud was. Met sy pa in Vereeniging, duisende kilometers ver van hom en sy ouer suster af, sou Cameron se verhouding met sy pa in 'n verwronge Kersvader-storie ontaard. Hy het sy pa een maal per jaar vir 'n kort rukkie gesien, gewoonlik met persente en tydens 'n feestelike viering. Daarna sou sy pa weer verdwyn, net om ná 12 maande weer sy verskyning te maak. 'n Liefdevolle ma, maar 'n afwesige vaderfiguur, het daartoe gelei dat Cameron sonder streng dissipline grootgeword het met die gepaardgaande gevolge wat sou uitkring en vernietigend was. *"Ek was 'n groot moeilikheidmaker op skool en is soms vir 'n hele paar dae geskors. Ek wou baklei om myself te laat geld. Om aan my woede uiting te gee het ek rugby gebruik om mense seer te maak. Dit was die enigste 'wettige' manier om 80 minute lank kwaad en gefrustreerd rond te hardloop. Rugby was my uitlaatklep, maar dit was ook my god."*

Cameron was prestasiegedrewe. In sy soeke na die liefde en aanvaarding van 'n mansfiguur, sou hy meer doen – béter doen – net om die goedkeuring en bevestigende woorde van mentors en leiers in die skool en koshuis, sy pa en stiefpa te ontvang. Hy het homself gesien as iemand wat die hele tyd op die agtervoet is, nie goed genoeg nie. Hy was desperaat om die titel van "seun" te verdien. *"Ek het vir 'n groot deel van my tienerjare nie geweet waar ek hoort nie. My eie pa was afwesig en my stiefpa* het uit respek vir my eie pa nie toegelaat dat ek hom 'Pa' noem nie. Ek het 'n reuse-identiteitskrisis beleef en nooit gevoel dat ek êrens vastrapplek het en behoort nie."

Die ondenkbare het met die jong, kwesbare Cameron gebeur. 'n Mentor, 'n ouer man wat in dieselfde straat as Cameron-hulle gewoon het, het hulle vriendskapsverhouding misbruik en dit het in seksuele mishandeling ontaard. Cameron het keer op keer weens emosionele manipulasie toegegee aan dade wat nie sy keuse was nie. *"Hierdie voorvalle was 'n deel van my lewe wat ek voor God moes neerlê die dag toe ek my hart vir die Here gee. Dit was al heelwat later in my lewe; ek was toe al 20 jaar oud, maar die rou pyn van verwerping, misbruik en 'n wrok teenoor gesagsfigure en myself het my gewurg en blind gemaak van woede. Ek moes dit vir God gee om dit te genees. Ek moes dit uit my sisteem kry, verwerk, saam met God 'n pad stap en gesond word. Ek moes die man vergewe vir die keuses wat hy gemaak het, vir die dade wat hy gepleeg het en kon deur God se bril ook sy tekortkominge sien. Ek weet nou dat elke mens maar uit sy eie seer handel. Ek het toegegee aan aksies wat verkeerd was en hy het misbruik gemaak van my kwesbaarheid, maar dit was die perfekte storm vir die duiwel om in te floreer."*

God, dié magtigste manlike gesagsfiguur, sou een oggend tussen die kerkbanke van die Olive Tree-kerk 'n fisiese en geestelike konfrontasie met die hardkoppige, rugby-obsessiewe Cameron bewerkstellig.

> **God het 'n afspraak met hom gehad en het in sy lewe opgedaag op 'n manier wat Cameron nooit verwag het nie.**

"Ek was 'n uitgesproke ateïs wat Christene veroordeel het oor hulle belaglike geloofsoortuigings; 'n jong, verwaande rugbyspeler wat 'n god in my eie oë was. Ek het aan kliniese depressie gely en het voortdurend te veel gedrink om van my omstandighede te vergeet. Bronwen, my vriendin (wat nou my vrou is), was 'n gelowige Christen en ná nog 'n aand van baie drink en teleurstellende gedrag het sy my die Sondagoggend weer saamgenooi kerk toe. Sy wou my lewe met my deel, maar ek moes eers instem om my seer, stukkende hart gesond te kry. Daardie oggend het God en sy Heilige Gees tussen die kerkbanke, tydens lof-en-aanbidding, op my neergedaal en my persoonlik ontmoet."

Dit was 'n besnydenis van sy hart in een ontmoeting met die enigste lewende God; 'n oomblik waar 'n hart van klip in 'n sagte hart van liefde sou verander met die belofte en bevestiging van 'n nuwe lewe! Cameron sou nooit weer terugdraai nie. Sy liefde vir die Woord van God en die begeerte om God se Woord te bestudeer sou binne 24 uur posvat, net om te lei tot 'n verandering van studierigting en 'n ommeswaai in sy leefstyl. *"Ek was besig om sielkunde te studeer, maar het my studierigting na teologie verander. Ek is passievol oor God, sy Woord en die Kerk. Dit is 'n plek van genesing vir gebreekte harte en restourasie vir seer mense. Ons almal is onvolmaakte mense wat 'n volmaakte lewende God dien."*

"As ons as kerk begin saamstaan, saamwerk en bid, sal ons sien hoe sy genade, liefde en goedheid mense tot inkeer en bekering bring."

1 Korintiërs 10:31 sê: *"Of julle eet en of julle drink of wat julle ook al doen, doen alles tot eer van God."*

En dit is presíes wat die vurige pastoor Cameron Wright steeds vandag doen! Rugby was sy god, hy het dit gespeel om van pyn en frustrasie onslae te raak, maar toe draai dinge om en word rugby die plek waar hy God kan aanbid. *"Dit mag vir mense vreemd klink, maar die speelveld is vir my 'n geleentheid om mense te plettervat, maar vir die glorie van God! Ek kan God op 'n unieke manier dien; met my fisieke liggaam en hele hart. Die kleedkamer en gimnasium is my bedieningsveld. Ek gebruik my eie storie, lewenservaring, die Skrifgefundeerde tatoes op my lyf en my liefde om met geharde manne te praat wat moontlik nooit kerk toe sou gaan nie."*

Cameron verstaan trauma en wat dit beteken om gepynig te word deur die verlede. Hy weet dat pyn en onvergewensgesindheid soos skimmel in die donker groei. Hy gee potensiële skaamheid of vernedering oor die sonde van die verlede geen vatplek in sy lewe nie en werp die lig daarop. Sy lewe is 'n oop boek vir ander mense om uit te leer. *"Die grootste les wat ek moes leer, is om my trots eenkant toe te stoot, my agenda te bêre en nie mense se opinies oor my storie te probeer beheer nie. Ek kan nie jou denke beheer nie, maar as my storie van pyn tot restourasie iemand anders kan help om ook gesond te word, sal ek my storie oor en oor met ander mense deel ..."*

Jakobus 5:16 sê: *"Bely julle sondes eerlik teenoor mekaar en bid vir mekaar, sodat julle gesond kan word. Die gebed van 'n gelowige het 'n kragtige uitwerking."*

Cameron bly getrou aan hierdie Skrifgedeelte.

Vandag is rugby 'n groot deel van sy lewe, maar dit is nie sy hele lewe nie. Hy aanbid dit nie meer nie en sy hele lewe hang nie meer daarvan af of hy wen of verloor nie. Die prestasiegedrewe druk is vir ewig weg, want hy besef dat hy niks meer of minder hoef te doen om God se liefde te ervaar nie. *"In 'n omgewing waar spelers verafgod word, keer ek nou die aandag weg van myself af en gee ek die eer vir God. Dit is sy talent in my en ek sal getrou wees met die grondgebied wat Hy aan my toevertrou het, maar die eer is en sal altyd God s'n bly."*

Die Hebreeuse skrif verklaar dit duidelik op sy vel: *"To God I give my life."* Die verwaande jong man het verdwyn, 'n volwasse seun van 'n lewende God staan sterk.

Wat dink jy is die grootste struikelblok in mans se lewens?

Hoogmoed en wellus, vir seker. Mans dink te veel van hulleself en te veel aan vrouens. Mans hou daarvan om hulle vlees te bevredig, maar hulle vlees sleep hulle weg van die teenwoordigheid van God af.

Hoe sal jy graag onthou wil word?

Op my gedenkdag sou ek hoop dat hulle sê: "Hy het sy wedloop goed gehardloop en hy het die geloof behou."

Jou boodskap aan Suid-Afrika

Eenvoudig:
Wees lief vir God, wees lief vir ander.

Cameron Wright
Eksklusiewe onderhoud
Skandeer kode en kyk

Cameron en sy vrou, Bronwen Jade

Brok Harris

Juan "Brok" Harris, gebore in Roodepoort op 22 Februarie 1985, is 'n Suid-Afrikaanse rugbyspeler. Hy het aan die Hoërskool Bastion in Krugersdorp gematrikuleer, waarna hy by die Noordwes-Universiteit (voorheen die Potchefstroomse Universiteit vir Christelike Hoër Onderwys) graad gevang het. Brok draf in 2005 as jong man vir die Luiperds uit, vorm deel van die Westelike Provinsie- en Stormers-spanne in 2006-2014, die Walliese Dragons van 2014 tot 2021 en hy speel tans stut vir die Stormers nadat hy teruggekeer het van die Walliese Pro14-span. Brok is getroud met Madelein en hulle het drie kinders: Divan (10 jaar), Lara (5 jaar) en Reuben (4 jaar).

My liefde vir sport het begin in ... *graad 1. Ek het saam met my maatjies rugby gespeel en ons was 'n baie goeie spannetjie wat ons wedstryde die een na die ander gewen het! Ons was onoorwonne tot in standerd 3, oftewel graad 5. In standerd 5 (graad 7) was ons die span vir wie almal bang was weens ons uitstekende rekord.*

My liefde vir die spel het baie natuurlik ontwikkel. Dit was die gevoel van "wen, presteer en feesvier" ná elke wedstryd, asook om elke middag saam met die klomp maats rugby te oefen, wat my dryfveer geword het. Feitlik 90% van ons span het almal dieselfde hoërskool gekies en saam het ons nog verder gegroei en groot mylpale bereik. Dit was juis tydens my hoërskooljare waar ek besef het dat ek 'n talent het en dat rugby iets is wat ek moes nastreef. My ouers het my gemotiveer om uit te hou en aan te hou. Hulle het 'n groot invloed op my rugbyloopbaan gehad en hulle ondersteuning het alles beteken. Hulle het baie opgeoffer. Daar was laat aande se rondry tussen oefeninge; rugbytoere waarvoor daar betaal moes word; vroeë, koue wintersoggende langs die veld – naweek in en naweek uit. My pa het my fiksheid op standaard gehou. Ek onthou hoe ek elke Desember in Hartenbos eers tyd in die 'gym' moes bestee of soggens my drafskoene moes aantrek voordat ons die dag op die strand kon deurbring. Ek was baie gedissiplineerd en hard op myself.

As ek nie 'n sportster was nie, sou ek ... *'n fisioterapeut kon wees. Ek is glad nie iemand wat in 'n kantoor kan sit en ure voor 'n rekenaar deurbring nie. Van kleins af was ek 'n buitekind; op my fiets of met 'n bal in die hand besig om rugby of kriekit te speel saam met al die maatjies wat in ons straat gebly het. Selfs voordat ek rugby ernstig oorweeg het, het ek geweet ek wil eendag 'n werk hê wat vir my die tipe vryheid kan gee om rond te beweeg; 'n beroep wat elke dag iets nuuts oplewer.*

Ek is ongelooflik dankbaar vir ... *my vrou. Ons het op universiteit begin uitgaan en is vanjaar 12 jaar getroud; ons het drie kinders. Ek het baie respek vir haar, want sy is die gom wat ons gesin bymekaar hou. Sy vervul gereeld die rol van dokter, dominee, regter, polisieman en juffrou in my afwesigheid. Dit is juis omdat sy met gemak elkeen van hierdie rolle kan vervul dat dit vir my moontlik is om my droom as rugbyspeler uit te leef; of dit nou op eie bodem of iewers oorsee is. Sy gun my die geleentheid om my droom honderd persent na te streef en is beslis my grootste ondersteuner. Sy is die een by wie ek kan afpak as dit nie goed gaan op die rugbyveld nie en sy is ook die een wat al die mylpale saam met my vier wanneer dit goed gaan.*

As ek my lewe kon redigeer, sou ek ... *niks verander nie. Ek glo heeltemal dat alles in jou lewe met 'n rede gebeur. Dit is juis as gevolg van die spesifieke verloop van gebeure dat ek nou 'n geleentheid gekry het om my loopbaan by die Stormers voort te sit. Dit mag soos 'n cliché klink, maar daar is niks wat ek anders sou wou doen nie. Ek lewe met 'n dankbare hart; dankbaar vir die geleentheid om rugby te kan speel; dankbaar dat ek die geleentheid gehad het om in Wallis te kon bly en werk, dankbaar dat ek sewe jaar lank vasgebyt het, want dit het my teruggelei na die Stormers waar ek van plan is om eendag terug te ploeg in die klub – en meer spesifiek, die jeug. Die tyd in Wallis was 'n tyd van introspeksie waar ek baie gedink en beplan het oor my rugbyloopbaan se toekoms – ek kon egter my afrigtingsvlakke en -kwalifikasies klaarmaak en ek het geweet iewers sal die geleentheid oor my pad kom om rugby af te rig. Ek moes net vertrou dat dit op die Here se tyd sou gebeur. My keuses in die verlede het my toekoms lank reeds bepaal en vandag kan ek met oortuiging sê dat ek op die beste plek in my persoonlike lewe en loopbaan is.*

Een van die grootste lesse wat ek vanjaar geleer het ... *is om myself nie met ander te vergelyk nie, want die gevolg daarvan is om in jou eie vermoëns te begin twyfel. Op amper 40 staan ek aan die einde van my rugbyloopbaan. Nie omdat ek voel ek het nie meer wat dit verg om op 'n professionele vlak te kan rugby speel nie, maar omdat ek soveel jonger talent om my het – talent wat ek besig is om te ontwikkel en af te rig in my rol as speler/afrigter. Alhoewel ek dit só aan my afrigter verduidelik het, het hy vir my gesê dat ek in hierdie stadium nog te veel het om vir rugby te gee en dat ek nie nou al moet dink aan aftree nie. Dit het vir my nuwe perspektief gegee en ek het besef ek het in myself begin twyfel omdat ek myself aan ander (veel jonger) spelers begin meet het. Ek moes besef dat ek op die veld steeds 'n groot bydrae kan lewer; as speler en as rolmodel vir die jonger spelers. Ek is dankbaar dat my afrigter steeds in my glo, selfs al het ek oomblikke gehad waarin ek in myself begin twyfel het.*

My grootste prestasie is ... *die 100-wedstryd-mylpaal wat ek in my professionele loopbaan bereik het vir my verskeie klubs, ondanks die feit dat ek op skoolvlak geen erkenning vir my rugby gekry het nie. Ek het nooit die voorreg gesmaak om in die Craven-week te speel of gekies te word vir die SA-skolespan nie. Die dag toe die oproep van Nick Mallet kom dat hulle 'n stut by die Westelike Provinsie kort, het ek die geleentheid met* *al twee hande aangegryp. Vandag is ek trots om te kan sê dat ek die 100-wedstrydmylpaal vir die WP (120 wedstryde), Stormers (meer as 140 wedstryde) en Dragons in Wallis (143 wedstryde) behaal het.*

Die Bybelvers wat my deurdra ...

Ek het twee verse wat ek altyd onthou, veral wanneer ek deur 'n beproewing gaan:

**Filippense 4:13: "Ek is tot alles in staat
deur Hom wat my krag gee."
Psalm 121:1 en 2: "Ek kyk op na die berge:
Waarvandaan sal daar vir my hulp kom? My hulp
kom van die Here wat hemel en aarde gemaak het."**

Lara, Madelein, Reuben, Divan en Brok

MY STORIE
Brok Harris

Brok onthou sy ontmoeting met God baie duidelik. Dit was 2008; 'n moeilike jaar vir hom omdat hy binne die bestek van tien maande twee groot beserings opgedoen het. Soveel harde werk het in die voorbereidingseisoen ingegaan en in 'n oogwink het hy homself op die kantlyn bevind. Die eerste insident sou tydens 'n opwarmingswedstryd plaasvind toe 'n speler op Brok se enkel val en hy sy sindesmoseligament skeur. Ná vyf maande van aansterk en rehabilitasie, asook drie wedstryde waarin hy kon speel, was hy weer wekliks terug op die oefenveld saam met die span. Dit was tydens een van die gewone oefensessies toe hy die ligament in sy ander enkel skeur. Brok was weer eens op die kantlyn en vir nog vyf maande sou hy uit sy geliefde sport wees. Dit was tydens hierdie donker seisoen vol vrae dat 'n vriend hom kerk toe genooi het. Dit was 'n oggenddiens wat Brok se hele lewe sou verander, want tydens die diens het dit vir hom gevoel asof die dominee slegs met hóm praat. Waaroor die preek gehandel het, kan Brok nie rêrig sê nie, maar hy onthou hoe hy met die uitnodiging vir gebed op sy krukke vorentoe gesukkel het ... *"Daar was 'n drukking en 'n brandpyn op my hart; ek het geweet dat dit die Here was wat my kom ontmoet het op daardie donker, beseerde plek waar ek my in daardie stadium bevind het."* Ná daardie ontmoeting met God, het Brok 55 wedstryde na mekaar gespeel ... vry van enige beserings.

In Suid-Afrika is dit "maklik" om 'n Christen te wees – die meeste van die mense met wie 'n mens te doen kry, is Christene. Of dit nou by die kerk, buurt, werk, skool of in 'n winkel is, almal lewe met dieselfde beginsels.

> **Dit was juis tydens groot seisoensveranderinge waar Brok besef het hóé gemaklik hy in sy omstandighede was en dit was tydens die Harris-gesin se vlerkesprei-seisoen na Wallis waar hy een van sy grootste snoeiprosesse beleef het.**

In die buiteland, buite sy gemaksone, waar mense nie weet wie God is nie, was dit 'n tyd waarin sy geloof tot die uiterste beproef is. *"Ek glo dit was 'n manier waarop die Here my gebruik het om sy goedheid en guns met ander te deel en om die saadjies van geloof te saai waar Hy dit nodig gehad het."* Hulle was 'n handjievol Suid-Afrikaners by die klub wat altyd voor en ná afloop van 'n wedstryd saam gebid het. Die Walliese ouens het dit altyd baie vreemd gevind en het begin vrae vra oor die rede agter die gebruik. *"Ons het oudergewoonte ná die rugbywedstryd saam met die span 'n bier geniet. Hulle wou weet hoe ons onsself Christene kan noem, maar steeds alkohol gebruik. Vir hulle was dit teenstrydig met Christenskap en hulle het daarop gesinspeel dat ons 'vals' is."* Dit het met tye in hewige debatte ontaard ... maar Brok en die ander Suid-Afrikaners het almal vasgestaan in hulle geloof. Vandag is hy dankbaar om terug te wees in 'n gemeenskap waar daar gedeelde waardes en geloofsbeginsels is. *"Ek is dankbaar vir hierdie beproewing waardeur ek is, want ek glo 'n mens groei sodra jy uit jou gemaksone beweeg."* Brok moes met woord en daad wys wat dit werklik beteken om 'n Christen te wees en vandag weet hy dat God hom gebruik het om sy Woord te verkondig vir mense wat nie in die bevoorregte posisie is waar hulle daagliks van God leer en met Hom te doen kry nie.

Nie net was die verskil in geloof 'n uitdaging vir Brok nie, maar die onsekerheid oor 'n toekoms in rugby het aan sy senuwees geknaag. As hoofbroodwinner in 'n vreemde land moes hy God vertrou vir leiding in sy beroepskeuses. Kontrakonderhandelinge is altyd 'n stresvolle tyd – een van die spesifieke onderhandelinge het vir Brok soos 'n storm gevoel wat net nie wou bedaar nie. *"Die klub waar ek gespeel het, was in finansiële en administratiewe moeilikheid en daarom wou hulle nie nuwe kontrakte teken en finaliseer nie."* In plaas daarvan om eerlik te wees oor die situasie waarin hulle was, het hulle enige kontrakonderhandelinge met Brok probeer systap. Daar is elke keer nuwe beloftes aan hom gemaak wat hy aanvaar het omdat dit baie belowend geklink het ... Die onderhandelinge is vyf maande lank uitgerek – en op die ou einde is hy 'n aanbod gemaak wat totaal onregverdig was. Dit sou sy gesin nie finansieel kon dra nie. In 'n oogwink het hulle geen heenkome gehad nie. Vrae, onsekerheid en bekommernisse was 'n tyd lank hulle fokuspunt, met geen positiewe uitkoms nie. Die besluit is gemaak om terug te keer na Suid-Afrika – sonder enige plan. Die senuweeagtigheid oor die onbekende het aan hom en Madelein gevreet – maar hulle het bly glo en bid dat die Here groter planne vir hulle het. Vandag staan sy vrou aan die stuur van haar eie suksesvolle besigheid en Brok is weer by die Stormers waar hulle die eerste VRK-titel verower het. *"Ons het hieruit geleer dat God ons paadjies lank vooruit bepaal het – ons moes net besef dat alles op sy tyd gebeur, nie ons s'n nie. Ons moes bloot vertrou dat ons in God se hande is en dat Hy lankal reeds voorsien het. En Hy het – baie meer as wat ons ooit voor gevra of gehoop het!"*

Kyk Brok terug op die afgelope paar jaar, is sy hart vol dankbaarheid, want al die goeie gawes is slegs deur die genade van God. *"Ek leef in dankbaarheid teenoor God – dankbaar vir 'n wonderlike vrou, drie gesonde kinders, 'n dak oor my kop, kos op die tafel en 'n talent om rugby te speel. Ek is dankbaar vir 'n ongelooflike rugbyloopbaan vol mylpale, hoogtepunte en laagtepunte, om te kan reis en die wêreld te sien, om invloedryke mense te ontmoet en om my liefde vir die spel met ander te deel in my rol as afrigter."* Sedert hulle terugkeer uit Wallis, en veral ná die grendeltyd, was dit vir hom en sy gesin so lekker om weer by 'n kerk aan te sluit en die Here in hulle moedertaal te prys: *"Die kinders geniet dit om Sondae kerk toe te gaan. Hulle geniet dit om Bybelliedjies te sing en hulle is besig om 'n verhouding met God te bou, in hulle moedertaal ..."*

Kwaliteittyd het vir hom 'n nuwe betekenis aangeneem: Tyd saam met sy mense – ouers, vriende, familie, vrou en kinders – is nie 'n reg nie, dit is 'n absolute voorreg. Dit was iets wat maklik as vanselfsprekend aanvaar is – 'n drukkie hier, 'n kuier daar, spring op die vliegtuig om vir sy ouers te gaan kuier of net om die kinders by die skool af te laai. Die laaste groet of eerste hallo het gebeur sonder dat hy regtig die waarde daarvan besef het. Voor die pandemie was Brok gereeld weg van die huis af; hetsy dit was om rugby te gaan speel of om 'n Springbok-wedstryd iewers in Europa te gaan kyk. Die inperking het hom egter tot stilstand gedwing; letterlik en figuurlik. Met 'n skoueroperasie die dag voordat die inperking aangekondig is, het hy nie 'n ander keuse gehad as om honderd persent teenwoordig te wees nie. *"Ek was net by my gesin en dit was 'n ongelooflike tyd saam gewees."* Alhoewel die pandemie soveel hartseer vir menigte mense gebring het, was dit vir hom 'n tyd saam met sy gesin wat hy vir niks sal verruil nie. Vandag maak hy steeds tyd om werklik teenwoordig te wees in wie ook al se geselskap; of dit nou met ondersteuners by 'n rugbywedstryd is, die skoonmakers, ouers of onderwysers by sy kinders se skool, sy familie en vriende of mense wat hy by die winkel raakloop of help ...

> *"Die afgelope twee jaar was die woord en boodskap uit God se hart vir my om verdraagsaamheid teenoor my medemens te bewys – 'n mens weet nooit wat iemand anders die afgelope twee jaar moes deurmaak nie."*

"Iets so klein soos 'n glimlag of 'n vinnige geselsie kan vir so iemand baie beteken, mits dit uit jou hart kom en jy regtig teenwoordig is in daardie oomblik."

Wat dink jy is die grootste struikelblok in mans se lewens?

Ons ego's. Ek voel mans is geneig om hulle sukses te koppel aan dít wat hulle ego's 'n hupstoot gee – 'n vinniger, groter en duurder kar; 'n groter huis; mooier meubels; meer geld; meer aansien in die gemeenskap, ensovoorts. Hoewel finansiële sukses vir jou al hierdie dinge kan besorg, gaan dit nie van jou 'n beter, gelukkiger of meer "manlike" man maak nie.

Indien mans tot die besef kan kom dat sukses ook bepaal word deur dinge wat geld nie kan koop nie – soos jou verhouding met jou vrou en kinders, in vriendskappe wat die op en af van die lewe deurstaan, respek teenoor jou ouers (en skoonouers), 'n gesonde verhouding met die Here en omgee vir jou medemens – dan glo ek sal mans minder struikelblokke in hulle lewens ervaar.

Hoe sal jy graag onthou wil word?

As iemand wat nie geskroom het om daad by die woord te voeg nie. Iemand moet kan terugkyk en sê ek het deur my voorbeeld gelei. Ek het nooit dinge gedoen om erkenning te kry nie, maar eerder om vir ander te wys dat 'n mens enigiets kan vermag indien jy bereid is om die harde werk in te sit.

Jou boodskap aan Suid-Afrika

Lewe in verdraagsaamheid en gun almal 'n plekkie in die son. Dit is so maklik om in 'n gejaag na materiële dinge te verval en om jouself in die proses te meet deur na ander se lewens en besittings te kyk. 'n Mens is so vinnig om jaloers te raak oor 'n ander se sukses dat dit jou blind maak vir dít wat die Here reeds oor jou pad gestuur het.

'n Gesonde liggaam en gees begin by innerlike vrede en aanvaarding van wie en wat jy is, wat jy bereik het, waar jou tekortkominge lê en waarheen jy op pad is. Dan eers is jy in die posisie om die goedheid in ander raak te sien en te besef daar is vir almal 'n plekkie in die son. Dít sal die wêreld 'n beter plek maak.

Brok Harris
Eksklusiewe onderhoud
Skandeer kode en kyk ◀◀◀

Adele Broodryk

Adele Broodryk, 'n marathon- en ultramarathonatleet, vorm deel van die Nedbank-hardloopspan. Dié ster van Carletonville, gebore op 20 September 1990, was op 11 Junie 2023 by die Comrades-marathon in Durban die tweede Suid-Afrikaanse vrou oor die eindstreep ná die wenner, landgenoot Gerda Steyn. Haar tyd oor 87,7 km was 5:56:26 (30 minute vinniger as haar vorige Comrades). Sy is een van vier vroue in die Comrades-geskiedenis wat die grens van ses uur gebreek het. Dié ma van twee was ook met haar eerste Comrades in 2022 die eerste Suid-Afrikaanse vrou oor die eindstreep. Haar tyd oor 89,5 km was 6:26:34. Sy was slegs 'n kortkop agter die wenner, Aleksandra Morozova van Rusland, met 'n wentyd van 6:17:47 en die tweede geplaaste Dominika Stelmach van Pole met 6:25:08. Haar 2023-Comrades-triomf was die hoogtepunt van 'n fantastiese jaar vir Adele. Sy het onder meer ook in 2022 die Om die Dam-ultramarathon oor 50 km gewen. Haar sesde posisie by die Twee Oseane-marathon en 'n persoonlike beste van 34:48 by die Spar-dameswedren oor 10 km in Durban, was alles hoogtepunte vir haar.

Doktor Adele is sedert 2013 'n senior dosent aan die Skool vir Menslike Bewegings-wetenskappe by die Fakulteit Gesondheidswetenskappe aan die Noordwes-Universiteit. Sy het 'n navorsingsbelangstelling in herstel, sportfisiologie en -sielkunde asook gedrags-endokrinologie. Sy het 'n PhD in menslike bewegingswetenskappe, 'n MA in sport-wetenskap, 'n BAHons in sportwetenskap, asook 'n BA in menslike bewegingswetenskappe en sielkunde.

My liefde vir sport het begin in ... *graad 1. Dit was ons laerskool se huissportdag. Ek het op my vinnigste gehardloop, maar ek het 'n tweede plek behaal ... ek was baie teleurgesteld. 'n Pappa van een van my klasmaats het my ma genader en gevra of sy sou belangstel dat ek saam met sy seun deel van sy oefengroepie word. Die volgende jaar het ek 'n eerste plek behaal tydens dieselfde huissportgeleentheid. Daar het die hardloopgogga my behoorlik gebyt en het ek daarna gestreef om myself elke daaropvolgende jaar te verbeter. Dit het egter nie altyd maklik gekom nie, ek kon eers in matriek 'n provinsiale span haal. Ek het toe 11 jaar lank aanhou probeer en aanhou oefen om my groot doelwit te bereik – om SA-kampioenskap toe te kan gaan. Ek kon dit uiteindelik in my matriekjaar behaal in die 400 m-hekkiesitem. Tydens my eerste jaar op universiteit het ek my liefde vir hardloop effens verloor en het ek net aktief gebly. Ek wou op my akademie fokus. Aan die einde van my honneursjaar het ek weer begin hardloop en die daaropvolgende jaar met landloop begin. Hiér het die liefde vir die langer afstande begin. In 2015 het ek my eerste halfmarathon by die Twee Oseane-wedloop voltooi. Ek is 100ste geplaas en hier het ek besef ek het 'n talent vir lang afstande. Ek het 'n doelwit vir die volgende jaar gestel en het 12de geëindig. Dit was die begin van my nuwe hardloophoofstuk.*

As ek nie 'n sportster was nie, sou ek ... *graag 'n fisioterapeut wou word, juis om sportlui te kan help met hulle beserings. My moeder was egter soos 'n hen met haar kuikens en die Noordwes-Universiteit in Potchefstroom was my voorland (slegs 50 km van my tuisdorp af), maar die universiteit het nie fisioterapie as 'n opsie gehad nie. Dus het ek toe besluit om die naaste daaraan te studeer, biokinetika. Maar soos die Here dit beplan het, het ek nie tot die onderhoude vir biokinetika deurgedring nie, maar wel vir sportwetenskap. Dit is werklikwaar hiér waar my passie lê. Waar ek aanvanklik sportlui wou help herstel van 'n besering, kan ek sportlui nou help om hulle volle potensiaal te bereik en hulle prestasie te optimaliseer.*

Ek is ongelooflik dankbaar vir ... *gesondheid. Ná 'n harde drie jaar waar ons soveel van ons geliefdes verloor het weens COVID-19, sal ek beslis sê ek is dankbaar vir gesondheid – my eie gesondheid, maar veral ook diegene om my. Ek is dankbaar vir my gesonde kinders, maar ook die res van die familie. My kinders het die voorreg om hulle ouma- en oupagrootjie te ken, sowel as ses oumas en oupas, iets wat ek nooit geken het nie.*

Tesame met gesondheid, is ek so dankbaar vir my moeder. Sy was altyd die standvastigheid in ons lewe, die vrou wat haarself en haar tyd vir ons gegee het; ons elke middag rondgery het vir ons skool- en buitemuurse aktiwiteite; aande om gesit en brei het as ons deelneem aan kultuuraande. Sy het klere gemaak, koekies gebak en allerhande entrepreneursaktiwiteite aangepak om ons alles te kon gee wat ons benodig. Sy het op 'n manier net alles rakende finansies en haar werk "maak werk".

As ek my lewe kon redigeer, sou ek ... *op 'n vroeër ouderdom meer op my sport wou fokus. Ek sou dit ook net meer wou geniet het! Op skool was ek heeltemal te ernstig. As ek uitgeval het, was dit 'n traumatiese gebeurtenis en moes my ma maar die stukke optel. 'n Week later het ek dan weer begin oefen vir die volgende jaar. Maar op universiteit – toe dit saak maak – wou ek egter net op akademie fokus.*

Ek sou ook beter keuses gemaak het oor verhoudings en sou bestaande verhoudings beter bestuur het. My "normaal" waaraan ek blootgestel is, was glad nie gesond of Christelik nie. 'n Gebroke huisgesin lei tot 'n gebroke hart. Die beeld wat ek van verhoudings en 'n vader gehad het, was gebroke, maar dit was my "normaal". Ek het dieselfde in verhoudings gesoek. Ek was sielsongelukkig in 'n lang verhouding op universiteit (en was selfs verloof), maar het nie geweet hoe om daaruit te kom nie. In my vierde jaar het ek 'n geestelike mentor ontmoet en die ware omvang van vergifnis besef en verstaan. Dít het my gehelp om myself, my (eks)kêrel en my pa te vergewe. Ek kon myself losmaak van die slegte verhouding en het my man 'n paar maande later ontmoet.

Een van die grootste lesse wat ek vanjaar geleer het ... *Familie is die belangrikste; ongeag waardeur 'n mens gaan is hulle diegene wat altyd deur die goeie en slegte tye daar is vir jou.*

My grootste prestasie is ... *beslis my debuut-Comrades-marathon. Ek het in 'n huis grootgeword waar ons jaarliks ons winterkombersies uitgehaal het en voor die televisie gesit en Comrades kyk het. Hiér het die droom, om eendag die Comrades te* hardloop, al begin. Ek het altyd die plan gehad om my eerste Comrades net klaar te maak. Die daaropvolgende marathons sou ek dan begin fokus het om die toptwintig, dan die toptien, topvyf, topdrie te haal en dan, om te wen. Om dus met my debuut 'n algehele derde plek te kon behaal, was vir my 'n uitstaanoomblik en 'n prestasie. 'n Tweede uitstaansportoomblik was my wen tydens die Om die dam-ultramarathon – nie soseer die wen nie, maar dat ek slegs 'n paar sekondes buite die rekord was. Hoekom was hierdie vir my 'n uitstaanoomblik? Omdat ek my eie kondisionering gedoen en my eie oefenprogram uitgewerk het. Vir my was dit dus 'n uitstaanoomblik omrede ek 'n "practice what you preach"-tipe mens is. Dít wat ek vir my studente leer, pas ek in my eie lewe toe – en dit het gewerk.

Die Bybelvers wat my deurdra ...
Dit is seker 'n cliché, maar vir my is dit die vers:

Filippense 4:13:
"Ek is tot alles in staat deur Christus wat my krag gee."
Dit is 'n vers wat my die afgelope paar jaar dra.
My moeder het altyd gesê hoe meer jy doen,
hoe meer kan jy doen.

'n Eerste gesinsfoto ná Covid. Die pandemie het ons geleer dat familie eerste kom

MY STORIE
Adele Broodryk

Dit is die geklingel van potte wat haar begroet wanneer sy ná atletiekoefening die huis binnestap. Haar ma is weer besig met 'n entrepreneursaktiwiteit, want Adele moet nuwe sportskoene kry en op 'n kamp gaan. Adele se ma is haar grootste aanhanger en sal alles doen om haar droom te ondersteun. Haar eie lewe het haar egter al 'n paar harde houe gegee: Haar eie ma is vroeg oorlede, sy het 'n baie kwaai polisiepa gehad, 'n ongelukkige huwelik, is vroeg in haar lewe met rumatoïede artritis gediagnoseer en het 'n oogdefek. Steeds staan sy egter elke oggend op en pak die dag met 'n belofte aan dat haar dogter eendag 'n reusesukses sal wees.

Adele ontmoet die Here op 'n jong ouderdom. Dit is sy rol as 'n standvastige Rots en haar ma se leiding wat Adele se enigste rigtingaanwysers word, want sy word met 'n afwesige pa groot. *"My pa was nie baie teenwoordig in my grootwordjare nie en was maar 'n kwaai man. My beeld van 'n pappa en man was dus heeltemal verwronge."* Dit is ook hierdie ervaring wat Adele in 'n latere stadium van haar lewe in 'n mallemeule van swak verhoudingskeuses laat beland. Die besluiteloosheid oor verbrokkelende, toksiese verhoudings en skuldgevoelens dryf uiteindelik 'n wig tussen haar en God.

> *"Ek het baie weerstand gebied teen God, want my beeld van 'n vader was verdraai. Ek het gedink: As 'n aardse pappa en man sy mense so behandel – sy eie vlees en bloed – en God laat dit toe, hoe gaan Hý wat 'n hemelse Vader is, my aanvaar? Ek wou onafhanklik wees; om nie enigsins op 'n man of vader hoef staat te maak nie."*

God het egter 'n ander plan gehad en met die invloed van rolmodelle in haar lewe en die stil, sagte stem van 'n opregte Vader het Hy haar 'n ander prentjie kom wys; 'n belofte van hoe 'n Christelike verhouding kon lyk en die moontlikheid van wat sy eendag self kon beleef. *"Dit was eers nadat ek die volle omvang van die kruis en genade aanvaar het, dat ek myself kon bevry van die swaard wat ek oor my eie gekop gehou het. Ek het tot die besef gekom dat God nie wrokke dra nie, nie boekhou van die kwaad of 'n lysie het van al my oortredings nie, maar dat Hy elke dag regstaan om my in liefde, vertroosting en aanvaarding te omvou, ongeag wat ek aangevang het."*

Dit was in haar vierde jaar as student by die Noordwes-Universiteit dat Adele haar toekomstige man en die pa van haar twee kinders sou ontmoet. Die lewe wat sy tot op daardie tydstip geken het, sou soos handomkeer verander. *"Voor 'n mens 'n huwelik betree of kinders kry, is jou tyd jóú tyd. Jy kan daarmee maak net wat jy wil. Toe ons trou moes ek eweskielik my tyd deel, wat nog steeds 'n fantastiese tyd was. Toe ons twee besige kinderlyfies kom, moes ek begin om al die balle in die lug te hou as 'n vrou, mamma, vriendin, dogter, 'n lektor, navorser en atleet."*

Gedurende hierdie aanpassingsjare word Adele se karakter getoets, want die vraag oor wie sý is, kom konstant na vore. *"My identiteit was gevorm en vasgevang in my hardloop. Dit het op 'n daaglikse basis my geluk bepaal. As die oefening of kompetisies goed gegaan het, was ek 'n gelukkige mens."* In 2014 en 2015 raak Adele behep met die idee om 'n voorste padatleet te word. Sy oefen onophoudelik om haarself te verbeter en druk haarself tot die uiterste … tot einde 2015 toe 'n kroniese voetpyn haar kwel, maar sy steeds bly vashou aan die droom.

Dit was gedurende die vroeë maande van 2016 dat sy 'n voetspesialis gaan sien het. Ná drie kortisoonsessies onder narkose oor 'n periode van tien weke sonder enige verligting van die pyn, het hulle chirurgie oorweeg. Dit was 'n groot storm wat oor haar gewoed het. Die aanvanklike prognose was dat sy weer ná agt weke sou kon hardloop. Helaas, sy sou agt weke lank elke dag met ondraaglike pyn loop; haar voet in ys of omhoog in die lug. *"Sodra my voet afgehang het of uit die ys was, het dit bloedrooi geraak en begin brand. Ek en my man het ses weke ná die operasie 'n oorsese reis beplan, maar daar aangeland het ons spoedig besef daar is groot fout met my voet en het ons weer 'n vlug terug beplan."* 'n Tweede operasie sou volg nadat daar tot die gevolgtrekking gekom is dat iets haar moontlik vóór die aanvanklike operasie gebyt het met die gevolg dat die herstelproses vertraag is en die wond septies geraak het.

"Ek het tien dae lank in die hospitaal deurgebring waartydens die dokters my voet probeer red het. Die brandgevoel en rooiheid was steeds elke dag daar. Ek was op die punt om moed op te gee en die voet te laat amputeer vir pynverligting."

Vrae soos: "Hoekom ek? Hoekom nou?" het deur haar kop gemaal. Dit is gedurende hierdie tyd dat Adele vir God en haar afhanklikheid van Hom weer ontdek het. *"Hier het ek besef dat die 'onafhanklike' vrou wat ek wou wees, nie hierdie periode sonder God sou oorleef nie."*

Dit is gedurende die herstelperiode in die hospitaal dat hierdie vrae verander het na: "Maar hoekom nié ek nie?"

Sy het haar identiteit in God gevind en haar geluk aan sy voete geplaas. Atletiek en hardloop was van toe af nie meer haar bron van geluk nie, maar 'n bron om God te verheerlik. *"Elke tree wat ek gee, is 'n voorreg. Sodra my hardloop nie meer vir my genot verskaf nie, sal daar weer 'n winterseisoen kom waar ek sal moet stop en snoei deur introspeksie te doen."*

Vandag hardloop sy met 'n ander ingesteldheid. Haar gunstelingmusiek waarna sy tydens oefensessies luister, is Jake Hamilton, 'n Christelike popsanger. Haar drafsessies word haar tyd saam met God waar sy by Hom kan afpak en op sy stem kan wag. *"Ek weet ek kan in elke aspek van my lewe my beste gee, want God dra my en stel my daartoe in staat. Ek glo vas dat God nie 'n uitdaging voor my sal plaas wat ek nie te bowe kan kom nie. Ek sal altyd groter wees as die uitdaging, ek moet net glo en vertrou dat ek daartoe in staat is, want God is my bron van krag."*

"As for me and my house, we will serve the Lord" staan oor die Broodryks se lewe geskryf, want dit is die beginsel waarna hulle streef en die wyse waarop hulle hul kinders grootmaak.

"Ek is heel eerstens in goeie asook slegte tye 'n kind van God; dan is ek 'n vrou vir my man en 'n ma vir my kinders. Hardloop is 'n stokperdjie en dit is hoe dit moet bly."

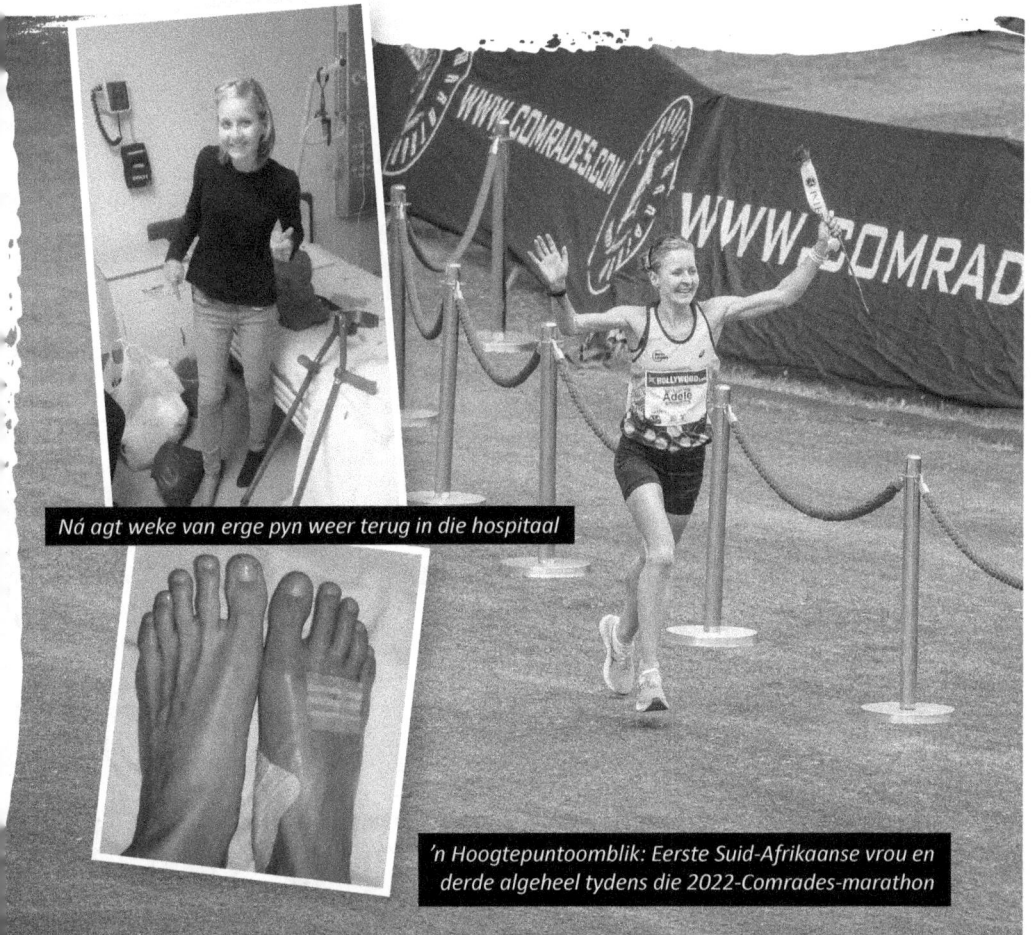

Ná agt weke van erge pyn weer terug in die hospitaal

'n Hoogtepuntoomblik: Eerste Suid-Afrikaanse vrou en derde algeheel tydens die 2022-Comrades-marathon

Wat dink jy is die grootste struikelblok in vrouens se lewens?

Om al die balle in die lug te hou en tyd vir jouself te maak. As mammas stel ons 99% van die tyd ons huisgesin en ook ons werk bo onsself. Ons offer 'n oefensessie op, want ons gewete pla ons: "Wie gaan kos maak, kosblikke pak, skoonmaak?" Daar is nog talle voorbeelde van sulke misplaaste gedagtes ... Ja, dit is normaal en gebeur daagliks met my ook, maar as ons nie gaan besluit om tyd vir onsself te maak nie, gaan niemand anders nie. Op die einde maak daardie "selftyd" jou juis 'n beter mamma, vrou en kollega.

Hoe sal jy graag onthou wil word?

As 'n mamma wat aanhou lewe het, aanhou droom en strewe het om die beste weergawe van myself te wees. Soos die gesegde sê: 'n Gesonde liggaam huisves 'n gesonde gees. Deur my sportdeelname weet ek dat ek 'n beter mamma vir my kinders, vrou vir my man, werknemer en kind van God is. My droom is om hóóp te saai vir elke mamma daar buite; dat hulle sal aanhou lewe en droom.

Al twee oumas het vir Ansu-May ontmoet net voor grendeltyd begin het

Ons is bevoorreg dat ons kinders hul ouma- en oupagrootjie ken en altesaam ses oumas en oupas het

Jou boodskap aan Suid-Afrika

Hou aan droom en werk na jou droom toe. Hetsy dit is om 'n Comrades te hardloop, 'n Cape Epic te ry of selfs net op 'n droomvakansie te gaan. Bou vir jouself doelwitte in aanloop tot die droom, die resultaat wat jy deur die droom wil behaal, dan die prosesdoelwitte, wat jou kleiner boublokke is om die droom te verwesenlik. 'n Hart sonder 'n droom is 'n hart sonder 'n klop, sonder hoop en afwagting.

Adele Broodryk
Eksklusiewe onderhoud
Skandeer kode en kyk

Arnold Geerdts

Arnold Geerdts, gebore op 31 Maart 1961, is 'n professionele mediapersoonlikheid. Met jare se ondervinding voor die kameras, agter die mikrofoon en as joernalis, is dié seun van Springs, Gauteng, die goud van die Goudstad. Hy word vereer vir sy omvattende sportkennis, maar kry ook erkenning as 'n storieverteller, gesogte seremoniemeester, korporatiewe afrigter, stemkunstenaar, vervaardiger, spreker en vermaaklikheidster met groot empatie vir sy medemens. Die voormalige leerder van die Hoër Seunskool Hugenote in Springs sou eers as skoolseun die *Springs Advertiser* aflewer voordat hy in 1983 as sportjoernalis vir die koerant begin skryf. Vandaar lei sy paadjie na hoër hoogtes en as tweetalige sportghoeroe kry hy die geleentheid om 'n bekende televisie-anker en radio-aanbieder te word. Arnold maak in 1984 sy buiging in die uitsaaiwese op die luggolwe vir Radio 5 en Springbok Radio. In dieselfde jaar maak hy sy televisiedebuut as televisiesportnuusanker tydens die *News at Eight* – in Engels en Afrikaans. Arnold is 'n tweemalige wenner van die gesogte SAB Sportjoernalis van die Jaar-merietetoekenning. Hy lys sy uitsaaihoogtepunte as sy Comrades-marathon-uitsendings, die Olimpiese Spele in Barcelona, die Australiese kriekettoer van 1993/1994, meer as 100 internasionale rugbywedstryde, 550 Superrugby-wedstryde en meer as 75 Major-gholftoernooie. Hy was SuperSport se ateljee-anker vir ses Tour de France-wedrenne en is 'n senior korrespondent vir die nuuskanaal, SuperSport Blitz. Dié kranige gholfspeler met 'n 12-voorgee het meer as 160 marathons en ultramarathons gehardloop. Die elfmalige Comrades-atleet se persoonlike beste tyd vir 'n marathon (42,2 km) is 2:29:00, wat hom onder die top-100 in Suid-Afrika plaas.

Sy joernalistieke onderhoude sluit lewende legendes soos Gary Player, Lance Armstrong, Jack Nicklaus asook die Olimpiese gouemedaljewenners Kelly Holmes en Linford Christie in. Prominente leiers en bekendes na wie hy 'n mikrofoon gerig het, sluit in wyle president Nelson Mandela; die akteurs Arnold Schwarzenegger en Morgan Freeman; die entrepreneur Richard Branson; die sanger Chris Rea; kriekethelde soos Richie Benaud, sir Don Bradman, Sunil Gavaskar en Shane Warne asook voormalige presidente F.W. de Klerk en Thabo Mbeki.

My liefde vir sport het begin by ... *Ek het géén idee waar dit vandaan kom nie, eerlikwaar. Ek was die enigste een in my onmiddellike familie wat sport liefgekry, gespeel en uiteindelik my loopbaan gemaak het. Ek het van kleins af rugby in die agterplaas gespeel en oom Gerhard Viviers nagemaak met sy kommentaar ... en ek het ook as vyfjarige vir my ma gesê ek gaan eendag as ek die nuus oor die radio lees, nie foute maak nie!*

As ek nie 'n sportster was nie, sou ek ... *sonder twyfel 'n prediker gewees het. Dit was óf dominee óf sportskrywer en -omroeper. En soos dit nou uitwerk, doen ek albei. God se verskuilde planne vir ons almal, nè?*

Ek is ongelooflik dankbaar vir ... *Ek het nou onlangs in my ou swart boekie neergeskryf dat ek ononderhandelbaar dankie sê vir my vrou, my kinders, my lewe en my gesondheid; dankie vir my hunkering na meer leer en beter wees en dan my innerlike soeke na God. My lewe sou nie sonder een van hierdie wonderlike dinge sin gemaak het nie. Glad nie.*

As ek my lewe kon redigeer, sou ek ... *Daardie gedagte het al so baie by my opgekom en ek dink ek weet nou: NIKS NIE! Want ek is die somtotaal van al die dinge wat in my lewe gebeur het. Ek dink nie dinge gebeur met ons nie, dit gebeur vir ons en dus is al hierdie dinge nodig om ons te verander.*

Ek was een keer op 'n strand in Katakolon in Griekeland en die hele strand was vol van hierdie gholfbal-grootte klippe, almal feitlik perfek rond. Hulle is só getol, gestamp, gerol en gedraai deur die oseaan. Dit is wat met ons ook gebeur: Namate die lewe ons skaaf, word die skerp hoekies afgeskaaf en word ons (hopelik) mooi "afgerond".

Een van die grootste lesse wat ek vanjaar geleer het ... *Dat daar 'n langwerkende (dit klink soos 'n tandepasta-advertensie) plan is met ons lewens. My geestelike pa, Dawie Spies, en ek het onlangs juis hieroor gepraat. Daardie "legacy" waarmee ons kan begin. Dit kan eers werklikwaar oor drie, vier of vyf generasies posvat. En dit is nie ons nie, dit is ons gehoorsaamheid wat in Abba Vader se plan moet inpas. Soos Moses, koning Dawid, Ragab of Rut. Hulle was uiteindelik deel van Jesus Christus se bloedlyn. Twee van hulle was moordenaars, een 'n prostituut en die ander was by uitstek lojaal. As ons besef dat dit alles in God se plan is, dan is daar uiteindelik 'n nalatenskap en ons sal dit tien teen een nooit hier op aarde sien nie. Dit is reg so met my!*

My grootste prestasie is ... *Myne kom nog! Die dag as ek voor God die Vader gaan staan.*

Die Bybelvers wat my deurdra ...

Eksodus 33:14:
"En Hy sê: 'My aangesig (teenwoordigheid)
sal saam met jou gaan, en Ek sal jou rus gee.'"

Lily, Kinah, Lileah en Shiloh: My hart se punt

MY STORIE
Arnold Geerdts

In 1 Kronieke 21 neem koning Dawid se ego oor. Die Bybel sê: *"Satan was teen Israel. Hy het Dawid aangehits om 'n sensus van Israel te hou. Dawid het vir Joab en die gesaghebbers van die volk gesê: 'Gaan maak 'n opname van Israel van die suide tot die noorde en doen aan my verslag dat ek kan weet hoeveel hulle is.' Toe sê Joab: 'Selfs al sou die Here by sy volk honderd keer soveel byvoeg as wat hulle nou is, sal u mos nog koning wees! Hulle is mos almal u onderdane. Waarom wil u dit doen, U Majesteit? Waarom moet dit nou 'n sondelas op Israel word?'"* Dawid word aangeraai om dit nie te doen nie, maar hy doen steeds net soos hy wil. Meer as 70 000 van sy manne moes as gevolg hiervan sterf.

Dit is hierdie Bybelse wysheid waarby Arnold Geerdts vassteek wanneer hy oor sy lewe praat. *"As ons dinge in en uit ons eie vlees wil doen, is daar moeilikheid. Ons moet bid vir die wysheid om die onderskeid te kan maak en die gehoorsaamheid om dit te hoor, daarna te luister en reg te reageer."*

Dit is presies hier waar die probleem inkom.

As kinders van die Here hoor ons, maar luister nie altyd nie en dan mis ons sy wil en stamp onsself soms boonop vol seer bloukolle.

Maar deur God se genade bou dit karakter en word ons dié met die inspirerende stories en nie net dié met indrukwekkende lewens nie.

Arnold weet alles van kopstamp – sy eie kop en met dié van die mense om hom. Hy is 'n bekende in Suid-Afrika, maar die aansien gaan hand aan hand met groot verantwoordelikheid en om diplomaties te wees. Tog skroom hy nooit om te erken dat sy geloof sy eerste prioriteit is nie. *"Dit was nie aldag maklik nie, veral nie in die sekulêre mediawêreld nie. Ek is seker dat my Christenskap my 'n langtermynpos gekos het. Aan die ander kant is ek egter ook eendag om die middagetetafel gevra om die tafelgebed te doen nadat ek jare lank by 'n topmotormaatskappy gewerk en klasse gefasiliteer het, want hulle kon hoor dat ek 'n Christen is en hulle het dit gerespekteer. Dit was vir my wonderlik!"*

Hy word erken en gevier as een van SuperSport ('n internasionale sporthandelsmerk en uitsaaier) se mees gevestigde aanbieders. Destyds is daar nie 'n "autocue" (elektroniese toestel wat die woorde vir die televisieaanbieder wys om te lees) of draaiboeke gebruik nie. Dit was bloot sy eie vlot ad lib-vaardighede, massiewe kennis en passie vir sport waarop hy moes staatmaak om kykers te boei. In werklikheid het hy in sy eie lewe soms maar oor sy woorde gestruikel en op sy knieë te lande gekom. *"Man, ek het meer storms in my lewe ervaar as wat 'n veteraanskeepskaptein om die Wildekus al ervaar het. Ek het twee pynlike egskeidings agter my naam. Ek moes twee seuns teleurstel. Daar is mense wat ek seergemaak het en gedrag waarop ek nie trots is nie. Ek en Lily is ook bykans 20 jaar gelede vir meer as vier uur in ons huis aangehou tydens 'n huisinval. In die middel van hierdie beproewing het ek die Vader gevra: 'Wat gaan nou eintlik hier aan?' Asof Hy langs die bed staan waarop ons vasgemaak gelê het, het Hy vir my gesê: 'As jy vanaand hier doodgaan, kom jy na My toe. Waaroor is jy dus bekommerd?'"*

Dit was egter hierdie persoonlike ontmoeting wat Arnold tot ander insigte gebring het oor sy lewe en sy verhouding met God. Die wonder van God se genade is dat ons kan aanbeweeg, berou kry, vergifnis vra, dit ontvang en dan onsself vergewe. *"Dit is een van die gawes wat ons miskien nie altyd heeltemal toepas nie – om onsself te vergewe. Dit stel 'n mens vry van die skuldgevoelens. Soos my liewe pel en broer in Christus, Joe Niemand, in een van sy liedjies skryf: 'Like a man who drowns in water up to his waist.' Skuldgevoelens is net dieselfde!"*

As woordsmid moes Arnold ná jare voor die kamera wegstap en gewoond raak aan 'n nuwe seisoen, maar wanneer 'n talent ook 'n roeping is, is dit baie moeiliker om dit net opsy te skuif. Deure het egter toe gegaan en toe gebly en Arnold moes vrede maak daarmee. *"Dit het my amper 'n jaar lank geneem om vrede te maak met die feit dat dit net een deel van my lewe was en dat daar soveel meer in my steek as net een werksituasie. Mans is so geneig om hulleself as hulle werk te sien. 'n Dokter, professor, televisie-aanbieder. Wat ook al! Dit is nie jy nie, dit is net een van die onderdele en ons raak so verlore in daardie dinge dat ons nie altyd die ander dele van ons lewe op dieselfde vlak van belangrikheid ag nie. Ons lewens is soos 'n pastei, daar is 'n klomp dele wat eweredig opgedeel moet word en die bak waarin dit gebak en gehou word, is die genade, krag en die wonder van God."*

Vandag weerklink Arnold se stem steeds daagliks in die ore van radioluisteraars en hy neem weekliks sy plek op die geel bank in 'n ontbytprogram op KykNET se sportinsetsel in wanneer hy 'n oorsig oor die naweek se sport gee. As veteraan léef hy nou en gee hy graag sy oupa se sleutel tot sukses aan jong mense. Die raad: Hou jou mond toe en laat mense dink jy is onnosel in plaas daarvan om dit oop te maak en dit te bevestig! Arnold weet daar is niks fout daarmee om eerder te luister nie. *"In haar boek, 'Time to Think', skryf Nancy Kline dat die meeste mense na ander luister met net een gedagte: om reeds 'n antwoord gereed te hê as die ander persoon ophou praat. Dit is goeie raad om net stil te bly en werklik te luister."*

Arnold se stem is kenmerkend, sy sportkennis betroubaar en sy karakter is dié van 'n kind van God wat seker is oor een ding in die lewe – God se liefde en genade.

Die liefde van my lewe en my lewensredder, Lily

Een van my gunstelingfoto's van my meisies

> *"Mense gaan ons seermaak, veroordeel en teleurstel.*
> *Ons gaan dieselfde aan onsself en andere doen.*
> *Die COVID's van die lewe gaan kom, of dit 'n virus is en of*
> *dit 'n geestelike virus is. Ons gaan getoets word."*

Vir hierdie geesdriftige sportliefhebber is sport so deel van sy lewe soos asemhaal, maar vandag weet Arnold dat hy nie die stém is nie, slegs die boodskapper.

Wat dink jy is die grootste struikelblok in mans se lewens?

Om ons eie koppe te vertrou en te volg. In 1 Johannes 5 word ons aangesê om vir wysheid te vra en Hy sal dit gee ... sonder veroordeling. Om daardie versoek te rig, het wysheid nodig. Ons moet dit besef! Ons baklei daarteen. Ons wil dikwels nie eens vir padaanwysings vra nie.

Vra net. Vra Hóm. So eenvoudig soos dit.

Hoe sal jy graag onthou wil word?

As iemand wat nie aan die einde gevra het "Ek wonder wat as ...?" nie.

Jou boodskap aan Suid-Afrika

Moenie moed verloor nie. Wonderwerke gebeur daagliks om ons. Wees op die uitkyk vir hulle. Bid sodat hulle 'n werklikheid kan word en wees deel daarvan. Vertrou op Hom en lewe daarvolgens. En net so terloops, ek praat ook hier met myself. Jesus het gesê ons sal groter dinge doen as Hy.

Dit kan so wees. Dit verg net geloof. Glo sonder ophou!

Arnold Geerdts
Eksklusiewe onderhoud
Skandeer kode en kyk
◀◀◀

Muller du Plessis

Hillegard Muller du Plessis, gebore op 25 Junie 1999, is 'n Suid-Afrikaanse rugbyspeler vir die Haaie in die Verenigde Rugbykampioenskap en die Curriebeker-reeks. Hy is 'n voormalige sewesrugbyspeler vir die Blitsbokke. Die boorling van Bethlehem in die Vrystaat se liefde vir rugby het vroeg geblom. Hy vang reeds as laerskoolleerder in Reitz die oog van rugbykenners en verteenwoordig die plaaslike provinsiale span, die Griffons, op o. 12-vlak. Ná sy verhuising na die Wes-Kaap verteenwoordig hy die Westelike Provinsie in 2012 by die o. 13-Cravenweek-toernooi. Die voormalige Hoërskool Paarl Gimnasium-leerder dra die wit-en-blou streeptrui vir etlike jare en speel in verskeie rugbytoernooie insluitend in die o. 16-Grant Khomo-week (2015), die Suid-Afrikaanse Rugbyunie se Hoëprestasie-program (2016), die o. 18-Cravenweek-toernooi (2016) en Suid-Afrikaanse Skolegroep vir die internasionale o. 19-reeks. In 2017 lei Muller die Paarl Gimnasium se eerste span en word hy weer by die Cravenweek-span en Suid-Afrikaanse Skolegroep vir 2017 ingesluit. Hy aanvaar 'n kontrak by die Haaie in Durban en sluit ook by die SAS Rugbysewes-akademie in Stellenbosch aan. Muller slaag daarin om 'n goeie balans te hou tussen vyftienmanrugby en sewes. Hy maak deel uit van die Suid-Afrikaanse span vir die o. 20-Wêreldrugbykampioenskap in Frankryk (2018) en dra ook die Blitsbok-akademiegroep se groen en goud toe hy deelneem aan twee byeenkomste in 2018 se Sudamérica-sewes met oorwinnings in Uruguay en Chili. Kort ná sy toetrede tot sewesrugby maak Muller sy debuut vir die senior Blitsbok-span by die 2018-VSA-sewestoernooi. Muller het die voorreg om deel uit te maak van die Blitsbok-span wat twee Wêreldrugby-sewestitels asook 'n goue medalje by die Statebondspele in 2022 in Birmingham verower.

My liefde vir sport het begin ... *as klein seuntjie van vyf jaar oud, tussen my maatjies op ons familieplaas naby Bethlehem. Die liefde vir sport is in ons bloed. My pa was 'n Transvaalse heelagter en die kondisioneringsafrigter vir die Leeus en my ouer broer, JP, het ook rugby gespeel. Ek wou my broer naboots en het dus ingeval wanneer my pa 'n oefenprogram vir my broer uitgewerk het. Ons sou in die vakansie vroeg opstaan en oefen, elke middag saam met die kinders op die plaas raakrugby speel en het ure in die "gym" deurgebring. Ek was lief vir perdry en het die vryheid en ruimte op die plaas geniet. Ek het ook van jongs af geweet dat daar 'n groter doel agter die rugbyspelery is; dat rugby wel deel gaan uitmaak van my roeping, maar dat God dit gaan gebruik vir 'n groter doel om sy naam groot te maak.*

As ek nie 'n sportster was nie, sou ek ... *in die bediening ingegaan het. Ek is nog jonk en ek weet reeds waar my hart lê buite rugby. Ek is baie lief vir kinders en ek weet ek gaan nog in die toekoms betrokke raak by 'n kinderbediening.*

Ek is ongelooflik dankbaar vir ... *my gesin en vir Oupa en Ouma. Ons is 'n normale gesin wat uitdagings moes oorkom, maar ons is 'n unieke, hegte gesin wat baie lief is vir die Here en wat Hom in alles eerste plaas. My pa, Charl, het nooit net gevra wat ons wil word nie, hy het ook ingespring en ons gehelp om daar uit te kom. Hy was so betrokke by alles in ons lewens – van oefenprogramme uitwerk tot visvang en ons van die buitelewe leer. My ma, Anneline, is 'n fenomenale vrou! Ek het 'n baie hegte band met haar. Ek kan haar enige tyd vir raad vra of om vir my te bid. Sy is die geestelike steunpilaar. My oupa Danie was my beste vriend wat my van die Here en die Heilige Gees geleer het en my ouma Hettie is 'n kosbare vrou – my tweede ma. Ek is ook dankbaar teenoor die Here wat my daagliks in my lewe lei; ek dank Hom vir die mentors om my op die rugbyveld wat inspraak het in my lewe.*

As ek my lewe kon redigeer, sou ek ... *niks verander nie, ek sou net meer vreugde en geluk geniet het in elke seisoen omdat ek weet God is in beheer.*

Een van die grootste lesse wat ek vanjaar geleer het ... *Ons kan ons eie planne maak, maar God is die Een wat die pad vir ons uitlê en ons moet ons gees in pas hou met Hom sodat Hy 'n lig kan wees vir die pad vorentoe ...*

My grootste prestasie is ... *Om in die o. 20-Springbokspan te speel en aan die Wêreldbeker-sewes en Statebondspele te kon deelneem.*

Die Bybelvers wat my deurdra ...

Filippense 4:13:
"Ek is tot alles in staat deur Hom wat my krag gee."

My hele lewe in twee foto's; Ma, Pa, Ouma en Oupa

MY STORIE
Muller du Plessis

Muller du Plessis het as Vrystaatse plaaskind Sotho bemeester. Oor sy lewe staan die woorde:

Molimo oa rona, Ke tsõmo, monna, ntho e 'ngoe le e 'ngoe bophelong ba ka. Oftewel: Ons God, Hy is die legende, die Man, alles in my lewe!

Muller sou van kleintyd af besef dat God "real" is, dat Hy nie sy beloftes breek nie en dat Hy 'n besliste plan het vir Muller se lewe. Dit het rugby ingesluit, maar hy het ook geweet dat dit nie die hooffokus sal wees nie. Inteendeel, hy het geweet dat God die spel en die talent wat Hy aan hom toevertrou het, net tot sy eer sal gebruik. Hy sou Muller in plekke plaas waar geen prediker kon kom nie en waar hy God se lig sou laat skyn. Muller moes net getrou wees, hard werk en op die Here vertrou.

Sy voorbereiding vir 'n professionele rugbyloopbaan begin op die ouderdom van vyf. Die Blitsbok het dit in daardie stadium nie besef nie, want hy wou net sy 13-jarige broer, JP, naboots wat sedert hy nege jaar oud was saam met hulle pa, Charl, geoefen het. Charl – 'n voormalige heelagter van die Transvaal-span en Leeus-fiksheidsafrigter – het met die hulp van sy swaer, 'n dokter, 'n oefenprogram ontwikkel wat met rekbande spelers se funksionele krag (krag in beweging), verhoogde spoed, fiksheid en motoriese vaardighede ontwikkel het. 'n Streng opleidingsregime is gevolg, selfs tydens skoolvakansies aan die kus. Wanneer ander kinders laatgeslaap het, het die twee Du Plessis-broers vroeg wakker geword, hard saam met hulle pa geoefen en slegs ná afloop daarvan is hulle toegelaat om strand toe te gaan. Die middag sou hulle weer oefen.

"Soms het ons niks gehad om die weerstandsbande aan te haak nie en moes ons 'n wiel of die sleepstang van ons motor gebruik! Dan het ons maar net gelag. Dit klink baie na 'n 'boot camp' en daar was tye wat ons gewens het ons kon ook 'net normaal wees', maar ek kon in elk geval nie stilsit nie en elke sessie was op 'n manier pret en stimulerend."

Muller het die passie vir God, die lewe en mense in sy oupa en gesin raakgesien. Hy wou dieselfde passie voel en lééf. Al sou dit harde werk kos of al moes hy iets anders doen om dit te hê, was hy bereid om alles op te gee om God se stem en plan vir sy lewe te hoor. Hy sou nie terugstaan nie en selfs ná ure se harde fisieke oefening sou hy ure lank op die bed lang sy oupa tyd in die Woord van God deurbring. Oupa Danie was bedlêend, 'n man na God se hart wat teologie studeer het en die werking van die Heilige Gees geken en verstaan het.

Ure, maande en jare se gesprekke oor die Bybel en wie God is, het een middag tot 'n ervaring met God gelei.

Dit was 'n oomblik wat Muller se lewe so sou verander dat hy nooit weer van God sou kon wegdraai nie. *"Ek was 16 jaar oud. 'n Doodnormale jong man met stuitighede, maar ek weet ek het my van kleins af vir die Gees van God oopgemaak. Dit was 'n middag saam met my oupa op die bed soos enige ander middag. Daardie dag het my oupa in 'n stil gebed gevra dat die Heilige Gees oor my sal kom, my liggaam en lewe vul en my nooit verlaat nie. In daardie oomblik het alles voor my pikswart geword. Net soos Paulus in die Bybel – 'n man oor wie ons baie gepraat het en iemand wat twee derdes van die Nuwe Testament geskryf het – is ek vir 'n oomblik met blindheid geslaan. Vir 'n volle minuut was ek blind. My liggaam het saggies geruk in reaksie op die gewigtige krag van die Heilige Gees en hoewel ek niks wou doen om dit te stop nie, kón ek niks doen om dit te keer nie. God was teenwoordig, sy Gees was by my, in my en oor my ... Ek het geweet 'iets' het gebeur en ek het geweet dat ek nooit weer dieselfde sou wees nie."*

Dit sou die beste ondervinding van sy lewe wees. 'n Geestelike baken waarna hy sou kon terugverwys, 'n waterskeidingsoomblik in sy geestelike lewe. Die jong Muller sou steeds 'n normale 16-jarige seun wees, maar die Heilige Gees het saam met hom geloop. Hy kon pret en plesier hê, maar die verantwoordelikheid was op Muller se skouers om God in alles eerste te stel. *"Ek wou net in die Gees groei. Ek onthou hoe my oupa altyd gesê het dat ons in die gees ewe oud is ... en omdat ek God nooit wou teleurstel nie, was elke keuse wat ek gemaak het, elke ding wat ek moes opgee, nooit 'n probleem vir my nie ... ek wil Hom veel eerder tevrede stel as enige mens."*

Muller se groep vriende en die kring van invloed op sy lewe het gekrimp, want teenstand oor so 'n drastiese geloofskeuse was onvermydelik. Vir baie mense kan God en sport nie altyd in dieselfde asem genoem word nie en mense sou sy oortuigings bevraagteken, maar Muller was op een pad – dit was vorentoe saam met God. In God. Vir God.

"Jesus was op aarde as die perfekte mens en Hy het baie teenstand ervaar. Nie al die mense het van Hom gehou nie, maar dit het Hom nie gestop om die regte dinge te doen nie. Op die ou einde gaan dit nie oor ons en ons lewens en wense nie. Dit gaan oor God en sy roeping vir ons."

Hy grond sy lewe op Filippense 4:13 en weet dat hy in 'n onvolmaakte wêreld moet funksioneer. Hy dien egter 'n volmaakte God wat oor die groot besluite in sy lewe vir hom leiding gee: van beserings en maande lank langs die kantlyn staan tot beroepskeuses, drome en teleurstellings. Muller raadpleeg God in alles.

God het Muller voorwaar met 'n rol as sportpersoon in Suid-Afrika toevertrou. Hy vertrou hom met die aansien, maar die prys wat Muller betaal, is gehoorsaamheid aan God. "Dit is 'n ligte prys om te betaal, want ek weet God sien my toekoms! Ek is vol tekortkominge en wou al baie dinge in my eie krag doen, maar dan besef ek – my talent is nie myne nie en ek is net daar vir God om my te gebruik soos Hy dit goed dink. God is my alles in my lewe en loopbaan. As ek môre weer 'n besering moet kry, weet ek dat ek op God kan terugval. As ek môre uit rugby moet tree, los ek alles en volg God se doel vir my lewe. My 'purpose' is in God en ek wil deel wees van sy koninkrykspan. Vir nou doen ek sport voluit, want dit is waarmee Hy my vertrou, maar rugby is net 'n platform om sy Naam te verkondig …"

Wat dink jy is die grootste struikelblok in mans se lewens?

Trots. Mans is te trots.

Hoogmoed weerhou ons van God. Ons moet Hom aanvaar en ons oorgee aan sy roeping in ons lewens. Ek besef elke generasie het grootgeword met verwagtinge dat 'n man moet sterk wees en geen emosie toon nie, maar ek besef ook dat dit jou as 'n man daarvan kan weerhou om 'n pad saam met God te stap.

Dit is ook belangrik dat ons God in ons lewens moet erken. Ons is nie altyd goed genoeg nie, maar met Hom in ons, is ons goed genoeg vir die taak.

Laastens moet ons die leiding vir ons loopbaan- en gesinskeuses aan Hom oorlaat. Hy ken ons toekoms.

Hoe sal jy graag onthou wil word?

As 'n Godvresende man met die tekens van die vrug van die Gees in my dade en gedrag. 'n Man wat nie net oor God gepraat het nie, maar Jesus geleef het.

Jou boodskap aan Suid-Afrika

Gee jouself oor vir Jesus en sy koninkryk. Jaag sy wil vir jou lewe met jou hele hart na en om Hom as God te ken. Gaan uit om mense te dien en maak 'n verskil in die wêreld. Maak 'n impak met die talente wat God jou gegee het en straal sy lig vir almal uit. Vertrou Hom met jou hele hart.

Muller du Plessis
Eksklusiewe onderhoud
Skandeer kode en kyk
◀◀◀

Anruné Weyers

Anruné Weyers, gebore op 3 November 1992, is 'n Suid-Afrikaanse driemalige Paralimpiese atleet. Met haar linkervoorarm onderontwikkel weens 'n geboortedefek, neem sy deel in die T47-gestremdheidskategorie. Sy gee as 'n jong negejarige haar eerste tree op 'n atletiekbaan by die Laerskool Northmead in Johannesburg. Die 1,67 m lange atleet is 'n blits in die 100 m, 200 m en 400 m en met natuurlike talent, deursettingsvermoë en harde werk volg die IPK-wêreldkampioenskappe vanaf 2011 tot 2019 met 'n string silwer- en goue medaljes. Anruné verteenwoordig Suid-Afrika in haar eerste Paralimpiese Spele in 2012 en wen twee medaljes in Londen; silwer in die 400 m en brons in die 200 m. Later daardie jaar word hierdie medaljes by 'n lughawe gesteel. Anruné se Rio Paralimpiese Spele in 2016 lewer 'n skittervertoning op met silwermedalje in die 400 m. Augustus 2019 baan die weg vir die begin van 'n merkwaardige atletiekjaar vir Anruné met 'n goue medalje in die 400 m, silwer in die 200 m en brons in die 100 m by die 2019-Wêreldpara-atletiekkampioenskap in Dubai en 'n nuwe wêreldrekord van 55,60 sek. vir die 400 m by die Flanders Cup in Huizingen, België. Die hoogtepunt van haar loopbaan is toe Anruné 'n goue medalje loshardloop in die 400 m T47-kategorie by haar derde Paralimpiese Spele in Tokio 2021, met die seisoen se beste tyd van 56,05 sek.

Anruné is 'n entrepreneur en grondslagfase-onderwyseres. Sy is getroud met Stefan Weyers en is die ma van hulle seuntjie, die kleine Janz.

My liefde vir sport het begin ... *in graad 3. Ek was in 'n lieflike klein skooltjie, maar is van kleintyd af oor my klein handjie geboelie en moes sterk staan teen kinders se gemene opmerkings. Ek het 'n vriendinnetjie gehad wat my genooi het om saam met haar te gaan atletiek oefen. Ek het daardie seisoen redelik goed gedoen in landloop en 'n liefde vir hardloop het oornag ontwikkel. Dit was die vryheid van hardloop wat my hart laat vinniger klop het, 'n glimlag op my gesig gesit en my gehelp het om my gestremdheid of andersheid te aanvaar. Wanneer ander kinders Desember-vakansies roomys geëet en gespeel het, wou ek saam met my pa en oupa gaan oefen om nog beter te raak en fiks te bly vir die atletiekseisoen in Januarie. Dit was die geduld van die afrigters by die skool en die wete dat God hierdie andersheid vir my gegee het as 'n geskenk, wat my net meer vasbeslote gemaak het om beter te doen. Hardloop het 'n groot deel van my lewe geword en hierdie "geskenk" moes ek jaar na jaar, seisoen vir seisoen oopmaak en ondersoek om die doel van my lewe te ontdek.*

As ek nie 'n sportster was nie, sou ek ... *graag 'n lugwaardin wou word! Ek onthou dit so goed; ek het deel uitgemaak van 'n graad 8-atletiekoefenkamp. Ek was lief vir hardloop, maar nooit het ek gedink dat ek die vermoë sou hê om die hoogste vorm van ons sport – 'n Paralimpiese Spele – mee te maak nie. Ons was 'n groep Christen-kinders met sterk Christelike waardes en daardie aand sou hulle vir ons vra om ons drome neer te skryf ... ek het geskryf dat ek graag 'n lugwaardin wou word!*

Ek is ongelooflik dankbaar vir ... *my ondersteuningsisteem gedurende my professionele sportloopbaan; my man, familie en vriende; my Paralimpiese familie en afrigters. Ek is ook dankbaar teenoor die Here vir sy genade en guns op my lewe; vir sy leiding in elke seisoen van my lewe. Ons swangerskap was 'n pad van geloof en ek glo ek hou ons seuntjie, my volgende goud, in my arms vas.*

As ek my lewe kon redigeer, sou ek ... *seker niks verander het nie. Die lewe gebeur soos wat dit moet – alles gebeur met 'n rede. As ek terugdink, is ek net dankbaar vir die groei-ervaringe in my lewe en my sportloopbaan. Ek is vandag die vrou wat ek is omdat ek dankbaar is vir alles wat ek deurgemaak het. As ek móét teruggaan, sal ek nie so hard op myself wees nie. Op laerskool was ek sensitief oor my hand. Ek het alles ooranaliseer en te veel oor dinge getob. Dit was uitputtend! Ek sou vir 'n jonger Anruné wou sê: Gee dit vir die Here. Wanneer jou pakkie en profiel anders lyk, is dinge 'n bietjie meer uitdagend, maar sien die mooi in die situasie raak en moenie oor klein goedjies bekommerd wees nie.*

Een van die grootste lesse wat ek vanjaar geleer het ... *Om te beheer wat jy kan beheer en die res aan die Here oor te gee. Ons was so bevoorreg om in April 2023 'n klein lyfie te verwelkom. Ons paadjie was baie anders, omdat ons vir IVF-behandelings (in vitro-bevrugting) moes gaan. Ons was toe vyf jaar lank getroud en Stefan, wat 'n ongelooflik rustige mens is, het die pad saam met my gestap. Die voorreg om op die gebed en ondersteuning van familie en vriende terug te val, is spesiaal. Ek het geleer: Wanneer jy vir iemand daar kan wees, wees daar – gedurende die goeie en slegte tye. Jy hoef nie altyd iets vir iemand te géé nie. Gebed, 'n oor om te luister en 'n boodskap het soveel waarde. Dit is belangrik om te wys dat jy omgee en om uit te reik. Ek het ook besef dit is belangrik om elke seisoen voluit te geniet! Een van my grootste uitdagings het*

Anruné, haar man, Stefan, en hul hondekind

Ek en my mooiste mamma en ouma van Janz

gekom toe ek 27 weke swanger was. Ek kon as gevolg van die ongemak nie meer draf nie. Om te hardloop is so 'n groot deel van my lewe, maar God moes my leer dat Hy my ook op ander maniere sal ontmoet en gebruik. Ek het dus 'n nuwe waardering vir nuwe maniere van oefen ontdek. Om te stap saam met mense wat my nodig het, het 'n prioriteit geword, ook om in die natuur te wees of na musiek te luister.

My grootste prestasie ... *Die goue medalje by die Paralimpiese Spele in Tokio 2021. Ek het 'n interessante pad vol uitdagings gestap om daar uit te kom. Dit was die woorde van die lied deur Jeremy Camp, "Keep me in the moment", wat my staande gehou het. My begeerte was om saam met God te hardloop en toe Hy voor die Spele sy genesende hand oor my vee, was dit presies wat ek gedoen het. Ek het op daardie dag met daardie wedloop eer aan Hom gebring, want Hy het deur my gehardloop. Hy het my as 'n voertuig gebruik om sy grootheid te bewys – en ek weet dit!*

Die Bybelvers wat my deurdra ...

Jeremia 29:11:
"'Ek weet wat Ek vir julle beplan,' sê die Here:
'voorspoed en nie teenspoed nie'; Ek wil vir julle 'n
toekoms gee, 'n verwagting!"

My familie verwelkom my terug in 2021

MY STORIE
Anruné Weyers

**Sy is op skool die etiket gegee as
"die meisie met die een hand wat hardloop".**

Harde woorde uit kindermonde, maar dit is hierdie harde woorde wat 'n jong Anruné geïnspireer het om die "geskenk" wat God haar gegee het, oop te maak en te ontdek wat die rede agter die geskenk is. Sy was anders, sy moes net agterkom waarom.

Die bloedtoevloei na haar linkerhandjie is belemmer terwyl sy in haar ma se baarmoeder gegroei het. Anruné moes tydens die swangerskap op haar eie armpie gelê het en dit het daartoe gelei dat haar linkervoorarm stadiger gegroei en ontwikkel het. Met geboorte was haar ouers en die verpleegpersoneel verstom oor die misvormde, klein linkerhandjie wat hulle begroet het, want daar was geen teken daarvan op die sonarskanderings nie. *"My oupa het dadelik vir my ma gesê: 'Hierdie kind gaan baie geluk en vreugde in jul lewe bring.'"* Van daardie oomblik af is besluit dat Anruné nie anders hanteer sou word as ander kinders nie. Daar is egter soms planne beraam wanneer sy iets wou doen soos touspring, omdat 'n tweede hand 'n noodsaaklikheid was, maar andersins is sy net soos enige ander dogtertjie hanteer – met elke val en opstaan.

En daar was baie daarvan – val en weer opstaan!

Dit was 2009, in haar graad 11-jaar, toe Anruné in haar kamer op die kant van haar bed haar hart vir die Here gegee het. Sy onthou dit goed, want sy het die dag en datum in haar Bybel neergeskryf. *"Soms wens ek dat ek die Here vroeër reeds regtig deel van my lewe gemaak het, want dit sou dinge dalk 'n bietjie makliker gemaak het. Maar Hy wag vir jou hart om gereed te wees en dan ontvang Hy jou met ope arms ..."* Sy het beginselvas gelewe, maar die vrae het bly broei – tot een middag in November 2010, 'n dag toe sy vir die soveelste keer met haar Bybel oop op haar skoot voor die voete van die Here neersak. *"Ek het God gevra om my lewenspad uit te lê ... ek wou weet waarom ek sonder 'n linkerhand gebore is en waarom Hy my so gemaak het. Wat was die doel van alles? Waarom het Hy dit toegelaat?"* Dit was in die stilte van haar binnekamer waar die stil, sagte stem van God haar kom ontmoet het ... die oomblik toe Anruné werklik met haar lewenspad en voorkoms vrede gemaak het. Op daardie dag is "Pietie" gebore: Anruné se linkerhand sou 'n identiteit van sy eie kry! *"Ek moes die gedagte van andersheid finaal omhels, aanvaar en vier. Ek het besef dat God my anders gemaak het juis om die persepsie van die wêreld oor gestremdheid te verander. Ek het die profiel van iemand waaraan mense nie gewoond is nie en my doel is om in samewerking met God, mense se ingesteldheid anders in te stel en hulle oë oop te maak om die mooi en uniekheid van alles in almal te sien."*

Haar persoonlike ervaring met God sou Anruné se uitkyk vir ewig verander. As deel van die Suid-Afrikaanse Paralimpiese span in Londen 2012 het sy ook anders na mense begin kyk en verstom gestaan oor die grootheid van God! Dit was haar medebaanbroers en -susters wat haar die grootste lewenslesse sou leer. Mense sonder hande, wat met hulle voete kon eet. Mense met gehoorgestremdheid wat met gemak lippe kon lees en 'n hele gesprek volg. Atlete wat sonder bene in wegspringblokke aantree of swemmers wat sonder arms of bene 'n volle swembadlengte kon voltooi! *"Dit was van die spesiaalste oomblikke in my lewe! Ek het gereeld verstom gestaan oor die durf in mense en die eer wat hulle God gee vir hul talente en vaardighede."*

Dit was 'n uitgemaakte saak. Sy sou altyd, in elke wedloop, eer aan God bring – in die goeie én die slegte wedlope. En selfs in die tye van beserings, siekte en 'n ongekende COVID-pandemie. Die diagnose op 13 Julie 2021 was rampspoedig. Nie net het Anruné skaars sewe maande voor die Olimpiese Spele van 2021 die gevreesde COVID-19-virus onder lede gehad nie, maar die MRI-skandering vir 'n geskeurde dyspier het ook 'n probleem met haar werwelkolom en 'n sist aangedui. Anruné het geen keuse gehad as om deur die trane en moedeloosheid te veg nie. *"My afrigter, dr. Suzanne Ferreira, het my eendag uitgedaag met die vraag: 'Waar sien jy God in die seer?' Sy het die lied, 'Keep me in the moment', vir my gestuur. Ek het die woorde dae aaneen in my huis gespeel terwyl ek met 'n kortisoonsuurstofmasker oor my mond gesit het ... God gee asem, Hy gee lewe en Hy gee krag ... Dit is gedurende daardie donker tyd dat ek God op 'n ander manier leer ken het."*

Anruné sou God as 'n geneesheer leer ken en die begeerte om saam met Hom te hardloop en eer te bring aan die Een wat so getrou is in haar lewe, het haar hart oorweldig. Dit was die woorde in 'n e-pos aan haar spandokter en afrigter wat die geraas in haar finaal stilgemaak het:

> ***"As dit God se wil is, sal ek in Tokio hardloop en dan sal ek saam met Hom hardloop. Punt. Tetelestai."***

In aanloop tot die Tokio Paralimpiese Spele van 2021 het sy van alle sosiale media afstand gedoen. Gepantser met God se belofte van genesing en die woorde van die lied, "Keep me in die moment", het sy die frase "Me plus God running together" op die Tokio-muur van herinnering geskryf. Die wêreld se prentjie van wie sy moes wees, is finaal uitgevee ... Anruné kon net wéés. In die hitte van die stryd was sy rustig. Vanaf die wagkamer tot op die baan het sy haar gedagtes stilgemaak en vir die eerste keer in haar lewe het sy 'n perfekte 400 m gehardloop met 'n perfekte pas ... *"Asof in 'n droom het ek by die 100 m-merk vir myself gesê: Vertrou Hom net ..."*

Dit is 'n foto van Anruné op die eindstreep ... op haar knieë met haar hande in die lug, haar oë toe en haar kop opgelig na die hemel. 'n Foto wat vir ewig in die Paralimpiese argief sal bestaan. *"Die goue medalje om my nek was net 'n teken van wat God kan doen wanneer Hy ingryp in jou lewe ... Hy het saam met my gehardloop. Hý is die Goud in my lewe."*

Wat dink jy is die grootste struikelblok in vrouens se lewens?

Ons is ongelooflik sterk, maar soms dink ons ons kan alles alleen hanteer. Ons deel nie ons seer en vrae nie en vergelyk onsself met almal om ons. Die grootste ding is om mekaar te waardeer vir wie elkeen is en om dit vir mekaar te sê.

Hoe sal jy graag onthou wil word?

As 'n spontane omgeemens wat altyd God se lig laat skyn en die mooi in alles raaksien; iemand wat maklik vergewe en vergeet; die een wat bereid is om 'n oor te wees, saam te bid en die hoogtepunte saam met ander te vier!

Jou boodskap aan Suid-Afrika

Mag ons meer saamstaan, saam sing, saam bid en mekaar oplig in 'n positiewe gesindheid.

Saam sterker, "stronger together"!

Anruné Weyers
Eksklusiewe onderhoud
Skandeer kode en kyk

James Murphy

James Murphy, gebore op 30 November 1995, is 'n sewesrugbyspeler vir die Suid-Afrikaanse nasionale span, beter bekend as die Blitsbokke. Die voormalige leerder van Bishops Diocesan College wys sy staal in onder meer hokkie, waterpolo en atletiek voordat sy liefde vir rugby en sewesrugby op universiteit blom. Die 1,89 m lange James trek die groen en goud oor sy kop en maak sy buiging by die 2018-Hongkong-sewestoernooi waar Suid-Afrika derde kom. Hulle keer egter as die gevreesde teenstanders terug en in die 2019-Singapoer-sewestoernooi stap hulle met die louere weg. Met sy lewensleuse op sy hart geskryf – "Dit gaan nie oor hoe hard jy kan slaan nie, maar oor hoe hard jy geslaan kan word en aanhou vorentoe beweeg" – vorm hy deel van die span wat die 2018/2019-HSBC-seweswêreldreeks wen. (Die HSBC-seweswêreldreeks word in tien lande gespeel en besoek vyf van die ses kontinente. Die Verenigde Arabiese Emirate, Suid-Afrika, Australië, Nieu-Seeland, Amerika, Kanada, Hongkong, Singapoer, Frankryk en Engeland bied elk een geleentheid aan.) James maak verder deel uit van die span wat Suid-Afrika by die Statebondspele in 2022 verteenwoordig asook die Wêreldbeker-sewestoernooi in Kaapstad. Nie net pryk 'n goue medalje van dié Statebondspele teen sy muur nie, maar ook 'n BCom-graad in ekonomie en bestuurswetenskap met 'n dubbelhoofvak in finansies en logistiek. Sy doktorsgraad in finansiële beplanning (CFP) lê vir eers op die ys, maar sal beslis verwerf word.

My liefde vir sport het begin by ... *my ouerhuis, dit is te danke aan my ouers en ouer suster. Ek was 'n verskriklik besige seuntjie en jong man en die kommentaar van my onderwysers op my rapport was altyd dat ek baie praat. My pa en ma het geweet dat ek besig gehou en gestimuleer moet word wat beteken het dat hulle alles tussen my en my ousus in 'n kompetisie verander het. My pa sou 'n bal gooi en dan my suster, wat twee jaar ouer as ek is, aanmoedig om nóg vinniger te hardloop om my te wen. Net omdat ek die jongste was, het dit nie beteken dat almal gaan terugstaan en toelaat dat ek net wen nie. Néé, ek moes hard werk daarvoor. Hierdie speletjies het daartoe gelei dat ek sterk deursettingsvermoë ontwikkel het en uiters kompeterend is. Kyk ek terug na my kinderjare is ek baie dankbaar vir die manier hoe my ouers ons grootgemaak het.*

As ek nie 'n sportster was nie, sou ek ... *My hele lewe lank was die korporatiewe wêreld vir my 'n baie aantreklike einddoel. Namate ek egter as 'n individu gegroei het deur die verskillende lesse van die lewe, het my passie al hoe meer begin ontwikkel om by* mense betrokke te wees en as spreker op te tree. Enigiemand wat my ken, sal weet dat om 'n storie te vertel een van my gunstelingdinge is om te doen. Ek is baie lief vir die fyner besonderhede en ek hou daarvan om aan die kleiner aspekte van 'n storie aandag te gee om die konteks duidelik te skets. Om as openbare spreker op te tree, is 'n groot passie van my en dit is iets waarmee ek baie gemaklik is. Hoewel 'n korporatiewe familiebesigheid dus iets is waarop ek nog altyd my oog gehad het, het die idee om 'n aanbieder te wees al 'n paar keer by my opgekom.

Ek is ongelooflik dankbaar vir ... *my ouers en alles wat hulle opgeoffer het om my te ondersteun in alles wat ek aangepak het as skoolseun en jong man. Hulle moes self 'n klomp struikelblokke te bowe kom, maar dit was nooit te veel gevra nie. Ek is dankbaar vir die sewessisteem en -afrigters wat ons as spelers daagliks vorm om beter mans te wees vir die samelewing en vir ons toekomstige vrouens en kinders. Ek is dankbaar teenoor God wat my die kans gun om 'n instrument vir Hom te wees, iemand deur wie Hy kan werk om sy goedheid ten toon te stel.*

As ek my lewe kon redigeer, sou ek ... *Ek dink die enigste verandering in my lewe sou wees om God en sy invloed 'n bietjie vroeër in my lewe te ontdek. Tog sou ek nie my reis wou verander nie, want dit is die rede waarom my herontdekte geloof so sterk is.*

Een van die grootste lesse wat ek vanjaar geleer het ... *Die belangrikste les wat ek die afgelope jaar geleer het, is dat ons maar net vir 'n tydjie op hierdie aarde is. Wat jy (fisies) besit, beteken baie min in die groter prentjie. In die hemel is jou hart jou geldeenheid en wat jy ook al in hierdie lewe het, is tydelik.*

My grootste prestasie is ... *om deel uit te maak van 'n span wat 'n goue medalje by 2022 se Statebondspele gewen het.*

Die Bybelvers wat my deurdra ...

Psalm 27:1:
"Die Here is my lig en my redder, vir wie sou ek bang wees? Die Here is my toevlug, vir wie sou ek vrees?"

My familie, my alles!

Dit gaan nie altyd oor die trofee nie, maar die karakterbou wat plaasvind

MY STORIE
James Murphy

Hy was een van die kortste en kleinste seuns in graad 8 en die ewebeeld van sy pa – die twee van hulle 'n vreemde uitsondering juis omdat goeie rugbybloed in die are van die Murphys gevloei het. Al die mans in James se familie het as kapteins vir provinsiale, nasionale of klubrugbyspanne uitgedraf en diep spore in die rugbywêreld van Suid-Afrika getrap. As klein seuntjie het James in die agterplaas van hulle huis in Johannesburg gesit en droom oor sy kanse om vir die Springbokke gekies te word. Hoewel die Engelse rugbylegende en losskakel, Johnny Wilkinson, sy held was, was dit die Springbok op die bors wat harder geroep het. James was egter net te klein gebou vir 'n kontaksport. Hy was briljant in waterpolo en swem; 'n naelloper van formaat en 'n kranige hokkiespeler, maar 'n rugbywedstryd sou altyd op 'n vriendskaplike basis of by raakrugby op die strand bly.

Dit was 'n uitgemaakte saak, die onvermydelike keuse is vir James geneem en hy het maar verlief geneem met die feit dat 'n toekoms in groen en goud net op 'n hokkieveld 'n moontlikheid kon wees. Dit was hierdie droom wat die jong James Murphy genoeg geïnspireer het om topfiks en gesond te bly. Hy was bereid om hard te werk, want hy wou Suid-Afrika as sportman verteenwoordig en Olimpiese Spele toe gaan. Tot een noodlottige aand tydens 'n 100 m-naelloop met die klapgeluid van 'n bobeenspier wat skeur en die daaropvolgende maande lange helingstydperk. James sou geen toernooi of hoofuitspeelwedstryde speel nie, wat sy kans op 'n hokkiebeurs by die Universiteit Stellenbosch sou kelder. Hy sou op eie akademiese meriete sy staal moes wys en nog harder werk om Maties se hokkie-afrigters te beïndruk.

Een telefoonoproep het egter die verloop van James se lewe onomkeerbaar verander. Danksy sy spoed het hy as Akademia-koshuisstudent 'n uitnodiging ontvang om as vleuel in die eerstejaarsrugbytoernooi te speel. James se fokus was op hokkie, dus was dit glad nie op sy radar om rugbybal in die hand te presteer nie. Maar soos "Murphy" se wet dit wou hê, was dit sý naam wat tussen die topvyftig-o. 19-rugbyspelers se name gepryk het!

Dit is wanneer God ingryp dat wonderwerke plaasvind en dit is presies wat James moes ondervind. "Ek was nie eens veronderstel om 'n rugbywedstryd te speel nie, nie eens te praat van die span haal nie. Maar dit was die woorde van afrigter Ian Campbell-McGeachy – of soos ons hom genoem het, Mr Miyagy – een middag ná 'n spoedsessie, wat die liefde vir rugby weer in my laat opvlam het. 'Ek gaan jou 'n Blitsbok maak,' het hy gesê. Ek kon dit nie glo nie, maar alles binne-in my het begin glo in die onmoontlike.

James saam met Impi Visser, Ryan Oosthuizen en Chris Dry

Glo? Geloof? 'n Vreemde woord en konsep wanneer 'n mens vir so 'n lang tyd nie daaraan blootgestel is nie. James het in 'n ouerhuis met Christelike waardes grootgeword, maar 'n kombinasie van koshuislewe; 'n omgewing met mense wat uitgesproke ongelowig is en medestudente wat 'n bespotting van Christenskap gemaak het, het James twee keer laat dink oor sy vrymoedigheid om God in die openbaar te erken. *"My vriende was nie slegte mense nie, hulle het God net nie geken nie."*

"Ek het ook eers later in my lewe besef dat dit belangrik is om iets of iemand te ken voordat jy jou mening oor hulle lewer. Wanneer jy dus iets oor God wil sê, maak seker dat jy Hom ten volle ken voordat jy jou mening gee!"

Dit was gedurende 'n mallemeule van gebeure in sy eerste en tweede jaar as student en die feit dat hy die kans gegun is om vir die WP-sewesspan uit te draf, dat James innerlik in 'n warboel was. Hy het rugbyhoogtepunte beleef en teen bekende name soos Ronald Brown en Impi Visser gespeel, maar het op die onmoontlikste tye wanneer spanne gekies moes word dyspiere geskeur. Hy het beleef hoe spanmaats kontrakte kry en in die rugbysisteem opbeweeg na ander ligas en vlakke. Dit het soveel vrae by hom laat ontstaan en die toekoms was onduidelik. *"Dit was in my tweede jaar op universiteit toe ek die merker in die grond steek en 'n besluit neem om rugby ernstig op te neem. Dit, of ek sou ná tien jaar spyt wees dat ek dit nie gedoen het nie. Ek het harder begin oefen as ooit vantevore, beter geëet en opgehou alkohol gebruik en tot laat in die aand uitgaan saam met vriende. My hele leefstyl het om rugby begin draai."*

Dit is telkens bewys dat dit waarop 'n mens fokus, jou werklikheid word. James moes kies waarop hy gaan fokus toe hy onverwags gekonfronteer is met sy vriende se mening oor hom. Hy het voor die keuse te staan gekom of dit hom gaan kniehalter of aanvuur. *"Ek sal dit nooit vergeet nie. Ek het een aand verby 'n koshuiskamer geloop toe ek die gesprek tussen drie van my vriende hoor. Die een ou se opmerking het my onkant betrap. Hy het gesê:*

'Ek weet nie waarom James so hard oefen nie, hy gaan dit in elke geval nooit maak nie.'

"Die ander het saamgestem."

Ten opsigte van rugby het James 'n verantwoordelikheid teenoor homself gehad en niemand anders nie. Niemand het iets skouspelagtig van hom verwag nie en daarom het die woorde geklou. Met die opkomende Assupol-sewestoernooi was dit sy oomblik om almal verkeerd te bewys. Die wenspan sou die geleentheid kry om teen die Blitsbokke uit te draf en hom sodoende die kans gun om raakgesien te word.

Weer was die noodlot nie aan James se kant nie en ná die eerste wedstryd en met sy enkelligamente aan flarde, is James se droom wéér eens uitgevee. Volgens die X-strale en dokters se mening sou hy weer drie tot vier maande lank uit die spel wees. *"'Rêrig?' het ek gedink, 'Die wêreld en alles daarin is teen my!' Ek het alles opgegee om op rugby te fokus en dít was die uiteinde van my treurige storie."* James sou daardie aand doodeenvoudig moed opgee en sy teleurstelling gaan verdrink in 'n kroeg in Stellenbosch, maar God het 'n ander plan gehad. *"Ek was al hinkepink in my 'moon boot' op pad van een kuierplek na die ander, toe ek verby die Stellenbosch-stadsaal loop. Ek was oorkant die groot Mandela-gesig toe 'n swart man met 'n swart pak klere en wit das van agter die gesig my nader. Die onbekende man het my gestop, gevra of hy vir my enkel kan bid en net daar en dan voor die verbaasde verbygangers op sy knie gegaan, die 'moon boot' verwyder, sy hande op my enkel geplaas en 'n paar woorde gebid. Ek was self nie seker wat aan die gebeur was nie."*

"Ek het nie geweet wie die man was, wat sy intensie was of vanwaar hy gekom het nie. Maar hy was gaaf en gefokus om vir my te bid en ek het dit verwelkom."

James het ses dae daarna op die rugbyveld uitgedraf! Sy span sou tot die finaal deurdring en sodoende die kans kry om teen die Blitsbokke te speel. Daardie dag het Paul Delport, die Blitsbokke se afrigter, James Murphy se spel gesien en sy naam onthou.

"Daardie herstel was 'n medies onverklaarbare wonderwerk! Tot vandag toe weet ek nie wie die man was en waarom hy daar was nie. Al wat ek weet, is dat ek op daardie oomblik die teenwoordigheid van God, Jesus en die Heilige Gees in een oor my gevoel het. Ek het nie honderd persent verstaan wat aangaan nie, maar God het 'n persoonlike ontmoeting met my in die strate van Stellenbosch beplan en Hy het opgedaag op die aand toe ek dit die minste verwag!"

James se geloofspad het op 'n kragtige en wonderbaarlike manier afgeskop. Sy ouma moes leiding gee en saam het hulle kerk toe gegaan om God se roeping vir James se lewe te ontdek. Want dit was slegs die begin. *"Net omdat ek God ontmoet het, het dit nie beteken dat alles nou wonderbaarlik goed verloop het nie. Néé, dit het tyd en baie harde werk geverg. Ek is genooi om by die sewesakademie aan te sluit, maar ek was die enigste speler wat sonder 'n kontrak gespeel het. Ek het vir die Akademie-span uitgedraf, maar die groen en goud was toe nog net 'n droom. Soms het die vreemdste goed buite my beheer net voor oefeninge gebeur, soos byvoorbeeld my motor se drade wat oornag deur eekhorings afgevreet word en dan wil dit nie aanskakel nie of 'n motorhek wat net nie wou oopmaak nie. Dit het soms daartoe gelei dat ek nog laat was vir oefeninge ook."*

Maar God was in beheer en James was bereid om eerlik en opreg te wees. Hy was reg om hard te werk en het alles gegee.

Nie net is sy naam in die gange van SA Rugby genoem nie, James was ook in gesprek met Skotland en Amerika die dag toe die oproep van afrigter Marius Schoeman deurkom. Daar en dan het James se hart gedraai. Hy het die moontlike internasionale geleentheid van die hand gewys en sy fokus na Suid-Afrika verskuif. *"Dit is hier waar ek moes wees en toe my kop en hart in lyn kom, het die droom waar geword."*

James Murphy maak sy buiging as Blitsbok in die 2018-Hongkong-sewestoernooi en vandaar beleef en lééf hy die pad wat God vir hom bepaal het. *"Ek glo in wonderwerke! Ek het vrede daarmee gemaak as dinge nie altyd 'n antwoord het nie. Dit is ook oukei. My grootste begeerte is nou net om 'n 'vessel' vir Hom te wees. As God nie saam met my in iets is nie, wil ek dit nie hê nie en wil ek ook nie daar wees nie."*

Wanneer James Murphy op die veld draf, stop en kniel hy met sy handpalms na bo gedraai. Hy gee oor. Keer op keer. Weer en weer. Nie vir die skare of kameras om te sien nie, nie om iets te bewys nie. Néé, James verstaan die krag van oorgawe. Hy bid nie vir 'n goeie telling of 'n wen nie. Hy bid vir gesag oor dit wat God aan hom toevertrou in daardie oomblik.

"Ek weet nou: Beter mense maak beter rugbyspelers, soos afrigter Neil Powell so baie keer vir my gesê het. Hierdie platform wat ons gegun word, is slegs vir 'n tydjie om God se teenwoordigheid bekend te maak. Daar lê soveel krag daarin wanneer ons alles aan God oorgee. Ek sal dit keer op keer passievol doen, want ek wéét nou Hy sien my raak."

Wat dink jy is die grootste struikelblok in mans se lewens?

Ek dink daar is verskillende fases in mans se lewens, wat beteken daar is verskillende struikelblokke. Vir 'n jong seun wat 'n man wil wees, is my raad om sonder enige verskoning net jouself te wees. Ek was bang om as jong man God te volg omdat ek moontlik vriende sou verloor, gespot of geboelie sou word.

As volwasse man het ons die probleem dat die samelewing wil voorskryf wie ons as mans moet wees, terwyl ons eintlik na God se stem moet luister om te hoor wie ons veronderstel is om te word. Geld, voorsiening en voorkoms is maar net van die goed waarmee ons gebombardeer word.

Die kerk gee egter die antwoord: Wat is voorsiening? Ja, dit is om na jou gesin om te sien, maar dit is ook om die voorbeeld van goeie Christelike beginsels vir jou gesin te wees. Ons kan nie 'n kompromie aangaan met ons Christelike waardes en 'n wêreldse leefstyl nie.

Wees jou eie "vessel", elke man se verantwoordelikheid is anders, moenie iemand anders se leefstyl nastreef nie.

Hoe sal jy graag onthou wil word?

Ek wil onthou word as iemand wat God se glorie uitgedra het en wat vir die mense om my 'n voorbeeld was hoe werklik en lewendig Hy rêrig is.

Jou boodskap aan Suid-Afrika

Wees onverskrokke jouself. Vind God en leer ken Hom so gou as moontlik, want die lewe is nie maklik nie en alles is altyd moeiliker sonder Hom. Klim in die bokskryt van die lewe en maak seker jy is aan God se kant.

James Murphy
Eksklusiewe onderhoud
Skandeer kode en kyk

My ondersteuningstelsel

Angelo Davids

Angelo Davids, gebore op 1 Junie 1999, staan bekend as die goue seun van Hoërskool Stellenberg. As 'n sewesrugbyspeler vir die Blitsbokke maak hy naam in sy gereelde posisie as vleuel en agterspeler, maar hy draf ook uit vir die DHL Stormers in Superrugby asook die Westelike Provinsie in die Curriebeker-reeks. In 2017 trek die 18-jarige Angelo die aandag toe keurders hom in die Westelike Provinsie o. 19-span vir die Cravenweek-kompetisie en o. 19- provinsiale kampioenskappe insluit. In 2018, slegs 'n jaar nadat hy skool voltooi het, word hy in die SAS Rugbysewes-akademie opgeneem. Angelo verteenwoordig in 2018 en 2019 die Suid-Afrikaanse Akademiespan in verskeie toernooie en word gekies om die senior span by die 2018-Hongkong-sewes te verteenwoordig. Hy maak sy buiging in hulle oorwinning van 22–7 oor Japan in die openingswedstryd en druk sy eerste drie in die groen en goud by die Singapoer-sewes teen Skotland in 2019. In 2022 is hy deel van die Suid-Afrikaanse span wat hulle tweede goue medalje by die Statebondspele wen.

My liefde vir sport het begin by ... *my pa. Hy was 'n goeie atleet in sy jong dae en ek het die liefde vir atletiek by hom gekry. Om eerlik te wees, het ek nooit van rugby gehou nie. Ek het altyd vir myself gesê dit lyk baie seer wanneer die manne duikslae uitoefen en dít oor 'n rugbybal.*

As ek nie 'n sportster was nie, sou ek ... *seker verkeerde dinge as my beroep gehad het.*

Ek is ongelooflik dankbaar vir ... *die feit dat my mamma nooit ophou bid het vir my nie. Sy het aanhou glo dat God 'n plan vir my lewe het. Al was sy nie altyd seker wat daardie plan was nie, het sy aanhou glo en vertrou dat Hy my gaan gebruik om jong mense te inspireer.*

As ek my lewe kon redigeer sou ek ... *God vroeër deel van my lewe gemaak het.*

Een van die grootste lesse wat ek vanjaar geleer het ... *is om nie skaam te wees om te preek en oor die goedheid van die Here te praat nie. Veral ons, as jong mense wat die Here liefhet, is soms versigtig om in die openbaar te wys dat ons God eerste stel. Ons is bekommerd oor die menings van vriende of wat die volgende persoon gaan sê.*

My grootste prestasie is ... *die dag toe ek my knieë voor die altaar gebuig het met die woorde: "Here, hier is ek. Ek gee my lewe aan U oor. Bestuur my lewe, Here, en ek sal volg."*

Die Bybelvers wat my deurdra ...

Jeremia 29:11:
"'Ek weet wat Ek vir julle beplan,' sê die Here:
'voorspoed en nie teenspoed nie'; Ek wil vir julle 'n
toekoms gee, 'n verwagting!"

Angelo ontvang sy Blitsbok-trui by Neil Powell – die afrigter wat sy lewe verander het

MY STORIE
Angelo Davids

Elke mens ervaar verskillende hoogtepunte in sy/haar lewe, maar sekere insidente is lewensveranderend. Daardie gebeure kan jy op die vingers van jou een hand tel, want dit is daardie oomblikke wanneer God toetree en sy stem vir jou so duidelik raak dat jy nooit weer dieselfde sal wees nie.

Daar was tot op hede 'n paar sulke ervaringe vir Angelo Davids.

Daar was die oggend toe alles na rugby geproe, gelyk en gevoel het! Die oggend toe die 16-jarige Angelo die eerste keer die rugbytrui met die Westelike Provinsie se kleure oor sy kop kon trek. Hy kon nie meer slaap nie, want die opgewondenheid oor dít wat voorlê, was net te groot. Soos in die Bybelverhaal met die brandende braambos het Angelo bewus geword van die Gees van God se teenwoordigheid. Die Gees se sagte stem het vir Angelo gesê: "Maak jou Bybel by Jeremia 29:11 oop." Dit was 'n onverklaarbare gebeurtenis met woorde wat Angelo nie verwag het nie, maar nog altyd nodig gehad het om te hoor. *"Ek weet wat ek vir julle beplan, sê die Here: voorspoed en nie teenspoed nie; Ek wil vir julle 'n toekoms gee, 'n verwagting!"* Angelo het 'n ongekende vrede ervaar.

Hy het die belofte van God ontvang dat Hy hom in sy hande hou. Die belofte dat God 'n duidelike plan vir sy lewe het en dat Hy te midde van teenspoed, altyd voorspoed sal voortbring; dat Angelo in die jare wat sou volg, konstant aan daardie beloftes sou kon vashou.

In 2017, midde-in 'n fokuslose stormseisoen met vertwyfeling oor 'n professionele rugbyloopbaan, moes Angelo daardie woorde keer op keer afstof. Die vrae het bly maal: Is ek goed genoeg? Sal ek ooit sukses behaal? Gaan iemand my wel raaksien en my 'n kans gee? Is rugby vir my? Waarom kry al my vriende 'n kans om te speel en ek word nooit gekies nie?

Genade, 'n roeping en talent gee Angelo die kans om sy land te verteenwoordig, maar selfs ná suksesvolle seisoene in 2018 en 2019 is dit dieselfde knaende vrae wat hy moet wegskuif en rustig raak in sy gemoed. Hy moes met alles binne in hom glo dat God steeds in beheer is, want met 'n ernstige enkelbesering wat sy seisoen tot halt ruk en ander opkomende jong spelers wat gretig in sy plek kon inskuif, het sy toekoms minder rooskleurig begin lyk.

> *"Ek kon nie God se plan vooruithardloop nie. Hy moes my 'seën' met 'n besering; my tot stilstand bring; rustig maak sodat ek kon luister en weet dat dit nie nóú my tyd was nie."*

Angelo moes wag op God se tydsberekening en in daardie tyd 'n onwankelbare verhouding met Hom bou. *"Geloof is alles vir my. Toe ek deur moeilike tye gegaan het, was dit nie die stemme van vriende waarop ek gesteun het of hulle versekering dat ek 'oukei gaan wees' nie. Dit was die stem van God en my geloof wat my gedra het."*

Dit was in daardie oomblikke dat God Angelo se verhouding met Hom so versterk het dat hy nie weer sou kon wegdraai van die Here af nie. Self toe Angelo se pa – sy held – sy rug op hulle as gesin draai en sonder enige verduideliking by die deur uitstap, moes Angelo glo dat God goed is. Sy pa was die een man wat in Angelo se oë perfek was. Die man wat nooit kon fouteer nie, juis omdat hy self so lief vir die Here was en sy Woord gepreek het.

Wat het Angelo laat terugdraai en vashou aan 'n hemelse Vader toe sy aardse vader wegstap en Angelo homself daarvoor blameer? Sy geloof. Hy was geanker in sy ervaring dat God steeds dáár is, in die moeilike tye. Hy het vasgehou aan God se belofte van voorspoed en nie teenspoed nie; 'n toekoms en 'n verwagting.

"Ek het 'n pa-figuur nodig gehad toe ek nog jonger was en dinge nie kon verstaan nie. Oor die jare heen het ek ongelooflike 'pappas' ontmoet wat my op koers gehou en gemotiveer het. Coach Neil Powell was een van hulle en het as 'n afrigter en as 'n pa soveel van die manne se lewens help verander."

Kyk Angelo vandag terug na die laaste twee jaar van sy lewe, weet hy dat álles hom net nader aan die Here bring. *"God bly getrou aan sy Woord. Sy belofte wat Hy vir my gegee het as jong seun, is selfs bewaarheid tydens 'n uitdagende COVID-tydperk. Daarom sal ek Hom loof en prys met alles in my."*

> *"God se beloftes bly 'ja' en 'amen'."*

"God het my sterker aan die ander kant uit gebring. Hy is 'n God van waarheid."

My skoolafrigters

Wat dink jy is die grootste struikelblok in mans se lewens?

Ek dink ons as mans wil nooit oor ons emosies praat nie, want dit mag dalk as 'n teken van swakheid beskou word.

Hoe sal jy graag onthou wil word?

Ek wil onthou word as Angelo Davids wat nooit skaam was vir die Woord van die Here nie en wat altyd sy Woord preek orals waar ek gaan.

Jou boodskap aan Suid-Afrika

Die Here het 'n plan vir my en vir jou. Moenie sy plan vertraag nie. Ons het 'n keuse in die lewe. Daar word vir jou twee sleutels gegee: sleutel een lei na die pad wat smal en nou is, maar dit is die pad en die plan wat God vir jou uitgesit het. Sleutel twee lei na die weg waar die duiwel jou wil wegneem van die goeie pad wat God vir jou beplan het. Die duiwel is 'n leuenaar. Hy wil jou verwoes. Die Here het jou lief en Hy sal jou nooit begewe of verlaat nie.

Angelo Davids Eksklusiewe onderhoud
Skandeer kode en kyk

Angelo saam met Pappa (middel) en Apostel

Angelo se twee mammas

Willem Alberts

Willem Schalk Alberts, gebore op 11 Mei 1984, is 'n professionele Suid-Afrikaanse rugbyspeler. Dié plaasseun van Bronkhorstspruit en voormalige leerder van Hoërskool Monument in Krugersdorp, se professionele loopbaan sluit tyd in by die Goue Leeus en Leeus (2005-2009, 2020 tot tans), 92 wedstryde vir die Haaie (2010-2015) en 79 wedstryde vir Stade Français (2015-2020). "The Bone Collector" soos sy opponente hom noem, is bekend vir sy sterk lopies (wat dikwels meer as een speler vereis om hom te stuit) asook vir sy rotsvaste verdediging. Willem se kolossale massa van 120 kg en sy harde plettervatte het van hom 'n gevreesde opponent gemaak, maar 'n groot gunsteling van die skare. In Oktober 2010 word hy vir die Springbok-groep van 39 spelers gekies om hulle vir die Noordelike Halfrond se Grand Slam-toer voor te berei. Hy maak op 13 November 2010 'n droombuiging vir die Bokke en druk 'n drie teen Wallis in sy debuuttoer. Die "super-sub" verteenwoordig Suid-Afrika in meer as 45 toetswedstryde en daar word keer op keer na hom verwys as 'n groot impakspeler en "game changer" (spelbreker).

Hy is op 38 steeds 'n formidabele speler vir die Leeus en 'n reusemotivering vir jong spelers wat leiding en vaardigheidswenke soek vir verdediging en aanvalswerk in die agterry.

Hy is getroud met Nicolene en die pa van twee dogtertjies.

My liefde vir sport het begin … *as 'n klein seuntjie. My pa was 'n baie goeie gholf-, krieket- en rugbyspeler – die sportgene was dus in ons familie. Ek het 'n broer wat twee jaar ouer as ek is en ons gesin het altyd na my oom se losie by Loftus Versveld gegaan om die legendes soos Uli Schmidt, FA Meiring en Ruben Kruger te sien speel. Later jare was my sporthelde Victor Matfield, Joost van der Westhuizen, Ernie Els en Hansie Cronjé. Ons sou ná elke rugbywedstryd op Loftus Versveld op die veld storm met die hoop om ons ikone te sien. Ek dink die liefde vir sport het daar by Loftus ontstaan. Ek was van so vroeg as wat ek kan onthou maar 'n Blou Bul-ondersteuner! As volwassene het my lojaliteit natuurlik verander na gelang van die rugbytrui wat ek gedra het en met elke nuwe kontrak het die lojaliteit na die nuwe span verskuif. Dit bly lekker om te sien dat al ons Suid-Afrikaanse spanne goed doen en gesond is. Daarmee erken ek seker maar dat elke Suid-Afrikaanse span 'n spesiale plek in my hart het.*

As ek nie 'n sportster was nie, sou ek ... *Ek het op 'n plaas by Bronkhorstspruit grootgeword en het landbou begin studeer – ek sou seker in die landbou opgeëindig het. My ander sporttalente was aanvaarbaar, maar nie briljant nie – beslis nie goed genoeg om 'n toekoms as professionele sportman te bou nie. Glo vir my, ek is daagliks baie dankbaar vir die feit dat ek die geleentheid gekry het om professioneel rugby te speel. Dit is 'n absolute wonderwerk en glad nie wat ek ooit in my lewe verwag het nie!*

Ek is ongelooflik dankbaar vir ... *die guns wat die Here in my lewe gesaai het in terme van mense wat my al gehelp en bygestaan het. Ek is dankbaar vir vriende, onderwysers, sportafrigters, my ouers, familie en dat my vrou op die regte tyd in my lewe gekom het.*

As ek my lewe kon redigeer, sou ek ... *Ek sou nie regtig my lewe beter kon herskryf nie. Ek sou graag dalk vooruit in die toekoms wou sien om te weet watter hoofstuk voorlê wanneer my rugbyloopbaan tot 'n einde kom. Die onbekende is soms angswekkend, maar met 'n goeie fondament gebou op God, is enigiets moontlik.*

Een van die grootste lesse wat ek vanjaar geleer het ... *Al is daar moeilike tye moet ons geanker bly in God. Wanneer dit goed gaan met jou, moet jy probeer om daar te wees vir ander mense wat deur 'n moeilike tyd gaan.*

My grootste prestasie is ... *om aan te hou en uit te hou, al is daar moeilike tye; om 'n goeie man vir my vrou te wees en 'n pappa vir my kinders.*

Die Bybelvers wat my deurdra ...

Johannes 14:6:
"Jesus het vir hom gesê: 'Ek is die weg en die waarheid en die lewe. Niemand kom na die Vader toe behalwe deur My nie.'"

Volspoed! Ek is nie regtig vinnig nie. My gesigsuitdrukking verander net tussen 3de en 5de rat

MY STORIE
Willem Alberts

Nooit het hy homself in die groen en goud gesien nie en nooit sou kon droom om die naam van sy geliefde Blou Bul-span op sy CV te skryf nie, want volgens Willem was hy net nooit goed genoeg om daardie kaliber rugbyspeler te wees nie. As tiener het hy homself nie as veel meer as 'n toekomstige boer met 'n passie vir gholf, krieket en vriendskaplike rugby beskou nie. *"Alle seuns het seker maar die een of ander tyd in hulle lewens die droom om 'n provinsiale trui oor hulle koppe te trek en hulle naam tussen die bekende rugbyspelers te sien, maar dan trek jy jou tokse aan en tree aan vir die tweede of derde span en jol jou hart uit nét omdat dit so lekker is! As jong seun het ek losskakel gespeel en die meeste van die kere was my naam nie saam met dié van die eerste span uitgeroep nie. Daarom het ek altyd geglo daar is 15 spelers beter as ek in enige posisie en het ek myself nooit toegelaat om verder te droom nie."*

> **"Ja, ek het daarvan gehou om ouens hard te 'tackle' en 'n bal te skop, maar ek het nooit gedink ek sal ooit die kans gegun word om professionele rugby te speel nie!"**

Willem kyk steeds met verbasing en dankbaarheid terug oor 'n suksesvolle 18 jaar lange professionele rugbyloopbaan. Waar hy homself vandag as 38-jarige bevind en dit wat hy die afgelope paar jaar ervaar het, was 'n wonderwerk uit die hand van God. Dit was meer as net 'n kinderdroom, dit was God wat sy lewensdoel en roeping bewaarheid het; wat sy natuurlike talente geslyp het en die dryfkrag vir harde werk in hom wakker gemaak het. *"Ek staan steeds verstom oor hoe my lewe verloop het. My lewe is vir elkeen 'n duidelike bewys dat ons nie ons eie lewens beheer nie. Ja, ons keuses beïnvloed ons daaglikse lewenspad, maar wanneer ons die leisels laat los en God toelaat om aan die stuur van sake te wees, klop geleenthede aan jou deur wat nét Hy vir jou kon stuur!"*

Vir Suid-Afrika, die aanhangers en opponente, is Willem "the Bone Collector", geklee in die groen en goud van die Springbokke of die rooi en wit van die Goue Leeus, maar vir sy familie en gesin is hy net seun, manlief en pappa. Willem Alberts het die rol van 'n kompeterende, aggressiewe rugbyspeler vervolmaak, maar as gesinsman is hy by die huis net die teenoorgestelde. Inteendeel, hy is die ou wat vir almal lief is, die een wat 'n glimlag op die meeste mense se gesigte laat verskyn, wat nie argumente begin of daarin belangstel om onnodige konflik aan te vuur nie. Néé, danksy sy goed ontwikkelde "EQ" (emosionele intelligensie) kan Willem situasies goed opsom en span hy dit in om op die regte tyd en plek op die veld verhoogde emosie tot sy voordeel te gebruik.

Hierdie wysheid moes Willem egter lank terug aanleer, soms op harde maniere. *"Ek het my pa verloor toe ek slegs sewe jaar oud was. In 'n oogwink het ek die grootste mentor en leier in my lewe verloor. Ek moes dus van jongs af leer wat die voordele en nadele van jou persoonlike keuses is."*

> **"Die lewe was nie altyd maklik nie, maar ek het altyd die keuse gehad oor wat ek uit die lewe wou hê."**

"Een van die grootste lesse wat ek moes leer, is dat elke jong man vir homself moet besluit of hy die regte keuse gaan maak of nie ... en dan bereid moet wees om die nagevolge van sy besluite te dra. God gaan altyd daar wees met raad en leiding, maar dit gaan jou keuse wees om dit te aanvaar of nie."

Hy was ook slegs sewe jaar oud toe hy in 1992 gekies is om in *7 Up in South Africa*, die Suid-Afrikaanse weergawe van die *Up*-reeks, te verskyn. In dié dokumentêre televisiereeks is daar met kinders oor die "real" en ernstige aspekte van die lewe gepraat. Vir Willem het dit ingesluit sy lewe op die plaas, die dood van sy pa in 'n motorongeluk en sy gesin se verhuising stad toe. *"Ek onthou hoe ek as seuntjie voor die kameras onomwonde gepraat het oor God se liefde vir sy kinders en dat Hy ons God, Vader en Vriend is. My aardse vaderfiguur is in 'n oogwink van my af weggeneem, ek moes die keuse maak om God as my pa te neem. Ek het 'n stil, persoonlike verhouding met Hom gevestig. 'n Pa-seun-verhouding wat ononderhandelbaar is; iets wat ek verstaan en geëer het ..."*

Sy verhouding met God was belangrik en hoewel Willem nooit die ou was wat mense probeer beïnvloed het, of opgestaan en luid oor sy geloof gepraat het nie, was hy altyd die man wat stil-stil 'n verskil probeer maak het. *"Ek het nie altyd of die heeltyd al my eendjies in 'n ry gehad nie. Néé, ek het maar tydens my studentejare deur moeilike tye met baie vrae gewroeg. Ek het soos enige jong man na rigtingvaste leiding gesmag en hoewel my ma en stiefpa wonderlike ouers was, het die besluite by my berus. Ek moes verantwoordelikheid vir my eie lewe neem en uit elke fout die les leer, aanbeweeg en volgende keer probeer beter doen."*

Willem sou ná skool 'n rugbykontrak by die Leeus aangebied word, maar hy het dit van die hand gewys. Net om op 20-jarige ouderdom, deur die genade van die Here en 'n vaste roeping op sy lewe, 'n tweede kans gegun te word om deel van die Leeus uit te maak.

"Ek moes vele kere in my lewe en rugbyloopbaan God vir sy raad, leiding, wysheid en insig vra, want ná vele foute het ek tot die besef gekom dat ek my lewe en loopbaan weens my eie besluite kon vertraag."

> *"Ek wou nie meer onnodige foute maak nie en ek het gekies om na God se stem in my lewe te luister en sy leiding te volg."*

Willem se rugbyloopbaan was egter besaai met beserings. Dit was tye wat hope geduld en geloof geverg het in die belofte dat God se plan steeds geldig is. *"Ek onthou die een voorval baie goed. Dit was in 2011, slegs weke voordat die Rugbywêreldbeker-span aangekondig sou word. Ek het bly sukkel met 'n rugbesering en ná 'n operasie het dit my gedwing om ses weke lank geen hardloopoefeninge te doen nie. Ek het my fisieke fiksheid probeer behou met fietsry en swem, maar die kanse was skraal dat ek op die nodige spelfiksheidstandaard sou kon bly. Tog het ek gehoop, geglo en God se hand in my lewe vertrou. Ek het een Sondagoggend in die kerk 'n interessante, dog vreemde ervaring gehad toe 'n dame agter my en my vrou kom staan het en sê dat sy 'n geestelike kruis op my rug sien en weet dat sy vir my moet bid. Niemand het van die operasie geweet nie en niemand sou van die aanpassings rakende my oefenroetine bewus wees nie. Ek het haar nie geken nie, maar ek het haar eerlike, opregte gebed verwelkom."*

Hy sou die naweek daarna vir die Springbokke in Gqeberha uitdraf. Die wedstryd teen die gevreesde All Blacks was die bepalende stryd vir sy fiksheid en gereedheid om ingesluit te word by die Rugbywêreldbeker-span. Hy het uitgedraf en moes ná 67 minute eers vervang word. *"Dit was 'n wonderwerk! Ek raak onfiks wanneer ek vir een week nie hardloop nie, maar ek kon 67 minute lank aaneen my hart uitspeel sonder om moeg te word en sonder om probleme met my rug te ondervind."* Ná daardie wedstryd was Willem Alberts se naam onder dié wat vir die Springbok-span genoem is. Hy was voorwaar een van die bestes in Suid-Afrika en het sy land in die sewende Rugbywêreldbeker in Nieu-Seeland verteenwoordig. Suid-Afrika het wel nie die daardie jaar die Wêreldbeker gewen nie, maar vir Willem was dit 'n persoonlike oorwinning en geleentheid om God se naam te eer.

"Dít was maar een geleentheid waar God se hand in my lewe sigbaar was. Ek weet Hy was al vele kere daar en is daagliks hier by my."

Willem saam met sy grootste aanhangers

Willem saam met Jannie du Plessis met Jannie se 50ste toets vir die Bokke

Wat dink jy is die grootste struikelblok in mans se lewens?

Die struikelblokke in mans se lewens verskil van man tot man, maar daar is soveel druk in die samelewing in terme van finansies en tyd; dan is daar ook nog emosionele druk. 'n Groot probleem is dat mans dinge gewoonlik alleen wil regruk of hanteer, hulle wil nie kwesbaar voorkom nie. Dit is daarom belangrik om nie bang te wees om hulp te soek of te vra nie.

Hoe sal jy graag onthou wil word?

As iemand wat voluit gelewe het en altyd sy beste gegee het. 'n Man wat die lewe met humor aangepak het, die ligte kant van die lewe gesien het, 'n glimlag op mense se gesigte geplaas het en baie tyd gehad het vir die mense om hom.

Ek sou ook die beste pappa in die oë van my kinders wou wees. Iemand na wie hulle kon opkyk, wat hulle held is omdat ek hulle so liefgehad het! Ek sal ook graag onthou wil word as 'n goeie man vir my vrou.

Jou boodskap aan Suid-Afrika

Weet waar jou krag vandaan kom in alles wat jy doen. Probeer 'n ware glimlag op mense se gesigte los. Geniet wat jy doen en probeer 'n verskil maak elke keer wanneer jy in aanraking kom met mense. Ons bly voorwaar in dié lekkerste land in die hele wêreld! Ons elkeen moet net sy/haar deel doen.

Willem Alberts
Eksklusiewe onderhoud
Skandeer kode en kyk

Gesinsfoto 2023. Willem, Nicolene en sy twee prinsesse

Grant Lottering

Grant Lottering, gebore op 4 Junie 1968, is 'n Suid-Afrikaanse uithouritfietsryer, die stigter van die Im'possible Tour, 'n ambassadeur vir die Laureus Sport for Good-stigting en 'n internasionale motiveringspreker. Ná 'n ernstige ongeluk in 2013 het Grant teruggeveg om in 2014 – slegs 11 maande ná sy ongeluk, vyf operasies en byna 100 rehabilitasiesessies – weer die wedren in die Alpe wat amper sy lewe geëis het, aan te pak en suksesvol te voltooi. Dit is beskryf as 'n mediese wonderwerk. Die tweede Im'possible-toer het in 2015 plaasgevind. Grant het die eerste Suid-Afrikaner geword wat 'n ononderbroke solo-ultra-uithourit van 420 km deur die Noord-Franse Alpe in minder as 24 uur voltooi het. Op 4 Augustus 2016 bereik Grant iets wat baie mense as onmoontlik beskou het: Om die lengte van die Franse Alpe binne 48 uur te ry. Hy vertrek op 'n ononderbroke rit van 962 km – die lengte van die Franse Alpe vanaf Nice aan die Franse Riviera tot by Les Saisies-ski-oord, een uur suid van Genève – wat hy in 46 uur aflê. Hy het tydens die rit van twee dae en nagte lank 19 600 m geklim oor 21 pieke wat deur fietsryers as die mees geduate berge in die Alpe beskou word en het slegs 20 minute lank geslaap.

Hy het sedertdien in 2018 die hele Franse Pireneë- en Alpe-bergreekse in een poging van 72 uur oorkruis en in 2019 'n ononderbroke 1 314 km-bergfietsrit van die Oos-Kaap na die Wes-Kaap in 66 uur en 12 minute voltooi. Suid-Afrikaners het in Januarie 2022 gevolg hoe hy sy agtste Im'possible-toer ten bate van liefdadigheid suksesvol voltooi het. Die 750 km van Plettenbergbaai na Stellenbosch in 37 uur was geensins sy langste toer nie, maar sonder twyfel die moeilikste ooit as gevolg van die uiterste hitte en moeilike terrein.

Op 4 Junie 2022 het Grant sy eerste Im'possible-toer in Amerika voltooi ten bate van die Laureus Sport for Good Foundation USA. Hy het in Suid-Kalifornië geseëvier met 'n solorit van 986 km in 51 uur en 40 minute vanaf Shaver Lake in die Sierra Nevada-berge tot by Big Bear Lake, noord van Los Angeles, met 'n klim van 18 000 m.

My liefde vir sport het begin … op 12-jarige ouderdom. Ek het toe begin fietsry! Ek was nie goed met skool- of spansport nie, maar op my fiets het ek myself en my identiteit gevind. Ek kon myself uitleef deur my sport.

As ek nie 'n sportster was nie, sou ek … 'n argitek gewees het.

Ek is ongelooflik dankbaar ... *dat God my gekies het en my waardevol genoeg ag om 'n getuie te wees wat miljoene mense aanraak en inspireer omdat hulle God se krag in my lewe sien werk.*

As ek my lewe kon redigeer, sou ek ... *niks verander het nie. Al die foute, verkeerde besluite en dom dinge wat ek oor die jare gedoen het, is agter my. Ek weet ons Vader het altyd 'n plan met ons ervaringe en vandag is ek so effe meer wys! Ek het my voete afgestof, ek kyk vorentoe na die werk wat God wil hê ek moet doen.*

Een van die grootste lesse wat ek vanjaar geleer het ... *is die feit dat ek kwesbaar en broos is ondanks alles wat ek vanjaar bereik het. Ek het ook geleer dat dit goed is vir 'n man om kwesbaar en broos te wees. Ek moes dit binne myself erken asook op my knieë voor Jesus. Ek moes my ken lig en uitreik vir hulp.*

My grootste prestasie is ... *om slegs 11 maande ná my gru-ongeluk terug in die Alpe te kon wees en dieselfde moordende wedren te voltooi wat amper my lewe gekos het. Al wat ek moes doen, was om God te vertrou en aan te tree op die wegspringlyn. Hy het die res gedoen en my die bomenslike krag gegee om klaar te maak.*

Die Bybelvers wat my deurdra ...

Jesaja 40:28-31:
"Weet jy dan nie, het jy nog nie gehoor nie?
Die Here is die ewige God, Skepper van die hele aarde.
Hy word nie moeg nie, Hy raak nie afgemat nie en sy insig
is ondeurgrondelik. Hy gee die vermoeides krag,
Hy versterk dié wat nie meer kan nie.

Selfs jong manne word moeg en raak afgemat, selfs manne
in hulle fleur struikel en val, maar dié wat op die Here vertrou,
kry nuwe krag. Hulle vlieg met arendsvlerke, hulle hardloop en
word nie moeg nie, hulle loop en raak nie afgemat nie."

Om dae aaneen in die Alpe te ry sonder om te slaap, het 'n geestelike reis geword

"Ek deel my storie met die 2015-RWB-span." Grant saam met Jean de Villiers, Heyneke Meyer en Schalk Burger

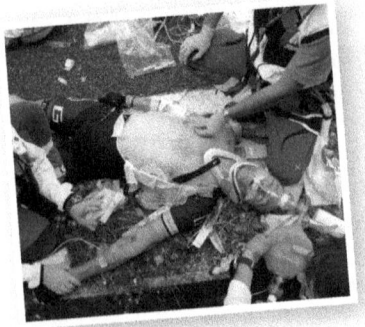

MY STORIE
Grant Lottering

2013-07-21

Niemand verwag ooit dat die mat onder hulle uitgeruk gaan word nie.

Lewensveranderende gebeurtenisse word nie gewoonlik oor 'n luidspreker aangekondig nie.

Néé ... dit gebeur net. Dit vang jou onkant en dit is die gepaardgaande rimpeleffek wat 'n mens maande en jare lank daarna steeds kan rondgooi – tensy jou fondament op die Rots gebou is.

Grant Lottering se lewe ruk uitmekaar met die afsterwe van sy pa in November 2009. Dit is egter die selfmoord van sy voormalige verloofde in Desember 2009 – slegs 'n maand ná die dood van sy pa – wat hom laat val en bly lê ... iets wat Grant nie ken nie. *"Ons het besluit om nie te trou nie en het uitgemaak. Toe pleeg sy selfmoord. Dit was 'n baie donker tyd in my lewe ..."* Grant kon geen lig sien nie, het geen slim antwoorde gehad nie en was besig om in die pyn van verlies te verdrink, maar in Januarie 2010 bevind hy hom op 41-jarige ouderdom op sy knieë voor God waar hy sy lewe voor Hom neerlê. Hy ervaar 'n persoonlike ontmoeting met God en gee weer, maar die keer wérklik, sy hele hart vir God en draai nooit weer geestelik terug nie.

Op 21 Julie 2013 gaan staan die kranige fietsryer se hart tydens 'n fietsren in die Italiaanse Alpe nadat sy liggaam teen 'n rotsmuur geslinger is teen meer as 64 km per uur. Grant kon nie tydens die wedren terughou nie, want as 'n lid van 'n elite-fietsrygroep op die legendariese Charly Gaul-roete in Trento, Italië, sou 'n goeie wedren en tyd kon dien as 'n kwalifisering vir die Union Cycliste Internationale-wêreldkampioenskappe. Die ongeluk gebeur op 'n reënerige dag en 'n blinde draai. Toe hy die grond tref, besef Grant onmiddellik die erns van sy toestand. Dit is 'n medefietsryer, 'n dokter, wat hom stabiliseer voordat hulp opdaag. Terwyl klanke en sy sig vervaag in 'n wasige tonnel, ervaar Grant 'n ongekende vrede voordat hy finaal sy bewussyn verloor. Hy word twee keer op die toneel gedefibrilleer om sy hart weer te laat klop. Die ongeluk breek 22 bene in sy liggaam en met uitgebreide inwendige beserings en bloeding is daar min kans dat hy die ongeluk sal oorleef. Ná ses operasies en agt dae in die hoësorgeenheid, skud dokters net hulle koppe in ongeloof dat Grant die insident hoegenaamd oorleef en die dood vrygespring het. Die professionele fietsryer hoor egter kundiges se verdoemende woorde dat hy nooit weer op 'n fietssaal sal sit nie. Die diagnose: verlamming.

Hy besef egter dat hy as kind van God nie vir een oomblik vreesagtig was oor die dood nie. God ontmoet vir Grant daar in 'n hospitaalbed in Italië. Hy sien 'n visioen van 'n skoon bladsy en besef dat hy werklik 'n tweede kans op die lewe gegun word. 'n Kans om 'n nuwe storie te skryf. Dit dien as genoeg aansporing vir hom om op te staan en aan te gaan; om vorentoe te beweeg! Hy kry nie net die geleentheid op 'n tweede kans nie, maar ook vir 'n tweede lewe! *"Die 21ste Julie 2013 was die eerste dag van my tweede lewe."*

> *"Alles wat voorheen vir my belangrik was: my loopbaan, my eiendomme, my geld, my motor, my mooi klere en horlosies, ensovoorts, ensovoorts ... het skielik pad gegee en plek gemaak vir die vurige passie om God se wil vir my lewe te doen."*

Dit is daardie visioen wat Grant die nodige aanmoediging gee om sy siening oor sy lewe te verander. Van 'n onaantasbare jong man wat altyd in beheer was tot iemand wat nou sy afhanklikheid van God verstaan en die onvervangbare waarde van sy gesondheid, familie en vriende koester. *"Ek moes my lewe verloor om God se wil vir my lewe te doen."*

April 2014 is die baken vir die eerste Im'possible-toer en die begin van sy nuwe reis. Na 11 maande, ses operasies en byna 100 rehabilitasiesessies, voltooi hy die wedren wat vroeër byna sy lewe geëis het. *"Ek glo God het my 'n gawe van geloof gegee. Sedert my ongeluk is my hele lewe 'n pad van geloof. Ek het geen gemaksone nie. My lewe is in God se hande met alles wat ek doen, of dit nou as professionele fietsryer of spreker is, want ek weet Hy is besig om my vir veel groter dinge voor te berei."*

In 2016 word Grant met kanker gediagnoseer, maar dit stop hom nie om voluit te lewe nie.

Vandag spreek hy gehore wêreldwyd toe. Hy praat oor sy doodservaring asook van sy tweede kans om die lewe te gebruik om relevant te wees. Hy inspireer ander om hoog te vlieg in die aangesig van teëspoed en is 'n lewende bewys dat 'n mens jou roeping kan vervul wanneer jy God se stem volg en volhard, al ervaar jy storms in jou lewe.

Grant samel met elke jaarlikse solo-uithourit van sy Im'possible-toer miljoene in vir minderbevoorregte kinders oor die wêreld heen. *"Dit is belangrik om elke dag met dankbaarheid te lewe en om te fokus daarop om ander positief te beïnvloed. My lewe is nie my eie nie. Dit is God se wil in my. Wat 'n voorreg om so te kan lewe!"*

Im'possible in 2016

Wat dink jy is die grootste struikelblok in mans se lewens?

Hoogmoed, of sal ek dit so stel: Ek glo dat die meeste mans 'n innerlike vrees het om verkeerd te wees of te erken dat hulle verkeerd is. Hulle is bang om te misluk, om broos te wees. Ego staan baie keer in mans se pad om hulleself opreg bloot te stel aan God en te sê: "Vader, hier is ek. Deursoek my, wys my wat verkeerd is in my lewe. Wys my wat U wil is."

Hoe sal jy graag onthou wil word?

As iemand wie se lewe relevant was, wat mense en veral kinders positief beïnvloed het. Ek wil hê mense moet God se krag in my lewe kon sien.

Jou boodskap aan Suid-Afrika

Die lewe is te kort, te kosbaar, die liefde te waardevol om altyd reg, of beter, of belangriker as ander te moet wees. Geloof, hoop en liefde is al wat tel, maar die grootste is die liefde.

Grant Lottering
Eksklusiewe onderhoud
Skandeer kode en kyk ◄◄◄

Grant word opgehelp deur Laureus-voorsitter en rugbylegende, Morné du Plessis

Ek ry miskien op my eie tydens my uithouritte, maar ek ry nooit alleen nie! Ek het altyd 'n Skrifgedeelte vir elke toer

Dr. Eduard Coetzee

Dr. Eduard Coetzee, gebore op 8 September 1979, is die hoof- uitvoerende beampte van die Haaie-rugbyunie. Dié seun van Bapsfontein en voormalige leerder van die Afrikaans Hoër Seunskool in Pretoria, oftewel Affies, se rugbygeskiedenis as stut begin eers heelwat later in sy lewe, juis omdat krieket vir so 'n lang tyd sy fokuspunt en liefde was. Sy robuuste liggaamsbou en sterk aanvoeling vir 'n spansport sou egter daartoe lei dat Eduard se pad met rugby bly kruis en hy is op die ou end in die SA-skolerugbyspan opgeneem. As 21-jarige Tukkie onderteken hy in 2000 'n sportkontrak met sy geliefde Haaie en Eduard dra die swart-en-wit trui vyf jaar lank. In 2005 verruil hy die bekende vir 'n aanbod oorsee en verhuis na die suid-westelike gedeelte van Frankryk waar hy nege jaar lank woon. Daar skiet hy wortel in die kusdorp Biarritz. Dit is hier waar Eduard nie net vir die Biarittz-rugbyklub uitdraf nie, maar ook Frans bemeester, met sy Engelse roos trou, sy gesin van drie seuns begin en Franse burgerskap verkry. In 2011 maak hy sy uittrede uit professionele rugby bekend, maar behou sy liefde vir die spel terwyl hy op sy nagraadse studies fokus. Eduard, wat in rugbyleierskapskringe beter bekend staan as die kampioen van transformasie, word in 2019 as hoof- uitvoerende bestuurder van die Haaie-rugbyunie aangestel en geloof vir sy siening oor transformasie en die viering van diversiteit in 'n span. Hy het sy meestersgraad oor inklusiewe innovasie aan die Universiteit van Kaapstad verwerf en in sy doktorsgraad aan die Universiteit van KwaZulu-Natal gefokus op inklusiewe besigheidsmodel-innovasie. Dit is duidelik uit sy proefskrif oor transformasie (286 bladsye en 90 000 woorde) dat hy inderdaad kleur sien; "want as ons nooit kleur sien nie, kan ons nooit inklusief wees nie, gegewe die geskiedenis van Suid-Afrika," skryf hy.

Hy is bekwaam in die ontwikkeling en implementering van suksesvolle kommersiële strategieë vir professionele sport, hoëprestasiebestuur in sport, strategiese beplanning en finansiële beplanning. Sy pos by die Haaie het hom diepgaande kennis gegee van die huidige geleenthede en uitdagings waardeur rugby-organisasies wêreldwyd in die gesig gestaar word. Hierdie waardevolle ervaring en insig het hom toegerus om die dryfkrag vir die proses te wees om 'n innoverende en inklusiewe sakemodel vir die Haaie te ontwikkel en die langtermyn- finansiële bestendigheid van die organisasie te verseker.

Eduard is eggenoot vir Seren en die pa van drie seuns.

My liefde vir sport het begin ... *as 'n jong Afrikaanse, Suid-Afrikaanse seuntjie wat altyd graag buite rondgehardloop het. Ek het rugby gespeel, maar ek was vreeslik lief vir* krieket en omdat ek van jongs af 'n liefde vir mense gehad het, het ek spansport geniet. Ek was 'n ware spanspeler wat besef het dat jy 'n uitwerking op 'n klein kringetjie mense kan hê wat later weer op hulle beurt 'n uitwerking op 'n groter kring van mense kan hê en húlle positief kan beïnvloed. Dit was een van die beste lesse wat ek vroeg in my lewe geleer het!

As ek nie 'n sportster was nie, sou ek ... seker in finansiële bestuur en finansiële-bestuursdienste betrokke geraak het. Ek hou nie baie van leer nie, hoewel ek steeds studeer. Dít is die gevolg van 'n uiters diep wortel van 'n persoonlike kwessie in my lewe, wat my nog altyd gedruk het om aan te hou studeer. Ek wou altyd bewys dat ek nie net 'n rugbyspeler is nie en dat daar ook iets anders in my steek.

Ek verstaan egter hoe sportmense dink. Ons is nie hoërisikomense nie, maar konserwatiewe, proaktiewe mense wat die heeltyd gedwing word om reaktief te wees. Ek raak gou verveeld en omdat ek al hierdie aspekte verstaan, is dit goed vir my as individu om myself konstant uit te daag.

Ek is ongelooflik dankbaar vir ... my vrou en gesin. Ons as gesin is baie lief vir mekaar. Ons hou nie altyd van mekaar nie, maar maak opofferings vir mekaar, want dit is wat suksesvolle gesinne doen. Soms gee een lid van die gesin van sy/haar eie drome prys sodat ander in die gesin se droom verwesenlik kan word. Ons loop die lewenspad saam en ons verstaan nie altyd alles nie, maar solank ons elkeen konsekwent dinge met integriteit doen, sal ons as gesin op die ou einde die vrugte pluk.

As ek my lewe kon redigeer, sou ek ... seker niks verander het nie. Ek glo nie daaraan om spyt te wees oor iets nie. Ek dra my hart op my mou. En ja, soms moet ek daaraan werk omdat my emosies my beheer, maar dit is ook goed om eerlikheid en opregtheid te wys. Ek het wel geleer dat daar groot krag in woorde steek. Die groei- en ontwikkelingsproses het my geleer dat ek vinnig om verskoning moet vra en misverstande regstel. As my woorde in die verlede dus mense seergemaak het, sou ek dit wou verander, want mense en wat hulle ervaar, is belangrik. Vir die res is ek oukei om met die keuses wat ek gemaak het en die lesse wat ek geleer het, saam te leef.

Dr. Eduard saam met sy gesin

Dr. Eduard met sy vrou, Seren

Een van die grootste lesse wat ek vanjaar geleer het ... *is dat daar, veral in die rugbywêreld, 'n manne-omgewing, 'n tekort aan gaafheid en vriendelikheid is. Ons samelewing het vergeet hoe om met sagte menslikheid en vriendelikheid teenoor mekaar op te tree. Wanneer jy by jou werksplek aankom, stap jy die omgewing binne vanuit 'n bepaalde werklikheid omdat jou eie omgewing op 'n sekere manier funksioneer. Maar binne die eerste tien minute kom jy in aanraking met 'n klomp verskillende mense en húlle werklikheid lyk weer heeltemal anders as joune – vol kwessies en probleme waarvan jy nie eens bewus is nie. Dit is in tye soos hierdie dat vriendelikheid en om vir ander om te gee, goeie saad in iemand se dag kan saai en hulle dag in iets positiefs kan verander. Ek wil dit graag vir die jong manne leer.*

My grootste prestasie is ... *my gesin en my huwelik. Ek is baie gelukkig. Ek het met 'n vrou getrou wat my honderd persent vertrou en ondersteun. My raad aan my kinders is altyd om nie hulle lewens te ver vooruit te probeer beplan nie. Sou ek op 18-jarige ouderdom 'n lys saamgestel het van my droomtrouvrou, sou dit nie die versinnebeelding van Seren gewees het nie. Sy is Engels-sprekend en in daardie stadium kon ek nie eens rêrig Engels praat nie. Maar ons basiese waardes is dieselfde en kyk ek vandag na my gesin, weet ek dat God se hand hierin is. Dit is net sy genade op my lewe en daarvoor is ek dankbaar.*

Die Bybelvers wat my deurdra ...

> **"Ek moet eerlikwaar sê daar is nie een spesifieke vers waaraan ek altyd vashou nie. Ek is al soveel keer gelei en bemoedig deur 'n verskeidenheid verse wat die Heilige Gees op die regte tyd in my lewe vir my gegee het. God is so getrou!"**

Biarritz, Frankryk

MY STORIE
Dr. Eduard Coetzee

Dr. Eduard Coetzee glo in en leef transformasie uit. Hy neem sy waarheid en omskep dit in 'n werklikheid. Daagliks. Die afgelope nege jaar lank al. Hy glo dat dit die enigste manier is om in Suid-Afrika te lewe en bemagtig sy Haaie-span met 'n filosofie van #ISeeColourMovement. Met ander woorde, 'n span wat getrou aan hulleself, aan hulle provinsie, hulle gemeenskap en die kollektief is. Hulle is getrou aan die viering van kleur, diversiteit en uniekheid – en die respek daarvoor. Dit is wat Natal so spesiaal maak.

> *"Sport het die vermoë om groot emosie in Suid-Afrika te wek. Dit het die krag om te verenig soos niks anders nie en ek het die voorreg om 'n veranderende proses te bestuur."*

"God het dit goed gedink om my ná al hierdie jare – met al die omwentelings en uitdagings in my eie lewe – hiermee te vertrou en ek wil net getrou wees aan die taak met hierdie platform wat Hy vir my gegee het ..."

Eduard Coetzee ken die woorde: Verandering. Verlies. 'n Nuwe begin. "Je ne sais quoi." Genade en geloof. En in hierdie vertelling dra hy sy hart op sy mou.

Verlies en verandering

Hy het nooit daardie één ervaring van aangesig tot aangesig met God gehad nie. Nee, hy het God net nog altyd geken. Hy is gebore en grootgemaak in 'n Christelike huis met Christen-waardes. Weeksaande het hulle Bybel gelees en saam stiltetyd gehou en Sondae het die hele Coetzee-gesin in die NG Kerk gesit. Hy het geweet sy ouers ken God, want hulle het die Here se genade en liefde oor hulle lewens beleef. Eduard was die jongste van drie kinders en die klein "mediese wonderwerk". God het presies geweet waar en wanneer Eduard in sy ma se moederskoot moes verskyn, want hy was beplan en geroep vir 'n sekere tyd en plek in Suid-Afrika. *"Medici het bevestig dat my ouers nooit hulle eie kinders sou kon verwek nie en daarom het hulle twee kinders aangeneem: my suster, Annamart, en my broer, Flip. Kort ná hulle aanneming het my ma wonderbaarlik swanger geword en is ek gebore, die jongste van drie!"*

Gebeure op 'n jong ouderdom het 'n reuse-invloed op 'n mens se psige. Dit skep die kind se werklikheid en bepaal sy kernwaardes oor homself en oor die lewe. Eduard sou op 'n jong ouderdom met verlies te doen kry en een van die grootste omwentelings ondervind wat enige kind kan beleef. *"My broer, 'n Springbok-gimnas, is as tiener gediagnoseer met kanker en daaraan oorlede. Ek was 13 jaar oud en dit was 'n ongelooflike moeilike tyd in my lewe. Ek het nie net 'n lewensveranderende wending in my gesinslewe gehad nie, ek is ook koshuis toe, juis omdat ek nie in my vorige skool bekend wou staan as 'Flip se boetie' nie."* Eduard was kwaad – vir God en sy gesin. Hy moes sin maak van die verlies en het God se antwoorde swart op wit tussen die blaaie en hoofstukke van die Bybel gaan soek. Maar hy sou moes vrede maak daarmee dat nie alles altyd 'n verduideliking inhou nie ... inteendeel, hy moes glo dat God goed was te midde van die seer.

Die lewe sou ná die voorval 'n paar jaar lank stabiel wees. Eduard het as stut uitgedraf vir die prestigerugbyfranchise, die Haaie. Hy was sy ouers se trots, maar hy het ook geweet dat die tyd as speler dikwels van korte duur is. Eduard het homself dus gedryf om op akademiese gebied vir iets te kwalifiseer en sodoende sy doel en roeping in die lewe te vervul.

'n Nuwe begin en "je ne sais quoi".

> *"Elke seisoen het reën en donderwolke. Ek moes vinnig my persepsie oor uitdagings aanpas, want persepsie is alles en elke uitdaging kan van jou 'n beter mens maak. Gebeure vorm of breek jou en ek wou God vertrou dat Hy die beste in gedagte het vir my."*

"Trek uit jou vaderland uit, weg van jou familie af, en gaan na die land toe wat Ek vir jou sal wys." Gepantser met dié woorde in Handelinge 7:3 wat die Here vir hom gegee het, het Eduard en Seren oor 'n lewe in die buiteland begin droom. Hulle was pas verloof en het met blink oë en Eduard se rugbykontrak in die hand 'n lewe in Engeland beplan, maar veranderende visumregulasies sou 'n stokkie voor hulle drome steek. Met groot vraagtekens oor God se bevestigende Skrif, is hulle terug na die tekenbord, hierdie keer sonder enige rugbykontrak. *"Ons kon dit nie verstaan nie. Ons kon nie vir 'n meer duidelike antwoord vir leiding vra nie en tog het God toegelaat dat alle deure na Engeland toemaak. Dit was 'n gemors! Gebed en woorde was min, maar ek het gevra vir 'n deurbraak, guns en wysheid van God. Drie pilare wat ons sou staande hou in 'n onsekere tyd."*

Uit dit wat glad nie sin gemaak het nie, het God se hand na vore gekom met 'n rugbykontrak by 'n Franse klub! Húlle drome het Engeland ingesluit, maar God het Frankryk in gedagte gehad en daardie dag het hulle albei geleer dat God in beheer is van hulle lewens en 'n stukkie "je ne sais quoi" by enige lewensverhaal kan voeg.

Genade en geloof

Ná nege jaar in Frankryk verander die seisoen vir die Coetzees wat met hulle terugkeer na Suid-Afrika drie seuns ryker is. As hoof van 'n gesin van vyf het Eduard geen rugbykontrak ná sy uittrede gehad nie, ook nie enige ander werk nie – net die belofte dat hulle naweke vir hulleself sou hê. Hy het wel 'n meestersgraad in inklusiewe innovasie gehad asook 'n droom vir 'n doktorsgraad toe hy konsultasiewerk by die Haaie aanvaar. Dit sou slegs 'n driemaandekontrak wees. Die drie maande sou keer op keer verleng word en ná 'n periode van vyf jaar in die tuig saam met die bestuur van die Haaie, word Eduard in 2019 as hoof- uitvoerende bestuurder aangestel.

"Ek was in die seisoen van deurbraak en vieringe, ek het hoogtepunte in my lewe ervaar. Nie net was my gesin gelukkig nie, maar ek het 'n droomposisie by die Haaie gekry, die voorreg gehad om in jong manne se lewens in te spreek en 'n sisteem te vestig wat transformasie ondersteun. Ek was besig om my doktorale tesis te skryf, toe my wêreld vir die soveelste keer tot stilstand geruk word ..."

Eduard kry nooit die geleentheid om sy ouer suster te groet nie. Annamart sterf op die ouderdom van 47 jaar in haar slaap. Die pyn en rou was nog tasbaar toe hy slegs ses weke ná die afsterwe van sy suster die nuus ontvang dat sy pa oorlede is. Sy ouers was 54 jaar lank getroud, 'n rotsvaste fondament en 'n voorbeeld vir almal. Die familie was nog besig om die verlies van Annamart en hulle pa en oupa te verwerk toe die derde golf soos 'n tsoenami oor hulle slaan ... Eduard se ma het slegs drie weke ná die afsterwe van haar man ook gesterf.

"Vir die eerste keer in my lewe het ek polariserende gevoelens beleef en geleef."

***"My professionele loopbaan het floreer,
maar my persoonlike lewe was aan flarde."***

"Ek moes op my studies fokus, aan die verwagtinge vir die nuwe besem by die werksplek voldoen en 'n rots vir my gesin wees gedurende die seerste tyd van ons lewens – alles terwyl ek skaars self kon asemhaal. Dit het gevoel asof ek teen 100 km per uur met 'n muur gebots het. Daar was geen teken van lig aan die einde van hierdie lang, eensame tonnel nie ..."

Maar dit is dan wanneer God na vore tree en genade tasbaar raak. Mense in die gemeenskap, vriende en kollegas word engele sonder vlerke. Wanneer "autopilot" die enigste manier word om te oorleef, selfs die volgende 24 uur vaag lyk en jy fokus om net een voet voor die ander te sit, val 'n mens terug op geloof in die God wat Hebreërs 11:1 vir ons gegee het: *"Om te glo, is om seker te wees van die dinge wat ons hoop, om oortuig te wees van die dinge wat ons nie sien nie."*

"Kyk ek vandag terug, wonder ek self hoe ons daardie jaar gemaak het. Genade op genade en geloof in God wat midde-in ongekende pyn steeds goed bly. Ek weet nou meer as ooit tevore dat dinge nie altyd sin maak nie en dat ons nie altyd alles sal verstaan nie, maar dit is ook oukei."

Dit is die pyn wat 'n mens in jou hart voel en die lesse wat jy aan jou lyf voel, wat die grootste letsels laat, maar letsels is wonde wat genees het. Dit is tekens van 'n tyd wat swaar was, maar nou verby is. Wanneer wonde ná jare steeds nie gesond is nie, moet ons die harde, ondersoekende vrae vra, want dit is daardie pyn wat knaag en in groter probleme verander.

"Êrens moet 'n mens die beheer van jou lewe oorgee en God vertrou, maar tog ook die aflosstokkie opneem en jou beste gee, want dan bestuur jy aspekte van jou lewe. God wil hê ons moet verantwoordelikheid opneem, daarom het Hy vir ons vrye wil gegee. Hy het ons die reg tot woorde en dade gegee, maar ons moet die krag daarvan verstaan, in ons eie lewens en teenoor ander."

Kyk hy vandag terug na sy lewe, is daar nie baie dinge wat Eduard sal verander nie. Alles moes vir 'n doel gebeur het. Wat hy wel wil doen, is om van die dinge wat in sy geheue ingeëts is, uit te vee. Soms verg dit om vergifnis en om verskoning te vra, al is dit jare later en al is dit net vir sy eie onthalwe ... *"Ek weet nou daar is geen beter tyd as die onmiddellike hier en nou om iets reg te stel en om verskoning te vra nie. Doen dit vir jouself of vir die ander party se onthalwe, maar doen dit terwyl daar nog tyd is."*

Eduard weet mense het min tyd op hande en daarom werk hy hard aan die dinge wat 'n verskil maak. Met sy sterk leierskapsagtergrond op die sportveld en sy kennis van die speler se psige en konstante interaksie met verskeie belanghebbendes binne professionele sport, is hy goed toegerus om die verantwoordelikheid te aanvaar om 'n suksesvolle rugbykultuur binne die unie te skep. So 'n nuwe kultuur sal lei tot langtermynsukses – nie net vir die Haaie-handelsmerk nie, maar ook vir elke jong man in die span.

"Ons moet die jonger generasie leer dat God goed is; dat Hy elkeen uniek, met sy eie storie gemaak het; dat daar altyd 'n deurbraak sal kom. Ons moet hulle leer dat ons kan vra vir guns uit God se hand en dat wysheid slegs van God af kom. Wanneer ons dít verstaan, respekteer en begin uitleef, gaan ons ware transformasie in ons lewens en land sien."

Wat dink jy is die grootste struikelblok in mans se lewens?

1. Mans plaas oor die algemeen, maar veral in Suid-Afrika, ongelooflik baie druk op hulself. Ons wil konstant sterk en in beheer wees – wat nie 'n slegte eienskap is nie – maar dit is belangrik om die waarde van kwesbaarheid in die regte konteks saam met die regte mense te verstaan.

2. Dit is belangrik om vir jong mans te leer dat 'n slegte keuse nie met 'n tweede slegte besluit reggestel kan word nie. Wees oopkop genoeg om na 'n mentor te gaan vir leiding en maak seker dat die kringloop van slegte besluite gestop word.

Hoe sal jy graag onthou wil word?

As 'n man wat mense altyd goed hanteer het. En wanneer ek 'n fout gemaak het, bereid was om dit dadelik reg te maak. Iemand wat integriteit gehad en gestreef het om ten alle tye die regte ding te probeer doen. Nie omdat ons perfekte mense probeer wees nie, maar om werklik 'n verskil te maak in die manier hóé ons teenoor mekaar optree.

Jou boodskap aan Suid-Afrika

Suid-Afrika is op 'n uiters moeilike plek en ons land is nie volmaak nie. Die potensiaal is daar, maar mense is moeg daarvoor om altyd te kies om die positiewe raak te sien. Rassisme, armoede en onregverdigheid is iets wat lank reeds in ons midde is. Die beskuldigende vingers wys beide kante toe. Kom ons maak die kringetjie om ons gesond. Dit begin op die manier hoe 'n mens handel en wandel, want as jy dit regkry, gaan jou ingesteldheid oorspoel na jou organisasie en dan die dorp en voordat jy jouself kan kry, dra jy by tot die verandering van die land. Ons #ISeeColourMovement beleef wonderlike stories in ons span en onder ons aanhangers. Suid-Afrika, kom ons vier mekaar se uniekheid en stories, ongeag van wie jy is. En moenie vergelyk nie. Kom ons lewe in geloof en laat ons lig in hierdie moedelose wêreld skyn!

Dr. Eduard Coetzee
Eksklusiewe onderhoud
Skandeer kode en kyk

Pierre Coetzer

Pierre Coetzer, gebore op 6 Desember 1961, is 'n voormalige swaargewigbokser vir Suid-Afrika en is tans 'n sakeman in Johannesburg. Hy speel van die laat 1980's tot vroeë 1990's 'n fundamentele rol in die swaargewigafdeling van die Suid-Afrikaanse Boksvereniging en staan bekend as een van Suid-Afrika se beste boksers van alle tye. Sy mees noemenswaardige gevegte sluit in dié teen Johnny du Plooy, Riddick Bowe, Frank Bruno en George Foreman. Pierre, 'n boorling van Pretoria, geniet 'n suksesvolle amateurloopbaan met meer as 200 oorwinnings in amateurkompetisies. Hy verower die nasionale titel verskeie kere en begin sy professionele boksloopbaan in Februarie 1983. Pierre neem die fakkel oor by die twee legendariese boksers, Gerrie Coetzee en Kallie Knoetze, toe hulle die einde van hulle professionele loopbane aankondig. Hy wen sy eerste nege professionele gevegte, maar word deur die Amerikaanse kruisergewig, Bernard Benton, geklop. In hulle Julie 1984-boksgeveg van tien rondes in Durban, wen Benton op punte. Pierre maak sy terugkeer in September 1984 in 'n geveg teen Bennie Knoetze om die vakante Suid-Afrikaanse swaargewigtitel te verower en slaan hom in die derde ronde uit. Pierre behou hierdie titel sewe jaar lank sonder om dit 'n enkele keer te verdedig, want hy word nooit uitgedaag om dit te verdedig nie. Oor die volgende drie jaar het Pierre 'n dosyn oorwinnings behaal; insluitend dié teen Larry Frazier, Eddie "Young Joe Louis" Taylor en Alfredo Evangelista. Van sy bekendste boksgevegte sluit in die "Once and for All"-boksgeveg teen die plaaslike swaargewig, Johnny du Plooy, wat 196 van sy 200 amateurgevegte gewen het en 17 uitklophoue in sy eerste 20 professionele gevegte behaal het. Hulle kom op 4 Augustus 1990 by die Sun City Superbowl teen mekaar te staan waar Johnny Pierre se oog oopslaan met sy eerste regterhou en hom teen die middel van die tweede ronde laat val. Die bordjies word egter verhang toe Pierre vir Johnny twee keer in die tweede ronde laat neerslaan en die geveg met 'n tegniese uitklophou wen! Weens die apartheidsera moes Pierre moeilike omstandighede trotseer tydens internasionale boksgevegte, maar hy bly op dreef en wen sewe gevegte om 'n geveg met die opkomende swaargewig Riddick Bowe in 'n Wêreldboksvereniging-wedstryd te wen. Dié uiters begaafde Amerikaner het die sterk Suid-Afrikaner uitmekaar gemoker en hom in sewe rondes verslaan. Net drie maande later het Pierre na Londen gereis om Frank Bruno te ontmoet. Die charismatiese Brit het Coetzer in agt rondes geklop. Weer het Pierre nie teruggedeins om sy grootste droom te bewaarheid nie en hy het in Januarie 1993 sy vaardigheid teen George Foreman getoets.

Pierre het 'n dapper poging aangewend en twee keer van die bokskryt se vloer af opgestaan voordat hy in die agtste ronde gestuit is. Nadat hy teen Foreman verloor het,

het Pierre (ná 39 oorwinnings, 27 uitklophoue en 5 neerlae) besluit om professionele boks vaarwel toe te roep.

Deesdae is Pierre Coetzer 'n familieman, pa en sakeman. Dié 1,93 m lange voormalige sportman is steeds 'n held vir Suid-Afrikaners.

My liefde vir sport het begin ... *as 'n klein seuntjie. Ek het atletiek gedoen en rugby gespeel, maar boks was op die ou einde my passie. My ouer broer het geboks, maar ek het as agtjarige karate begin neem. Met my eerste karatekompetisie het ek 'n ander seuntjie se neus gebreek en omdat ek volgens karatereëls nie 'n opponent mag laat bloei nie, is ek gediskwalifiseer. Ek los toe sommer karate en volg my ouer broer na een van sy bokssessies waar ek die afrigter en eienaar van die polisieboksklub ontmoet het. Oom Daan Bekker was 'n bokslegende en het daardie aand 'n belofte aan my gemaak: As ek belangstel om te boks en as ek bereid was om hard te werk, sou hy my 'n Springbokbokser maak! Hy het die talent, durf, begeerte én my groot voete raakgesien en geweet hier kom iets! My eerste amateurboksgeveg was in Senekal waar net ek en 'n ander seun van ons klub die aand gewen het, die res is alles deur die Senekal-klub gewen. Daarna het ek drie boksgevegte verloor en amper tou opgegooi, maar met die leiding en raad van oom Daan het ek deurgedruk en daarna meer as 200 amateurboksgevegte gewen.*

As ek nie 'n sportster was nie, sou ek ... *Néé wat, ek wou niks anders doen as net 'n Springbok word nie! Dit was een van my grootste drome. My lengte en grootte het bepaal dat ek vir my land begin boks en nie noodwendig in 'n ander sport uitgeblink het nie. God het vir my die talent gegee en ek moes net die harde werk insit.*

Ek is ongelooflik dankbaar vir ... *my lewe. Ek het 'n vol, geseënde lewe geniet. Ek het 'n wonderlike loopbaan gehad met ondersteunende ouers en afrigters. Vandag kyk ek terug op 'n geseënde gesinslewe, 'n pragtige vrou en dogter, 'n suksesvolle besigheid (met uitdagings) en gesondheid. Ek is dankbaar teenoor ons land se mense vir al die ondersteuning en die leiding van my hemelse Vader.*

"Saam met my afrigter, Alan Toweel"

Hy wen die Suid-Afrikaanse swaargewigtitel in 1984

As ek my lewe kon redigeer, sou ek ... *niks verander het nie. Ek het werklik 'n wonderlike loopbaan gehad. Miskien kon ek my akademiese agtergrond so 'n bietjie verbeter het, want om deur die lewe te gaan met net 'n matriksertifikaat agter jou naam, kos harde werk!*

Een van die grootste lesse wat ek vanjaar geleer het ... *Dit is nie iets wat ek noodwendig vanjaar geleer het nie, maar jy moet groot genoeg wees om te erken dat jy 'n fout begaan het, verstandig genoeg wees om daaruit te leer en sterk genoeg om dit reg te maak.*

My grootste prestasie is ... *Dit was seker die gevegte teen Bennie en Johnny en om as amateur 'n Springbok te word.*

Die Bybelvers wat my deurdra ...

*"Ek vertrou nie net op een Bybelvers nie.
Ek is 'old school', ek lees my Bybel, bid, glo in God en vertrou dat Hy met my deur sy Woord gaan praat."*

Pierre saam met Gerrie Coetzee (links)

MY STORIE
Pierre Coetzer

Vier en twintig botteltjies koeldrank: Dit is wat Pierre se pa, Chris, vir hom sou koop die dag toe hy sy eerste Suid-Afrikaanse bokskampioenskap wen.

Een botteltjie koeldrank vir elkeen van sy maatjies in die klas sodat almal die groot prestasie saam met hom kon vier en omdat die ander kinders nooit die geleentheid sou kry om met die titel te spog nie. *"My pa was 'n ongelooflik stil, oopkop man wat nie onnodig 'n bohaai oor geleenthede sou opskop nie. Hy het by elke boksgeveg altyd sy teenwoordigheid bekend gemaak, maar sou nooit te luidrugtig wees of ná afloop van die geveg soos al die ander pa's groot geskenke as beloning uitdeel nie. Hy het altyd gesê vir hom was dit nie waaroor dit gegaan het nie."*

Pierre, die ewebeeld van sy pa, moes van jongs af leer dat elke belangstelling of sport met vereistes gepaard gaan. Sou jy nie bereid wees om die ure se werk en dissipline in te sit nie, moes jy nie eens daaraan dink om op die veld te gaan, of in sy geval die bokskryt te klim nie. Pierre word in Pretoria groot, in 'n streng huis, vol liefde, Christelike waardes en roetine. Aandgodsdiens was sinoniem met aandete rondom die tafel. In hulle huis is niemand omgekoop om iets te doen nie. Dit sou nie geduld word nie, want as jy besluit het om aan iets deel te neem, moes jy honderd persent van jou tyd en moeite insit – nie omdat daar 'n geelwortel voor jou neus sou hang as beloning nie, néé, juis net omdat jy ingestem het om daarmee te begin.

"Ek is op skool vreeslik geboelie. My pa het daarom eendag gesê: 'Jy beter iets aan jouself doen.'"

"Ek het toe karate aangepak, maar ná 'n nare diskwalifikasievoorval het my ouer broer en sy vriende my uiteindelik na die plaaslike boksklub genooi. Daardie besluit sou my hele lewe verander."

Toe hy agt jaar oud was, ontmoet die jong Pierre die afrigter en eienaar van die polisieboksklub – oom Daan. Daardie aand sou Daan Bekker 'n droom ontsluit waarvan

Pierre nog altyd net vaagweg bewus was. Oom Daan het 'n belofte aan Pierre gemaak wat hy nooit sou verbreek nie. *"Oom Daan het daardie aand sommer 'n praatjie met my aangeknoop en gevra wat ek eendag wil word. ''n Springbok,' het ek hardop verklaar! Daar en dan het die droom posgevat. 'Jy het groot voete,' het oom Daan gesê. 'Ek kan sien jy gaan eendag 'n bokser word. Jy gaan inteendeel 'n baie groot man word,' was sy woorde. En oom Daan was reg, want in die jare wat volg, het ek uitgeskiet en as 17-jarige seun met 'n lengte van 1,93 m teen 22- en 23-jarige opponente in my gewigsklas geboks."*

'n Roemryke amateurloopbaan sou vir die ywerige Pierre begin. Nie net het geesdrif en passie hom gedryf nie, die selfdissipline en dissipline wat die sport geverg het, was sy kos. Alles moes honderd persent gedoen word, elke stukkie voorbereiding in en buite die bokskryt; ure se draf op die pad het ure in die gimnasium ondersteun. Skoolwerk sou tweede kom, die droom om te boks was alles. Die jong Pierre se toewyding tot boks was ongekend en dit het gelei tot opspraakwekkende resultate: meer as 200 oorwinnings in amateurbokstoernooie.

"Dit was ongekend. Nie net het ek as jong seun teen jong mans geboks nie, ek het hulle gewen en uitklophoue gegee! Dit was egter nie my fokus nie. Ek het plaaslike en internasionale bokslegendes dopgehou; gedroom oor die dag wanneer ek my naam teenoor hulle name geskryf sien om teen hulle te boks. Ek het boks geëet, geslaap en geleef – al het dit my ouers tot raserny gedryf."

In 1983 maak die 22-jarige Pierre sy buiging as professionele bokser en toer hy saam met die Springbok-span na Suid-Amerika. Sanksies teen Suid-Afrikaanse atlete het Springbokke verhoed om met enige embleem hulle land te verteenwoordig. Nie net verhoed dit Pierre om sy droom te verwesenlik om die groen en goud oor sy kop te trek nie, maar die toer is versuur deur betogende aktiviste wat boksgeleenthede ontwrig het of organiseerders gedwing het om gevegte in ondergrondse parkeerareas te reël.

"Ek het altyd kop gehou. Ek was daar om my roeping te leef, 'n taak te verrig en ja, om my land te verteenwoordig. Dit was nie altyd die maklikste of lekkerste omstandighede nie, maar dan het ek teruggeval op my geloof en stil-stil God se aangesig gesoek tussen die rumoer van skreeuende betogers deur."

Kyk hy nou terug op die verlede, sien Pierre bakens van hoop soos merkers in die grond tydens elke internasionale boksgeveg. Daar was die oomblikke waar hy na God uitgeroep het vir hulp, want wanneer daar geen familielid naby is vir ondersteuning nie wil jy God in jou hoek hê in die bokskryt. Dit is dáár waar hy dan op 'n driebeenstoeltjie in die hoek van 'n bokskryt God se stem moes hoor en bid vir vrede, krag en wysheid. Nie vir 'n wen of verloor nie.

> **"'n Mens bid vir die vrug van die ure se harde werk voor die tyd ... en vir beskerming, want boks is 'n gevaarlike sport ..."**

"Die grootste gedeelte van my professionele loopbaan was ek onder die bekwame hande van Alan Toweel vir wie ek die grootste respek gehad het met sy goeie Christelike uitkyk op die lewe."

Gedurende daardie oomblikke sou die stem van oom Daan in sy ore weerklink: "Slaan, en moenie geslaan word nie!" Die beste raad van een bokser aan 'n ander. *"En naas dit, dink!" "Tien rondes van drie minute elk, kan jou geestelik, fisiek en emosioneel uitput en dan maak 'n mens onnodige foute. Hou kop. As daar een plek is waar jy moet dink, is dit tussen daardie vier toue."*

Vandag trek Pierre steeds die vergelykbare lesse van boks deur na sy lewe: *"Moenie te vinnig reageer nie en moenie jou humeur verloor nie. Raak kalm, dink twee keer voordat jy net praat of dinge doen. Woorde en dade maak seer en dan kan dit nie weggevee word nie. Moenie skaam wees om oor die Here te praat nie, want wanneer alles tot 'n einde kom of wegval, is God al wat oorbly. Bid wanneer jy moet bid. Voor mense, vir mense of sommer net vir jouself. Maar hou dit opreg, want dit is hoe dit veronderstel is om te wees. Ons as Suid-Afrikaners moet anders wees as ander lande se sportsterre. Ons is kinders van 'n lewende God en ons moet dit kan leef en wys vir ander mense! Ek is vandag waar ek is as gevolg van die genade van God in my lewe. Die Here het my gedra en ek het die wonderlikste tye in my lewe ervaar omdat Hy dit toegelaat het."*

Sy eerlike, individualistiese uitkyk op die lewe is gevestig. Hy is so gemaak en laat staan. Die reuseman met die welige snor ken net een manier en dit is om eerlik en openhartig te wees. Hy is net Pierre. Hy wil niemand anders namaak nie. *"Ek lewe my eie advies: Wees jouself. Moenie so beïnvloedbaar wees dat mense jou van jou lewenspad, besluite, drome en roeping laat afsien nie. Besluit wat jy wil doen en hou daarby. As jy weet wat die regte ding is om te doen, doen dit."*

Die dag met die aankondiging van die begin van sy professionele loopbaan in Februarie 1983 was die dag wat sy pa wou weet wanneer Pierre uit die ring sou tree. Soos enige beskermende pa sou hy sy seun ondersteun, maar wou hy nie spyt wees oor enige onuitgesproke raad nie. *"My pa het gesê dat elke man sy beperkings moet ken en moet beplan vir die dag wanneer hy 'n eindstreep gaan oorsteek. Dit help nie jy sit met 'n bank vol geld, maar het nie die verstand om 'n tjek uit te skryf nie. 'Jy moet na jouself kyk; jouself beskerm en oppas,' was sy raad."*

Pierre sou daardie dag 'n belofte maak om op 31 uit te tree as hy nog nie die wêreldkampioen was nie. Asof in die hoofrol van sy eie *Rocky*-rolprent sou Pierre Coetzer soos hy belowe het, sy bokshandskoene ophang en sonder enige bohaai wegstap van die bokskryt ná sy laaste groot geveg teen sy grootste held, George Foreman.

Pierre "the Lion Heart" Coetzer het dalk nie 'n wêreldtitel gewen nie, maar hy het meer as sy deel van drama tot die swaargewigboksafdeling bygedra. Hy was betrokke by twee van die beste boksgevegte in die Suid-Afrikaanse geskiedenis: Bennie Knoetze vir die vakante nasionale titel en 'n aanskoulike geveg teen Johnny du Plooy by die Superbowl.

Pierre saam met sy skoonseun, Diego (links), dogter, Charné, en sy vrou, Sanett (regs)

Om teen drie legendes te boks was 'n gepaste einde vir 'n onvergeetlike loopbaan.

Deur die oë van die Suid-Afrikaanse publiek, was daar eenvoudig nooit 'n fikser swaargewig met 'n groter hart as Pierre Coetzer nie.

Wat dink jy is die grootste struikelblok in mans se lewens?

Oom Daniël "Daan" Wepener Bekker, gebore op 9 Februarie 1932, het gesterf op 22 Oktober 2009. Hy was 'n Suid-Afrikaanse bokser wat 'n bronsmedalje tydens die Olimpiese Spele in Melbourne en 'n silwermedalje tydens die Olimpiese Spele in Rome verower het – beide in die swaargewigafdeling. Hy was ook die Suid-Afrikaanse swaargewigkampioen van 1955 tot 1959 en in 1961. Nie net was hy deel van my lewe vandat ek agt was nie, hy het elke tree van my boksloopbaan saam met my gestap en was elke geveg in my hoek. Ek het geluister wanneer hy praat, want hy het iets verstaan van menswees en manwees. Oom Daan het altyd gesê: 'Mans word te vinnig beïnvloed.' Dit is 'n ongelooflik negatiewe punt in die samelewing. Dit is belangrik dat elke man sy identiteit in God vind en behou; dat hy opstaan vir dit wat hy glo en doen wat reg is.

Ek glo elke man se waarde moet net bevestig word. En 'n ou moet jou eie identiteit hê – dit is lekker, man!

Hoe sal jy graag onthou wil word?

As die man wat net gedoen en bereik het wat hy moes as gevolg van 'n gawe wat hy van God gekry het.

Jou boodskap aan Suid-Afrika

Ek is bitter lief vir ons land. Dus: Vertrou op die Here, Suid-Afrika. Kom ons bid meer. Wees meer resultaatgedrewe met 'n ingesteldheid om jou deel te doen. En glo daar is 'n mooi toekoms.

Pierre Coetzer
Eksklusiewe onderhoud
Skandeer kode en kyk

Pierre saam met sy pa

Rocco van Rooyen

Rocco van Rooyen, gebore op 23 Desember 1992, is 'n tweemalige Olimpiese atleet en Suid-Afrikaanse spiesgooier. Dié Wes-Kapenaar is 'n bekwame en uiters mededingende atleet wat Suid-Afrika al meer as ses jaar lank verteenwoordig. Rocco, 'n seun van Bellville, se professionele atletiekloopbaan sluit in: 2010 se Junior Wêreldkampioenskappe in Kanada waar hy die finaal haal en sesde kom; 2011 se Junior Afrikakampioenskappe; die 2014-Statebondspele (waar hy die finaal haal en weer sesde kom) asook Afrikakampioenskappe en Wêreldkampioenskappe in 2015. Rocco maak in 2016 in Rio sy buiging by sy eerste Olimpiese Spele met 'n gooi-afstand van 78,48 m en 'n algehele 24ste plek. Die Wêreldkampioenskappe in 2017 dien as voorbereiding vir die Tokio Olimpiese Spele in 2021 waar hy 'n afstand van 77,41 m gooi. Rocco se persoonlike beste afstand is 87,62 m, wat hy in 2021 in Kaapstad gegooi het.

My liefde vir sport het begin in … *die laerskool. Ek het alle sportsoorte beoefen en was redelik goed in die meeste van hulle, maar spiesgooi het my hart gesteel juis omdat dit so uitdagend is. Ek het ure aanhou oefen net om dit te bemeester. Vir my was daar geen opsie om op te hou nie, ek het die moeilike uitdaging aangepak en moes dit deursien en klaarmaak.*

As ek nie 'n sportster was nie, sou ek … *'n loopbaan in die onderwys volg! Met dit gesê, is ek tans daagliks betrokke by opleiding en motiveringspraatjies. Ek het die voorreg om as 'n ambassadeur vir Life Path Health deel uit te maak van 'n span. Ons besoek weekliks skole, kinders, korporatiewe maatskappye en bied klinieke aan. Daarmee saam is ek ook in die bediening. Ek is as een van die pastore baie betrokke by ons gemeente. Ek preek en is betrokke by van die bedieningsprojekte. My lewe is baie na aan my ideale beroep.*

Ek is ongelooflik dankbaar vir … *die keuses wat ek in my lewe gemaak het tot nou toe. Nie al die keuses was perfek nie, maar selfs die slegte keuses het bygedra om my te bring tot waar ek vandag is en wie ek as mens is. Ek is ook dankbaar vir 'n ongelooflike vrou en babatjie, my kerkfamilie, familie, vriende en mense wat my tot op hede in my sportloopbaan ondersteun het.*

As ek my lewe kon redigeer, sou ek … *niks verander het nie. Dit is belangriker om vorentoe te kyk met lesse wat jy uit die verlede geleer het. Ek lewe nie in die verlede nie. Ek mag moontlik spyt wees oor een besluit, maar selfs dít het my iets geleer.*

Een van die grootste lesse wat ek vanjaar geleer het ... *Bly in pas met dít waarvoor jy geroep is en waar jy moet wees; ongeag of dit sin maak of nie. God sal jou uit daardie seisoen kom haal, sou Hy jou wil skuif. Ek het ook besef dat ek steeds by atletiek betrokke moet wees. Ná nog 'n besering en 'n operasie aan my skouer wou ek uit atletiek tree, maar ek het nie vrede gehad nie. Dit was asof iets my teruggehou het. Ek het gewag. Ek is genooi om motiveringspraatjies te lewer terwyl ek self verward en ongemotiveerd was. Ek besef egter nou hoe belangrik dit is om in pas te bly met God se plan vir jou lewe, totdat Hy jou die groen lig gee om aan te beweeg.*

My grootste prestasie is ... *Tussen die Olimpiese Spele en Statebondspele, het ek nog nie heel bo uitgekom nie, maar ek druk deur en hou aan en as dit van mý afhang, sal ek aanhou terugkeer.*

Die Bybelvers wat my deurdra ...

Romeine 8:28:
"Ons weet dat God alles ten goede laat meewerk vir dié wat Hom liefhet, dié wat volgens sy besluit geroep is."

Oefening tydens grendeltyd

MY STORIE
Rocco van Rooyen

Dit was 2009, 'n aand in 'n bekende kuierplek in Pretoria; nog 'n aand van groot partytjie en baie drank. Rocco sou soos elke ander aand nie twee keer dink om nóg iets te bestel en weer laat by die huis te kom nie. Hierdie keer was egter noemenswaardig, want dit was die aand voor die Junior Wêreldatletiekkampioenskappe. Dit was die kompetisie waarvoor Rocco maande lank hard gewerk en na uitgesien het. Hierdie kampioenskap kon die begin van 'n droomatletiekloopbaan beteken, met 'n blink toekoms.

Dit is egter ook hierdie naweek in 2009 wat Rocco in sy dagboek aanteken. Sy hele lewe, besluite en uitkyk oor die toekoms sou ná hierdie naweek verander.

Met 'n persoonlike rekordafstand van meer as 75 m wat hy reeds weke lank gegooi het, sou die kwalifisering vir die wêreldjeugkampioenskappe in Brixen, Italië voor die handliggend wees, juis omdat die kwalifiserende afstand slegs 70 m was. Maar daardie Saterdag sou 'n jong, parmantige Rocco tot stilstand geruk word, want met 'n afstand van 69,82 m sou hy met 'n tweede plek tevrede moes wees en dus nie kwalifiseer om by die span ingesluit te word nie. Ure, dae en maande se harde werk op die atletiekveld het op niks uitgeloop nie en hy het hangskouer en met 'n swaar hart van die atletiekveld afgestap.

Hy was 17 jaar oud daardie dag toe hy besluit om sy lewe te verander en sy hart, siel en gees na God te draai.

> *"Iets het binne my gebreek. Ek was 'n jong seun met geen verhouding met God nie, maar ek was ook nie 'n slegte mens nie."*

"Ek was stout – nie sleg nie. Ek het meteens besef dat ek nie die Here op die dag van my kompetisie met 'n vinnige skietgebedjie op die veld kon vra vir hulp en dan kon verwag dat Hy my moet help en seën nie. Néé, ek moes van my kant af iets doen, meer doen, my kant bring. Van daardie oomblik af het ek met 'n soekende hart begin uitreik na God." Rocco moes uitvind wie God is en sou eers later die waarde van die Skrifgedeelte in 1 Kronieke 28:9 verstaan: *"... jy moet die God van jou vader ken en Hom dien met jou hele hart en met 'n gewillige gemoed, want die Here ondersoek alle harte en ken die bedoeling van elke gedagte. As jy na Hom vra, sal Hy Hom deur jou laat vind, maar as jy Hom verlaat, sal Hy jou vir altyd verwerp."*

Rocco tree gereeld as motiveringspreker by skole op

Rocco het, soos met alles in sy lewe, vir God met passie gesoek en Hom gevind. God het hom ook nie teleurgestel nie en Rocco het sy stem leer ken en daardie stem sonder enige vrae of twyfel gevolg. Gedurende sy sportloopbaan het hy vyf operasies ondergaan en meer as 20 groot beserings opgedoen. Dit het ure se rehabilitasie en maande lank weg van die sportveld af beteken. *"Ek sou al 'n honderd maal my spies weggepak en tou opgegooi het."*

"As dit nie vir my geloof was nie, het ek opgehou, maar keer op keer het God my 'n rede gegee om aan te hou."

"Die feit dat God ons lewensverhaal skryf en bestuur, is my behoud. Hy is in die hoogte- en laagtepunte, die teleurstellings en die oorwinnings."

Die Skrifgedeelte in Romeine 8:28 lewe in Rocco se hart, want hy weet God het steeds die mag om alles ten goede te laat meewerk. Hy weet ook dat God die bron van sy deursettingsvermoë en dissipline is, want dissipline is die één groot eienskap wat in sy lewe ontbreek het.

Rocco het sonder 'n vaderfiguur grootgeword en dissipline was laag op die lys van dinge waarop gefokus is. Dit was egter geen verskoning nie en hy moes van vroeg af daardie kruk erken en weggooi. God het die leemte kom vul en daarom wou Rocco 'n beter weergawe van homself wees.

Dit het "comeback" op "comeback" geverg. Die menings van mense moes minder belangrik word. Die woorde wat afbreek en ontmoedig, moes plek maak vir die stemme van geliefdes wat aanmoedig en opbou.

> **"Dit is moeilik om staande te bly wanneer mense nie verstaan wat agter die skerms aangaan nie en nie al die inligting het voordat hulle 'n oordeel fel nie."**

"Mense se raad was onder meer dat ek moet uittree, ophou en aanbeweeg. Die woord 'fading' weerklink in jou ore ... of die vrae ... 'Waarom kan jy nie onder druk presteer nie?' Mense sê goed sonder om die konteks te verstaan en dan moet jy vergewe en laat gaan."

Dit is in sulke tye wanneer God se leiding en raad 'n werklikheid word. Die Skrif wat in jou hart is, raak gemaklik in jou mond en jou tong is nie meer jou grootste struikelblok nie. Jy besef dit is 'n snoeiproses en dat die proses nie net een keer in jou lewe gaan gebeur nie. Die snoeiproses gaan ook nie net oor die einddoel en toppunt van jou loopbaan nie. Dit handel oor jou karakterontwikkeling en die mense by wie jy langs die pad inhaak. Teleurstelling het 'n rimpeleffek, maar jy leer om nie tou op te gooi nie en deur te druk. *"Jy gaan nie altyd wen nie. Jy gaan ook nie altyd goed presteer nie. God se genade in jou lewe is geen vryskelding van uitdagings nie, maar die toets is hóé jy dit hanteer en hoe jou hart reageer."*

Rocco van Rooyen weet hoe dit voel om hard te werk en steeds nie die deurbrake te ervaar wat ander op podiums vier nie. 'n Medalje in die topdrieposisies bly tot op hede buite sy bereik, maar verhoed dit hom om steeds hard te probeer en deur te druk? Glad nie! *"Wat saak maak is dat 'n mens getrou moet bly met dit wat God aan jou toevertrou het. My eindbestemming is die hemel. God gaan eendag vir my vra wat ek met my sakkie goud gedoen het en ek wil kan sê dat ek dit vermenigvuldig het. Ek wil sy weergawe van sukses uitleef en Hom trots maak."*

Daar is nog geen goue, brons- of silwermedalje om sy nek nie, maar intussen lewe Rocco die slagspreuk in sy lewe: "Tou opgooi is nie 'n opsie nie." Die woord HOOP staan oor sy lewe geskryf. Hy is nie net 'n spiesgooier en Olimpiese atleet nie. Néé, hy gebruik die sportgeleenthede om in plekke en lande uit te kom waar ander mense nie die geleentheid sou hê om 'n boodskap van God se liefde en hoop te saai nie.

"Dit is nie wát jy doen nie, maar hoe jy dit doen ... en wie weet, miskien lê daar wel 'n goue medalje in die toekoms. Tot dan maak ek 'n verskil waar ek ook al gaan."

Wat dink jy is die grootste struikelblok in mans se lewens?

Mans het die verantwoordelikheid om 'n leier in hul huishouding en gemeenskap te wees. Ons moet sterk wees, impak maak en pioniers wees. Maar soms word daar karaktereienskappe van mans verwag wat nog nie ontwikkel het nie. Baie mans word sonder mentors of vaderfigure groot, sonder liefde, leiding of dissipline, maar tog word daar van hulle verwag om die eienskappe te bemeester. Hulle is dus nog onvolwasse op 'n sekere gebied, maar moet die verantwoordelikheid van 'n man opneem. Wanneer foute en verkeerde besluitneming sy tol eis, word mans skaam of kwaad en die rimpeleffek van hierdie reaksie kan verwoestend van aard wees. Swak leiers maak dom foute en daarom is 'n kerkgemeenskap met sterk vaderfigure, mentors en leiers broodnodig.

Ons as mans moet van God afhanklik wees.

Hoe sal jy graag onthou wil word?

As iemand wat nooit opgegee het nie. En as ek sou opgee, dat ek 'n oomblik sou nadink en sê: "Kom ons doen dit wéér!" Ek wil daardie man wees wat volhardend vreugde gesaai het en geen selfverwyte het oor verspeelde kanse en geleenthede nie.

Jou boodskap aan Suid-Afrika

"Keep going!" Een voet voor die ander, dag vir dag, week vir week en maand vir maand. As jy wil uitdraai, stamp jou kop, maar kom terug, moenie te lank daar bly nie. Bly vorentoe beweeg. Maak 'n impak en doen wat jy moet doen. Saai God se saad van liefde en onselfsugtigheid ... fokus op dít wat saak maak. Net Hy weet wat in jou binneste aan die gang is. Bly outentiek en moenie wegstap van waarmee jy besig is totdat God sê jy moet nie.

Rocco van Rooyen
Eksklusiewe onderhoud
Skandeer kode en kyk

Zoë Kruger

Zoë Kruger, gebore op 31 Julie 2002, is 'n regshandige Suid-Afrikaanse tennisspeler. Sy is tans nommer 427 op die Vrouetennisvereniging (WTA) se ranglys en het 'n beskermde ranglysposisie op die Internasionale Tennisfederasie (ITF). Zoë is die oudste dogter van voormalige Springbok-rugbyspeler, Ruben Kruger. Haar jonger suster, Isabella Kruger, het Suid-Afrika in 2022 by die junior Wimbledon-kampioenskap verteenwoordig.

My liefde vir sport het begin ... *vandat ek drie jaar oud is! Ek het in 'n sportmal familie grootgeword. My pa het rugby gespeel, my ma het as student aan sport deelgeneem en haar broer, Frans Cronjé, is 'n tennisafrigter. Dit is te danke aan hom dat ek 'n tennisraket opgetel het. My pa het 'n wit lyn teen die muur van my ouma se motorhuis geverf en ek en my kleinsus Bella sou elke middag ure lank beurte maak (30 minute elk) om balle teen die muur te slaan. Ons het toebroodjies en Oros as lafenis geniet en deur dit alles heen het die liefde vir tennis so speel-speel ontwikkel.*

As ek nie 'n sportster was nie, sou ek ... *Ek is tans besig om regte te studeer, maar as ek nie 'n tennisspeler was of die reg as beroep gekies het nie, sou ek graag 'n mariene bioloog wou wees.*

Ek is ongelooflik dankbaar vir ... *my familie en die mense om my wat my liefhet en raaksien vir wie ek is en nie wat ek doen nie. Lewe en lewe in oorvloed is 'n voorreg. Dit is ons verantwoordelikheid om God daagliks te vra wat Hy vandag van ons verwag. Ons moet elke minuut van elke dag gebruik om sy naam groot te maak in alles wat ons doen; Hom eer vir die voorreg om nog 'n dag te sien en lewe te ervaar. Ons kan nie bekostig om net die negatiewe raak te sien nie.*

As ek my lewe kon redigeer, sou ek ... *meer intensioneel wou leef. Ek het as jong meisie die voorreg gehad om baie te toer vir tennistoernooie. Tog was ek te ernstig, goed het gekom en gegaan, ek het deur lande gereis en ek het dinge gemis omdat ek nie op klein goedjies gefokus het nie. Wanneer 'n mens meer intensioneel begin lewe, is dit dankbaarheid wat begin blom. Deesdae doen ek navorsing oor elke plek waarheen ek gaan. Ek sien goed raak, leef, proe en beskou dinge anders, want ek lééf in dankbaarheid.*

Een van die grootste lesse wat ek vanjaar geleer het ... *is om op die Here se plan vir jou lewe te wag en nie jou eie wyshede te volg nie. Met 'n oop deur, sien God se voorsiening; met 'n geslote deur, sien God se beskerming.*

My grootste prestasie is ... *verdeel in twee kategorieë.*

1. Op die tennisbaan: Ná 'n string beserings en maande van geduldig wag en agter die skerms voorberei, het ek in Oktober 2021 die voorreg gehad om weer op die baan te stap en 'n professionele toernooi te wen.

2. My persoonlike lewe saam met God: Dit is 'n voorreg dat Hy ons met sy naam vertrou. Ons is sy ambassadeurs en elke keer wanneer ons Hom verteenwoordig en iemand van Hom vertel of op 'n manier lewe wat sy Naam eer, is dit 'n voorreg.

Die Bybelvers wat my deurdra ...
Daar is twee:

Matteus 6:33:
"Nee, beywer julle allereers vir die koninkryk van God en vir die wil van God, dan sal Hy julle ook al hierdie dinge gee."

Spreuke 19:21:
"Al maak mense hoeveel planne, wat die Here besluit, staan vas."

Zoë saam met haar ma, Lize en sus, Isabella

MY STORIE
Zoë Kruger

"Hoe sou die lewe gewees het as my pa nog geleef het? Wat sou hy van my en Bella gesê het? En watter tipe man sou hy gewees het?" Dit is die soort vrae wat soms in die 20-jarige Zoë Kruger se kop maal wanneer sy daaroor tob, want sy is mens. Ja, sy ken die regte antwoorde en ja, sy het vrede gevind in haar lewe, maar soms, net soms wonder sy ... Hy is op 'n beter plek. Hy het nie meer pyn nie en God het besluit sy tyd op aarde is verby. Soms kyk sy na foto's en glimlag, want almal sê hy was 'n goeie, eerlike en vriendelike man.

Sy was sewe jaar oud toe sy haar pa, voormalige Springbok-rugbyspeler Ruben Kruger, weens breinkanker aan die dood afgestaan het.

Met twee tasse elk het sy, haar ma, Lize, en haar jonger suster, Isabella, Amerika toe verhuis. 'n Belowende toekoms in tennis met meer geleenthede het gewink en met sportbloed in die are kon hulle nie die geleentheid laat verbyglip nie.

Zoë onthou hoe sy vele kere haar raket wou ophang en tou opgooi. Sy was 'n jong meisie in 'n vreemde land met Spaanse afrigters. Hulle roetine vir haar was rigied en fyn beplan, want hier sou hulle net die allerbeste tennisspelers kweek. Haar vormingsjare was uitdagend. Sy moes 'n balans vind tussen wat haar hart en kop en die skedules van 'n normale tiener alles sou behels. 'n Gewone Vrydagaand-kuier was buite die kwessie, om nie eens te praat nie van die vieringe en vakansiedae wat sy moes misloop omdat sy verpligtinge gehad het wat 'n tennisraket, tennisbal en ure se oefen ingesluit het.

Sy moes egter van jongs af besluit wat die motief van haar hart was en waarom sy tennis speel, anders sou die leefstyl en verwagtinge haar gees verniel en mettertyd versmoor. *"Ek het altyd tennis gespeel omdat dit so deel was van my lewe. Ek het groot drome gehad en die harde werk geniet. Totdat dit eendag in my wakker geword het en ek besef het dat hierdie nie net 'n stokperdjie is nie. Om tennis te speel is my roeping.*

"Hierdie talent wat God aan my toevertrou het, was iets waarmee Hy mý vertrou!"

My lewe

"Onmiddellik het ek my lewensdoel verstaan! Elke stukkie pyn en besering, opoffering en gemis het in 'n oogwink sin gemaak. Ek moes God se naam groot maak op plekke waar daar nie baie kinders van die Here kom nie. Ek het besef dit is nie 'n reg nie, maar 'n voorreg."

Die nuwe insig oor haar roeping het lekker dae nog lekkerder gemaak; die ondraaglike dae meer draaglik en die twyfel in haar gedagtes het stil geword. Hoewel sy alleen was, was God aan haar sy waar sy ook al gegaan het. *"'God is a friend who sticks closer than a brother,' sê hulle. Ek het dit gelééf."*

Zoë se fondasie is rotsvas. Sy kom uit 'n sterk Christelike familie wat oor alles saambid en al ken sy nie al die Bybelverse nie, hou sy vas aan twee wat lewe spreek in die seisoen waarin sy haarself bevind. God het tydens COVID weer eens vir haar "real" geraak. Dit was toe sy teruggekeer het na Suid-Afrika – ná sewe jaar in Amerika, 'n land verwyderd van 'n meer beginselvaste konserwatiewe leefstyl soos in Suid-Afrika – dat die rol van 'n kerkgemeenskap en goeie vriende 'n reuse-impak gemaak het. Sy kon weer bid, leer Bybel lees en verstaan wat sy lees, want sy was op 'n reis saam met God. Sy openbaring aan haar het nie net eensklaps gebeur nie, maar in haar aanhoudende daaglikse soeke na wie Hy werklik in háár lewe is en nie deur die oë van enigiemand anders nie.

Die Here vertrou vir Zoë met meer as net 'n talent. Hy vertrou haar met rol as sportpersoon in Suid-Afrika, 'n rolmodel en spreekbuis vir jong meisies. Daarvoor moes sy die verantwoordelikheid eers besef en toe honderd persent opneem met die wete dat God haar verantwoordbaar sal hou. Sy praat nie meer oor die opofferings nie, want die vrae het stil geraak. Die doel met haar talent is duidelik. En van dié wat dit nie verstaan of respekteer nie, moes sy met 'n drukkie, 'n groot glimlag en in vrede wegstap. *"Soms moet 'n mens wegstap van mense wat nie jou roeping verstaan nie ... al maak dit seer. God se planne is baie groter as jou eie planne vir jou lewe."*

Sy is gebore om uit te staan; gebore vir 'n doel en sy wil dit nie mis nie.

"Ons kan almal teleurstel, maar ek wil Hom nooit teleurstel nie. God se plan vir my lewe kom eerste."

"Al maak ek planne en verskuif ek nie maklik my fokuspunte nie, weet ek nou dat God alles beheer. En dit is goed so."

Sy plan is kragtig in haar lewe en Hy het die beste in gedagte vir haar. Lukas 11:13: *"As julle wat sleg is, dan weet om vir julle kinders goeie dinge te gee – die Vader in die hemel nog baie meer! Hy sal die Heilige Gees gee vir die wat vra."*

Zoë en "Bella"

Wat dink jy is die grootste struikelblok in vrouens se lewens?

Ek dink daar is drie struikelblokke:
1. *Vrouens glo dat wie hulle is, nie goed genoeg is nie.*
2. *Vrouens word die meeste van die tyd en in baie omstandighede onderskat. Ons vermoëns en emosionele intelligensie word nie raakgesien of na waarde geskat nie. Mense klassifiseer ons en hang swaar etikette om ons nekke oor goed wat nie waar is nie. Daarmee saam dink mans baie keer dat vrouens sekere goed nie kan doen nie. Ek is beslis nie 'n feminis nie en verstaan die verskillende rolle van 'n man en vrou in 'n verhouding, huishouding, op die sportveld en in die werksplek, maar ek dink ons word steeds onderskat. Niemand is beter as die ander geslag nie. Daar is rolle vir elkeen geskep.*
3. *Ons het soms identiteitsprobleme. Ons vind ons identiteit in verkeerde goed, in plaas van in God.*

Hoe sal jy graag onthou wil word?

Ek sal graag onthou wil word as:
- *Iemand wat honderd persent gee in haar lewe.*
- *Iemand wat almal om haar wil help, eerder as vir haarself.*
- *Iemand wat 'n verskil maak, selfs in die klein gebare, wat die klein dingetjies raaksien en waardeer.*
- *En as iemand soos my pa: eerlik, deernisvol, liefdevol en behulpsaam.*

Jou boodskap aan Suid-Afrika

Jou lewensreis is jou eie lewensreis. Niemand se pad of opdrag moet met iemand anders s'n vergelyk word nie. Jy is geroep vir iets spesifiek. Moenie jaloers raak nie. Jou pad saam met die Here is uniek.

Zoë Kruger
Eksklusiewe onderhoud
Skandeer kode en kyk

Impi Visser

Impi Brecher Visser, gebore op 30 Mei 1995, is 'n Blitsbok-kryger in murg en been! Hy is 'n sewesrugbyspeler vir die Suid-Afrikaanse nasionale span in die Wêreldrugbysewes-reeks. Met sy bou van 1,89 m en 94 kg is hy die versinnebeelding van rugby op sy beste en 'n uitstaande voorspeler in sewesrugby asook senter in die vyftienmanspel. Impi, 'n Mpumalanga-boorling van Hoërskool Ermelo, sprei op jeugvlak reeds sy vlerke en speel vir die Pumas (2012-2013), Blou Bulle (2014-2016) en as student aan die Universiteit van Pretoria vir UP-Tuks, die universiteitspan in die Varsitybeker-reeks (2017). Impi is 'n kranige student met 'n graad in meganiese ingenieurswese. Hy word in 2017 as een van die Varsitybeker-droomspanlede bekroon en kry die geleentheid om in 'n promosiewedstryd teen die junior Springbokke kragte te meet. In 2018 maak Impi sy buiging vir die Blitsbokke. Tot op hede het Impi al in meer as 30 wêreldreekstoernooie gespeel en in meer as 170 wedstryde in die groen en goud uitgedraf.

My liefde vir sport het begin ... *in ons agtertuin, waar ek en my ouer broer altyd aan die jol was. Ons het rugbybal geskop en gereeld ruite gebreek met ons krieketspelery. Ek het van kleins af besef dat ek baie lief vir sport is en het soveel as moontlik verskillende sporte op skool beoefen.*

As ek nie 'n sportster was nie, sou ek ... *baie graag 'n veearts wou word.*

Ek is ongelooflik dankbaar vir ... *my ouers en die geleenthede wat hulle vir my gebied het. Hulle het konstant opofferings gemaak om die beste vir ons gesin te gee en ek sal ewig dankbaar wees vir die lewe wat hulle ons gebied het.*

As ek my lewe kon redigeer, sou ek ... *niks wou verander nie! Ek wou nog nooit en wil regtig nie enigiets verander nie. Die foute wat ek gemaak het, het my kosbare lesse geleer en in die man omskep wat ek vandag is.*

Een van die grootste lesse wat ek vanjaar geleer het ... *is om dankbaar te wees vir wat ek het. Daar is so baie mense wat elke dag sukkel om dít wat ek as vanselfsprekend aanvaar, in die hande te kry.*

My grootste prestasie is ... *Om my land by die Olimpiese Spele te kon verteenwoordig, was 'n groot oomblik vir my.*

Die Bybelvers wat my deurdra ...

Romeine 8:28: "Ons weet dat God alles ten goede laat meewerk vir dié wat Hom liefhet, dié wat volgens sy besluit geroep is."

Impi en sy vrou, Sarrah, is baie lief vir die natuur en die bosveld. Hier is hulle in die Kruger-wildtuin

MY STORIE
Impi Visser

"Is Impi jou bynaam?" Impi antwoord dié vraag bykans daagliks, maar glimlag en bly geduldig, want hy verstaan sy verantwoordelikheid en aansien in ons land. "Impi", 'n Zoeloe-woord wat "'n groep krygers" beteken, is nie 'n bynaam nie, maar sy voornaam. Sy oupa, oom en neefs het ook dié naam. Dit dien as 'n herinnering aan 'n stuk geskiedenis wat 'n reusewending en uitwerking in die Afrikaanse kultuur tot gevolg gehad het. Hy is trots op sy naam en die naam se ryke geskiedenis. Wanneer hy oor die toekoms van ons land praat, glimlag Impi Visser, want dit is sý land met die mees unieke mense in die wêreld!

Sy positiewe ingesteldheid het met verloop van tyd danksy baie stampe en stote ontwikkel – en nie oornag nie. Hy moes deur die loop van sy studentejare teen 'n menigte onsienlike reuse veg en hulle oorwin.

Die vrees dat hy as 'n man gaan misluk, het vyf jaar lank sonder ophou aan sy deur geklop.

Vyf jaar lank het dit gevoel asof hy nog nie in een van die vyf fokusareas in sy lewe koers gekry het nie. Hy het sy keuses in sy akademiese en studierigting betwyfel en sy sportloopbaan het gestagneer. Hy het geen groei ervaar of sukses bereik nie en wou meer as 'n honderd keer moed opgee.

Impi moes in daardie vyf jaar die groot vraag vir homself uitklaar:

Wie is Impi Visser en waarin vind hy sy identiteit?

Dit was uiteindelik in sy daaglikse stiltetyd, die soeke na God se stem, tyd in gebed en in sy Woord waar Impi tot ruste gekom het oor sy identiteit, sukses en roeping. *"Baie sportpersone vind hulle identiteit in wat hulle doen en bereik, maar ek weet dat ek my identiteit in God vind en wat Jesus vir ons aan die kruis gedoen het ... en dit was nie verniet nie. Dit was ook vir my."*

"Ek en nog twee Pongoliete (Jacques Rouillard en Philip Smit) op die kruin van Kilimanjaro."

Dit was God se genade, Impi se ouers en die vriende wat hy op universiteit gemaak het wat die dryfkrag geword het en hom aangespoor het sodat hy in elke faset van sy lewe sukses bereik het. *"Ek is ewig dankbaar daarvoor. God het my werklik geseën, selfs in die tye toe dit gelyk en gevoel het asof alles 'n terugslag is."*

God kon Impi begin vertrou met 'n definitiewe rol as sportikoon in Suid-Afrika. Hy kon hom vertrou met die aansien, maar Impi moes God eers kies en eerste stel in sy lewe. *"Nou wil ek Hom eer in alles wat ek doen. In my loopbaan is daar baie versoekinge in alle vorme wat 'n mens se vreugde in God kan steel – en dit het al gebeur. Maar dan maak ek 'n doelbewuste keuse of ek die wêreld se manier wil volg of God se waarheid. En elke keer kies ek God se waarheid."*

Of dit vrees; 'n vraag of twyfel; menseverhoudinge; nog 'n pandemie of 'n krisis is, Impi weet God is altyd in beheer en dat hy Hom ten volle kan vertrou. Daar sal stampe en stote wees, maar God sal konstante groei bewerk terwyl Hy vir Impi beskerm. Impi is werklik vry, want Jesus het vir ons sondes aan die kruis gesterf. Vir hom óók.

Kwaliteittyd saam met sy gesin by Ballito

Impi is baie lief vir sport, maar veral vir gholf

Wat dink jy is die grootste struikelblok in mans se lewens?

Om te misluk of soos 'n mislukking te voel.

Hoe sal jy graag onthou wil word?

As iemand wat voluit gelewe het! Iemand wat tyd gemaak het vir sy vriende en familie. Iemand wat ander mense bygestaan en gehelp het. 'n Man met integriteit en 'n volgeling van Jesus.

Jou boodskap aan Suid-Afrika

Ek dink ons Suid-Afrikaners is van die mees unieke mense in die wêreld en ek sal altyd hoop hê vir ons land en ons mense. Ons moet elke dag probeer om die land 'n beter plek te maak as wat dit was toe ons dit gekry het en mekaar werklik met liefde en respek hanteer.

Impi Visser
Eksklusiewe onderhoud
Skandeer kode en kyk

Familietyd in Pongola

"Spreuke 27:17: 'Yster slyp yster, so vorm vriende mekaar.' Tyd saam met my pelle sal altyd 'n prioriteit in my lewe wees."

Hennie Koortzen

Hennie Koortzen, gebore op 27 Januarie 1961, is sedert 2001 as Afrikaanse rugby-, boks-, krieket-, sokker- en atletiekkommentator by SuperSport betrokke. Die bekende stem en voormalige Noord-Kapenaar van Kakamas se liefde vir die uitsaaiwese skiet in 1979 wortel in sy eerste jaar as student by die Universiteit van die Vrystaat met kampusradio. Hennie maak ook 'n draai by die SAUK en vele gemeenskapsradiostasies. Sy radioloopbaan dek 'n tydperk van meer as 30 jaar en hy het onder meer die SAB-toekenning vir die beste sportaanbieder en twee Namibiese ATKV-veertjies vir sy bydrae ontvang. Hennie is in 2022 as 'n gesoute radiopersoonlikheid en kommentator saam met 'n handjievol ikoniese persoonlikhede in die radiobedryf by die eregalery van die Suid-Afrikaanse Radio-toekennings ingehuldig. Onder sy leiding as stasiebestuurder en later hoof- uitvoerende beampte van Pretoria FM het dié radiostasie ook vele Suid-Afrikaanse radiotoekennings ontvang. Die voormalige Hoërskool Martin Oosthuizen-leerder hanteer steeds die sportverslae op Pretoria FM.

My liefde vir sport het begin ... as 'n klein seuntjie. Ek was baie lief vir sport en het so 'n bietjie rugby gespeel, maar ek het gou besef my talente lê in ander dinge, onder meer praat! Ek was bevoorreg dat my pa baie lief was vir rugby en wanneer die Springbokke 'n toets in die buiteland gespeel het, sou ons Saterdagoggende vroeg opstaan en dan met koffie en komberse voor die radio ons sit kry om na die uitsending en kommentaar van Gerhard Viviers te luister. Dit is van die soetste herinneringe van my kinderjare.

As ek nie 'n sportkommentator was nie, sou ek ... as sielkundige gepraktiseer het. Ek het sielkunde tot in my derde jaar as vak gehad en my natuurlike aanleg en aanvoeling vir mense het my nog altyd goed te pas gekom. Ek weet wanneer mense omgekrap is en ek weet hoe om ander te bemoedig. Ek is lief vir mense en wil beskerming en leiding bied. Ek sien altyd die lig aan die einde van die tonnel en kies om die einde van 'n pad as die begin van 'n nuwe paadjie te sien. Positiwiteit kom vir my maklik te midde van die lewensomstandighede wat ons almal rondgooi.

Ek is ongelooflik dankbaar vir ... die kanse wat ek in my lewe gegun is. Die Here het op 'n natuurlike wyse vir my deure oopgemaak op plekke en in areas waar ek dit die minste verwag het. Daar was kere toe ek moedeloos my rug op my drome wou keer, maar God het altyd die pad gebaan na die uitsaaiwese.

Ek is ook dankbaar teenoor 'n ondersteunende familie, vriendegroep en kollegas. Sonder hulle sou ek nooit gelyktydig 'n suksesvolle persoonlike lewe en loopbaan kon handhaaf nie.

As ek my lewe kon redigeer, sou ek ... *baie meer tyd saam met my gesin wou deurbring!* Die wanvoorstelling van wat werklik belangrik is in die lewe, maak ons soms slawe en slagoffers van ons eie besluite. Niks kan egter belangriker wees as om omgeetyd deur te bring saam met húlle vir wie jy lief is en wie God vir jou op jou lewenspad geleen het nie. Ek het berou oor foute wat ek begaan het, maar beskou dit as 'n leerskool vir 'n beter toekoms!

Een van die grootste lesse wat ek vanjaar geleer het ... *Dit is belangrik om jouself nie te verloor in die warboel van die lewe nie!* Die COVID-inperkings het my laat besef dat alles steeds gedoen kan word sonder om ekstra ure in jou dag te benodig. Wees bewus van jou Godgegewe taak en roeping en wees gehoorsaam aan sy roepstem. Jy sal verbaas wees oor hoeveel tyd jy het om sukses te behaal in baie meer as net jou loopbaan.

My grootste prestasie is ... *om elke dag net die beste weergawe van myself te wees as wat ek kan wees!* God verwag nie wonderwerke van my nie! Hy verrig elke dag die wonderwerke in ons lewens – dikwels sonder dat ons daarvan bewus is. Hy gee ons nie 'n lewe met waarborge nie, maar 'n lewe met geleenthede en die talente om hierdie geleenthede te gebruik en te benut. Ek wil eendag onthou word as sy ligdraer ondanks my foute. My prestasies is sy prestasies deur my!

Die Bybelvers wat my deurdra ...

Filippense 4:13:
"Ek is tot alles in staat deur Hom wat my krag gee."

Hennie en Maritha op hul troudag

MY STORIE
Hennie Koortzen

Hennie het grootgeword op 'n eiland in die Oranje-rivier, so 20 km bo die Augrabies-watervalle – 'n plek waar sy familie steeds met druiwe boer. Hennie ken die "organiese" manier van grootword. Hy weet van groente en vrugte plant, met hoenders boer en beeste melk. Hy verstaan harde werk en deurdruk, maar hy verstaan ook groot droom. Want dáár, langs die leivore van die eiland, het Hennie se idees vlerke gekry – met 'n kassetopnemer in die hand het hy as seuntjie ure lank rondgeloop en opnames gemaak met vertellings van wat hy waargeneem het. Elke weeksaand moes almal om die etenstafel noodgedwonge luister na sy avonture deur die dag, maar naweke was anders. Saterdae het die bekende stem van radiolegende en ervare rugbykommentator, Gerhard "Spiekeries" Viviers, deur die Koortzen-huis weergalm. Saterdag was sinoniem met rugby en dan was Hennie en sy gesin vasgenael voor die "draadloos". Oom Gerhard was Hennie se held. Hy sou fyn luister na elke stukkie kommentaar, net om later die uitsending met uitsprake en styl te herhaal en presies na te maak!

Gerhard Viviers se bynaam was Spiekeries omdat dit altyd sy antwoord was wanneer iemand hom gevra het hoe dit met hom gaan. Hennie was slegs tien jaar oud, maar hy onthou die eerste toets tussen die Springbokke en die All Blacks op 25 Julie 1970 op Loftus Versfeld. Dit was vyf jaar ná die Springbokke se rampspoedige toer deur Nieu-Seeland en ook die eerste reeks ná die toer deur Brittanje wat deur betogers ontsier is en eweneens 'n ramp was. Hennie onthou goed hoe vasberade ons Springbokke was om die reeks met 'n oorwinning af te skop. 'n Held was nodig om daardie oorwinning te verseker. In daardie tyd was televisie slegs 'n mite, Suid-Afrikaners moes nog ses jaar lank wag vir die "kykboks", maar die legendariese Gerhard Viviers het die wedstryd aan die luisteraars van die Afrikaanse radiodiens van die SAUK beskryf. Dit sou Hennie altyd bybly. Die All Blacks het 'n strafskop in hulle eie gebied gekry en op die ou einde het die All Black-kaptein, Brian Lochore, die bal in die hande gekry. Toe onderskep die Springbokke se regtervleuel, Syd Nomis, die bal en nael doellyn toe. (Hy was sedert 1965 al deel van die span.) Gerhard was op sy stukke en die heuglikste stukkie sportkommentaar in ons land se geskiedenis het gevolg. "Siddie! Siddie! Siddie!" het hy geskree. Die eindtelling van 17–6 in die Springbokke se guns was net so opspraakwekkend soos die kommentaar en daardie oomblik sou vir ewig in Hennie se hart vassteek ... want hy sou self eendag bekende name so uitroep. Hennie het daar en dan die saak in sy hart uitgemaak: Hy sou nooit self vir die Springbokke kon uitdraf nie, maar hy sou 'n Springbok-omroeper word!

Navorsing toon dat tot 95% van mense nooit hulle drome bereik en uitleef nie, maar dié boorling van Kakamas sou weier om deel uit te maak van dié statistiek. Hennie se

Hennie saam met Toks van der Linde
Kommentators vir die 2019-Wêreldbekerfinaal

eerste geleentheid om as sportkommentator te dien, was as eerstejaarstudent aan die Universiteit van die Vrystaat saam met die kampusradiospan. 'n Papnat, oorgretige Hennie het die stormreën trotseer terwyl hy tweerigtingradio in hand teen die telbord van die universiteitsportvelde uitklim. Vandaar het hy direkte oorskakelings gedoen na 'n ander tweerigtingradio in die ateljee om sodoende regstreekse kommentaar oor die koshuisfinale te lewer. Soos 'n wafferse mini-Spiekeries het Hennie drieë en doelskoppe beskryf en die kampusradioluisteraars aan hulle stoele vasgenael gehou.

> **Hennie sou oefen aan sy tegniek, skaaf aan sy uitspraak en elke geleentheid gebruik om sy vaardigheid te probeer vervolmaak.**

"Ek was baie jonk toe ek eendag in my motor klim en na die SAUK toe ry. Die kans was baie skraal om ooit lugtyd te kry, maar ek was vasberade en omdat ek bereid was om te leer, sou ek enigiets doen. As Noord-Kapenaar was die middestad van Johannesburg vreesaanjaend. Die kantoor van Christo Olivier in die reuse-SAUK-kantoorblok was egter 'n plek waar ek my voete sou vind, want met sy leiding en raad het ek eers in die nuusdepartement betrokke geraak en veel later in die uitsaaiwese self."

Baie mense het bygedra tot die verwesenliking van Hennie Koortzen se droom. God het deure oopgemaak en die regte mense oor Hennie se pad gestuur sodat hy uiteindelik agter die mikrofoon kon inskuif. Hy moes egter leer om God te vertrou en sy toekomsdrome aan Hom oor te laat. *"Wanneer daar teenstand in my uitsaailoopbaan was, het ek altyd aan die raad van my hoërskoolonderwyser, meneer Erasmus, vasgehou:*

'As jy val, moenie vergeet om op te staan nie.'

'Te veel mense bly lê of het nie die moed om op te staan nie. Almal gaan die een of ander tyd struikel en val, maar die vraag bly altyd staan – wat doen jy dan?'"

Hennie sou keer op keer in sy lewe hierdie raad volg, want kwaad en hartseer, teleurstelling en woede was bloot emosies en moes nie vatplek kry nie. Hy sou kies om sake anders te sien en dan weer op te staan. Kyk hy terug, sien hy duidelik die hand van God wat hom telkens sou ophelp en lei.

Dit het ses jaar geduur voordat hy 'n bekende stem op SuperSport geraak het nadat die veel ouer Hennie weer 'n reusekans moes vat en 'n sprong van geloof moes neem. Hy het Naas Botha se raad gevolg, 'n opname van homself gemaak en weer bloot na die ateljees van die uitsaaireus gery. Daar het hy sy opname aan iemand oorhandig in die hoop dat dit in die hande van die persoon sou beland wat besluite neem oor stemkunstenaars en kommentatorwerk vir SuperSport. 'n Week later het Hennie wel korrespondensie ontvang en is hy gevra om te skaaf aan sy uitsaaistyl. Slegs sewe dae daarna, sou Hennie Koortzen vir die eerste keer agter die mikrofoon van 'n SuperSport-uitsending inskuif. *"My lewe het verander die dag toe ek besef dat God die waarmaker van ons drome is! Ek was ouer en wyser, maar God kon my vertrou met my eie groot drome wat Hy van kindsbeen in my hart geplant het. Wanneer ons besef ons drome is nie ons eie nie, maar slegs die drome wat God vir ons het ... word God 'n werklikheid in ons lewens! En dan sien ons vir nog hoër hoogtes kans!"*

Sy eerste uitsending van 'n Springbok-rugbytoets was op die groen velde van die Bloemfonteinse rugbystadion. Hennie was terug waar hy begin het. Van SAUK-Bloemfontein se uitsaaigroentjie tot ervare Springbok-rugbytoetskommentator met 26 jaar tussen in. Die droomgeleentheid sou egter weer nie sonder 'n hekkie of twee wees nie. Weer eens moes Hennie kies hoe en wanneer hy gaan opstaan ... *"Ons almal moes Bloemfontein toe vlieg om die toets uit te saai, net om by die lughawe te kom en uit te vind dat daar dubbele besprekings was en ek moes agterbly. Dadelik het ek die SuperSport-bestuur geskakel en aangebied om van Johannesburg na Bloemfontein toe te ry omdat ek nie die geleentheid wou misloop nie, waarop 'n plan B deur die bestuur beraam is. Ek was op pad na vliegtuig nommer twee toe, net betyds om te hoor dat daar geen loods meer aan diens was om die vliegtuig te vlieg nie! Vir 'n derde maal het ek drie ure later opgestaan en besluit om my plan deur te voer en met 'n motor na Bloemfontein*

Hennie en sy gesin saam met die ouers en skoonouers

toe te ry. Gelukkig het daar eweskielik 'n lig blink aan die einde van die tonnel geskyn en ek het 'n plek op 'n ander vlug gekry!"

Hennie se eerste toets sou vir altyd in sy gedagtes vasgelê word, want wyle Joost van der Westhuizen het langs hom ingeskuif om as medekommentator uit te saai. *"Ek onthou hoe ek gevoel het om saam met 'n Springbokheld uit te saai."*

> **"Dit was een van die spesiaalste oomblikke – nie net om te weet ek is goed genoeg om hier te sit nie, maar ook om Joost dop te hou."**

"Hy het steeds trane in sy oë gekry wanneer die volkslied gesing is en met elke drie het hy passievol opgespring. Net daar het ek weer eens die samesnoerende krag van sport besef."

2011-Wêreldbekerrugby in Nieu-Seeland is nóg 'n hoogtepunt in Hennie se dagboek. As ankeraanbieder saam met die bekende rugbyspeler, kommentator en televisieaanbieder Kobus Wiese, sou hulle die hoogte- en laagtepunte met die publiek van Suid-Afrika deel. Die Springbokke het wel nie met die louere weggestap nie, maar hulle het elke wedstryd met passie en ywer gespeel. Hennie het met dieselfde passie en ywer uitgesaai en was nooit spyt oor een verlore geleentheid nie. *"My passie vir elke wedstryd is groot: Of ek vir skolerugby uitsaai en of ek vir 'n internasionale toets voorberei, my voorbereiding en* energie bly altyd dieselfde. Ek het besef dat dit net so belangrik is vir die skolesportspeler as vir die Springbok-speler op die veld. Elke speler se ouers, aanhangers en vriende sien elke wedstryd as 'n persoonlike toets en daarom is dit vir my belangrik om dieselfde hoeveelheid energie te bring. Dit bly 'n voorreg en 'n geleentheid – elke keer."

Nog 'n groot hoogtepunt vir Hennie was om as aanbieder betrokke te kon wees by die KykNET-reeks, *Op die Skouers van Reuse*, waar hy met verskeie sportpersoonlikhede kon gesels oor hulle passie vir sport, maar ook oor die verskil wat hulle in die gemeenskap maak. Hy sê dit was opvallend hoe groot rol God in feitlik elkeen se lewe en sukses speel of gespeel het.

Hy kyk terug op meer as 30 jaar in die uitsaaiwese. Steeds sien hy geleenthede raak. "My raad aan enigiemand wat in hierdie bedryf belangstel: Kyk uit vir elke geleentheid. As jy weet dat dit jou roeping is wat God vir jou het, moet nooit toelaat dat enigiemand vir jou sê jy is nie goed genoeg nie. Luister na raad. Skaaf aan jou tegniek. En gee dan jou alles! Want wanneer jy eendag terugkyk, gaan jy wonder: Hoe het dit gebeur?"

Hennie Koortzen is 'n Springbok-uitsaaier en 'n legende in eie reg. Hy lewe elke dag in dankbaarheid en besef steeds die genade in sy lewe.

Hennie en Maritha tydens die SA Radio-toekennings

Lekker kuier by De Vette Mossel

Wat dink jy is die grootste struikelblok in mans se lewens?

Mans wil nooit die brandmerk dra van "Ek kon dit nie maak nie", daarom sal hulle harder werk en nog meer druk op hulleself plaas. Maar êrens in die loop van sy lewe moet elke man op 'n harde manier tot stilstand geruk word en besef hy is 'n kind van 'n lewende God en Pa wat na hom wil omsien. Dan moet hy stil raak in die wete dat hy net mens is, sy tekortkominge erken, rustig raak en sy drome aan God oorlaat om te bestuur, want Hy is God.

Hoe sal jy graag onthou wil word?

As iemand wat 'n verskil kon maak waar dit werklik saak maak. Mag ons hemelse Vader my oë oopmaak om geleenthede raak te sien om 'n helpende hand vir iemand op 'n moeilike pad te wees! Ek wil graag in die uitsaaibedryf onthou word as iemand wat ander, wat dieselfde drome as ek gehad het, met praktiese raad en opleiding kon help.

Jou boodskap aan Suid-Afrika

Lig jou kop op en maak seker jy gee elke dag jou beste. Ons kan almal in 'n hoek sit en kla oor dít wat negatief is, maar dit gaan geen verskil maak nie. Staan elke dag op om jou beste te gee en help waar jy die geleentheid kry om dit te doen, selfs al is dit net om 'n glimlag te gee. Fokus op die klein dingetjies om jou wat jy kan doen. Los die wonderwerke in God se hande. Jy gaan 'n beter lewe hê en tweedens gaan jy saai sodat die mense om jou ook 'n beter lewe sal hê.

Hennie Koortzen
Eksklusiewe onderhoud
Skandeer kode en kyk
◀◀◀

Ronald Brown

Ronald Brown, gebore op 2 September 1995, is 'n Suid-Afrikaanse sewesrugbyspeler en Olimpiese deelnemer. Kommentators verwys na hom as die blits wat vinniger as 'n kitskoswinkel is, maar die voormalige Hoërskool Montagu-leerder is 'n ster en elke seuntjie in dié dorp se ikoon. Met die hulp en aandag van bekwame afrigters draf die 15-jarige Ronald as losskakel vir die o. 19-span uit en maak sy merk in skolerugby. Hy het vir 'n wyle Boland-kleure gedra voordat hy as kranige student aan die Universiteit van Johannesburg vir die universiteitspan in die Varsitybeker-reeks uitdraf (2014-2017). Dit is ná 'n uitnodiging om deel uit te maak van die SAS Rugbysewes-akademie in Stellenbosch (2018) dat Ronald sy buiging maak in die nommer 13-trui in die 2020-Blitsbok-span en die groen en goud oor sy kop trek vir die Olimpiese Spele in Tokio. Ronald maak ook deel uit van die Suid-Afrikaanse sewesspan wat hulle tweede goue medalje by die Statebondspele in 2022 in Birmingham verower.

My liefde vir sport het begin ... *langs die rugbyveld en in die strate van Montagu. My nefies het vir 'n klub in Montagu rugby gespeel toe ek grootgeword het en dit het my geïnspireer om ook die sport te probeer. Ek het verlief geraak daarop. Die aande van raakrugby saam met vriende in die strate van Montagu, ná skool en oor naweke, het die passie vir die sport laat groei.*

As ek nie 'n sportster was nie, sou ek ... *beslis 'n argitek word. Ek het 'n passie om geboue en strukture te teken.*

Ek is ongelooflik dankbaar vir ... *my familie. Hulle wys hulle ondersteuning deur dik en dun.*

As ek my lewe kon redigeer, sou ek ... *absoluut niks verander het nie.*

Een van die grootste lesse wat ek vanjaar geleer het ... *Om altyd voluit te leef en daarna te streef om my uiterste bes te gee in alles wat ek doen.*

My grootste prestasie is ... *om Suid-Afrika by die Olimpiese Spele in Tokio 2020 te verteenwoordig.*

Die Bybelvers wat my deurdra …

Matteus 21:22:
"As julle glo, sal julle alles ontvang wat julle in die gebed vra."

HSBC-speler van die wedstryd in 2021 se Dubai-finaal

MY STORIE
Ronald Brown

"Dit is kanker. Hodgkins se limfoom-kanker ..."

Op daardie oomblik het Ronald Brown se wêreld inmekaargetuimel. Hy was die jong, sterk opkomende speler vir die Suid-Afrikaanse sewesrugbyspan, op pad om sy debuut in 2019 in die groen en goud by die Los Angeles-toernooi te maak.

Alles waarvoor Ronald gewerk het en alles waaroor die 24-jarige die vorige 18 jaar lank gedroom het, het binne oomblikke aan skerwe gespat.

In November 2018 verhuis Ronald na Stellenbosch om sy posisie in die SAS Rugbysewesakademie in te neem met die hoop om 'n Blitsbok te word. Hy het die ondersteuning van sy ouers, familie en die hele Montagu agter hom. *"Ek was regtig verheug om by die span aan te sluit, maar God het 'n ander plan gehad."*

In Januarie 2019 beseer Ronald sy knie in 'n strawwe oefensessie saam met die span ter voorbereiding van 'n toernooi. Met die verdoemende nuus dat die meniskus van sy knie geskeur het, is 'n operasie en drie lang maande van die speelveld af sy voorland. Hy sou nie gekies word vir die span nie. 'n Verdere terugslag met 'n dyspierbesering verleng die oorspronklike hersteltydperk van 12 weke tot 18 weke en weer word hy nie by die span ingesluit nie.

"Ná meer as vier maande kon ek uiteindelik terugkeer na die oefensessies en was ek baie gretig om saam met die span te oefen terwyl ons vir die Los Angeles-toernooi voorberei het. Ek sou dié keer moontlik die span haal, maar tydens oefening het ek pyn in my borskas ervaar. Ek het nie gedink dit was iets ernstig nie en het voortgegaan met oefen. Die pyne het egter vererger en ek moes vir skanderings gaan."

Dit was die aand voordat Ronald vir sy visumafspraak sou gaan dat hy die oproep van die spandokter, dr. Leigh Gordon, ontvang. Die besoek aan die hospitaal in Stellenbosch sou hopelik net 'n roetine-ondersoek wees, maar daardie dag het Ronald se lewe omgekeer. *"Ek het soveel vrae gehad. Sou ek ooit weer kon rugby speel? Sou ek dit oorleef? Wat*

Altyd 'n dankbare hart teenoor God ná 'n wedstryd

gaan met my gebeur? Dit het gevoel asof alles skeefloop en ek het vir God gevra of ek op die regte plek in my lewe is."

Dit is hiér waar sy pad met die Here werklik begin.

"Ek het in 'n Christen-huis grootgeword. Ons het kerk toe gegaan, my pa was baie streng en dit het ons op die nou paadjie gehou. My ma het 13 jaar gelede 'n beroerte gehad, wat haar spraakvermoëns aangetas het. Alles in ons huis het verander. Almal moes ekstra verantwoordelikhede opneem. Dit was hard op my pa, hard op ons almal, maar familie was belangrik en ons het saamgestaan; deurgedruk."

Hierdie keer sou die laer om Ronald, die enigste seun in die huis, getrek word; weer het die familie saamgestaan. In hierdie skrum het Ronald vir God omhels en nooit weer laat los nie. "Ek het meer tyd in die teenwoordigheid van die Here begin deurbring omdat ek Hom nodiger gehad het as ooit van tevore … my verhouding met God het verander, sterker geword en ek het Hom liewer begin kry."

"My begeerte om meer soos Hy te word, het verdiep."

Ronald se weke van chemoterapie het verander in 'n geloofspad saam met sy Vader en sy pa aan sy sy. Sy ouerhuis was sy veilige vesting en sy ouers – veral sy ma, met geen of per geleentheid enkele woorde – was sy lewensafrigters op die pad na herstel. Ronald het 11 kg verloor – spiermassa, die een ding wat 'n rugbyspeler broodnodig het. Dit het hom egter nie gestuit nie. COVID en die algehele inperkingstydperk het Ronald net nog 'n bietjie meer tyd gegee. Hy sou dié tyd gebruik om sterker, vinniger en nog meer gefokus te raak terwyl hy ure en ure lank oefen.

Sy droomterugkeer het almal verstom. Ronald wás sterker, vinniger en die tweede kans op lewe en rugby het hom nog meer passievol oor elke oefengeleentheid gemaak. Sy verhouding met God het verdiep en dit het sy afrigters en spanlede geïnspireer.

"Ná hierdie snoeiproses het ek uiteindelik my kans gekry om as Blitsbok gekies te word en is selfs in 2021 as Springbok-sewesspeler van die Jaar gekies. Geen woorde kan beskryf wat die Here vir my gedoen het nie. Ek is so dankbaar vir sy goedheid. Om in sy teenwoordigheid te wees, laat my steeds oorweldig voel, want ek sien sy goedheid en wie Hy werklik is. Dit voel asof Hy daagliks sekermaak dat ek weet dat ek sy seun is en dat Hy my gekies het."

Die lewe sal altyd 'n paar plettervatte inhou, hetsy 'n besering, teleurstelling in mense, om nie vir die span gekies te word nie of 'n slegte ervaring weens die wêreld se dinge en maniere, maar een ding is seker; Ronald Brown ken die stem van sy Vader en hy sal nooit enigiets sonder God se hand en leiding aanpak nie.

Kankeroorwinnaar

Ronald speel vir Hoërskool Montagu

Wat dink jy is die grootste struikelblok in mans se lewens?

Geestesgesondheidskwessies. Tradisionele geslagsrolle en die verwagtinge van die samelewing het 'n beduidende uitwerking op hoekom mans minder geneig is om vir hulp te gaan aanklop of geestesgesondheidskwessies te bespreek. Daar word dikwels van mans verwag om sterk te wees, die broodwinners te wees en met ander druk wat daarmee gepaard gaan, kan dit moeilik wees om oop te maak en oor emosies te praat.

Hoe sal jy graag onthou wil word?

Ek sal graag onthou wil word as 'n Godvresende individu wat ander mense geïnspireer het en nooit my drome laat vaar het nie.

Jou boodskap aan Suid-Afrika

Dit maak nie saak waar jy vandaan kom nie, as jy die begeerte, gewilligheid en geloof het om jou drome te verwesenlik, is niks onmoontlik nie.

Ronald Brown
Eksklusiewe onderhoud
Skandeer kode en kyk

UJ se Sportman van die Jaar 2021

Henco Venter

Hendrik Petrus Venter (Henco), gebore op 27 Maart 1992, is 'n Suid-Afrikaanse rugbyspeler. Dié oud-Bloemfonteiner is 'n susterskind van die wyle Suid-Afrikaanse rugbyspeler Ruben Kruger en oud-Springbok-slot Drikus Hattingh. As voormalige Grey College-leerder volg hy in die voetspore van groot rugbylegendes. Die jong Henco se rugbyloopbaan skop in 2005 af met sy insluiting by die o. 13-Cravenweek-toernooi. In 2008 speel hy in die o. 16-Grant Khomo-week en word vereer as 'n lid van die o. 16-elitegroep. Nadat Henco in 2009 se Akademieweek speel, word sy toekoms duideliker en as Vrystaat-speler vir die o. 19-span verteenwoordig hy die jong Cheetahs in 2011 se o. 19- provinsiale kampioenskap en draf vir Vrystaat se o. 21-span uit in 2012 en 2013 se o. 21- provinsiale kampioenskap. Hy maak sy buiging vir die UV Shimlas in die Varsitybeker-reeks en word aan die einde van 2015 se Varsitybeker-toernooi aangewys as deel van die Varsitybeker-droomspan. Hy speel in 2012 in sy eerste Curriebeker-wedstryd met die Cheetah op sy bors vir 'n promosie-relegasie-wedstryd teen die Oostelike Provinsie Kings. Henco se provinsiale loopbaan sluit in: die Cheetahs (2012-2018) en die Japanse span Toshiba Brave Lupus (2018-2019). Hy draf sedert 2020 as losvoorspeler vir die Haaie uit.

My liefde vir sport het begin ... *as 'n klein seuntjie. Ek het langs die rugbyveld grootgeword. Sport was nog altyd in my familie: Twee van my ooms het vir die Blou Bulle en Springbokke gespeel (Ruben Kruger en Drikus Hattingh). Ek onthou hoe ons vir hulle gaan kyk het en hoe trots ek op hulle was. My pa was 'n skoolhoof en ek het saam met hom na al die eerste span se oefeninge, toere en wedstryde gegaan en selfs saam met die groter kinders geoefen.*

As ek nie 'n sportster was nie, sou ek ... *teologie by die Universiteit van die Vrystaat studeer het. Ek het nog altyd 'n liefde vir teologie gehad – die geskiedenis en 'n roeping in daardie rigting, maar ek hou ook ongelooflik baie van die sakewêreld. Om jou eie besigheid te besit gee 'n mens meer fleksietyd en dus meer gesinstyd, wat vir my 'n groot prioriteit is. Dit sal dus 'n tandem wees tussen teologie en entrepreneurskap.*

Ek is ongelooflik dankbaar vir ... *familie. Michael J. Fox sê: "Family is not an important thing. It is everything." Dit is hoe ek voel. Ek is opreg dankbaar vir my vrou en my familie. As alles (mensgemaakte dinge) op die ou end van jou weggeneem word, het julle net vir mekaar en die herinneringe tussen julle oor. Ek is veral so dankbaar vir die lewe (en* lesse) wat ek as kind gehad het, dit is tot vandag toe vir my van onskatbare waarde. Ons is 'n baie hegte familie en kuier gereeld by mekaar.

As ek my lewe kon redigeer, sou ek ... vir myself sê: "Henco, leer vir daardie Grieks en Hebreeus – jy wil dit nie her nie!"

Ek het nie iets wat ek nou sou verander nie. Daar was baie lesse wat ek tot dusver geleer het in my lewe en om iets te verander sou veroorsaak dat ek nie die les geleer het nie.

Een van die grootste lesse wat ek vanjaar geleer het ... Dinge werk nie altyd uit soos jy jou dit voorgestel het nie, en dit is oukei. "We do not run the show", daar is Iemand agter die skerms wat dinge so perfek vir ons laat uitwerk (Romeine 8:28).

Ons is die klei, Hy is die Pottebakker wat besig is om iets wonderlik van ons te maak – hoe lekker om oor te gee!

My grootste prestasie is ... As ek een prestasie moet uitsonder, is dit om te kon studeer en terselfdertyd 'n professionele sportman te kon wees. Dit is iets wat baie dissipline geverg het en ek is bly ek het deurgedruk.

Daar is verskillende hoogtepunte in my lewe: Ek dink aan my troudag, my gradeplegtigheid, die Varsity-beker wat ons gewen het, Curriebekers wat ons gewen het, verskillende wedstryde wat alles van ons geverg het om deur te druk tot die einde.

Die Bybelvers wat my deurdra ...

Jesaja 40:30-31:
"Selfs jong manne word moeg en raak afgemat, selfs manne in hulle fleur struikel en val, maar die wat op die Here vertrou, kry nuwe krag. Hulle vlieg met arendsvlerke, hulle hardloop en word nie moeg nie, hulle loop en raak nie afgemat nie."

Henco ná 'n harde wedstryd saam met sy geliefdes

Henco en sy vrou, Lurinda, op hul troudag

MY STORIE
Henco Venter

Die Here is vir hom "real". Hy maak 'n punt daarvan om elke dag bewus van God te lewe, want Hy is sy Pa, sy beste Vriend en die Een met wie hy oor alles praat. *"Ek ervaar God elke dag. Wanneer ek honderd persent bewus is van Hom, is ek vol energie, proaktief en reageer nie bloot op dinge nie. Ek kan dan alles inneem wat God vir my gegee het om die regte besluite te neem – hetsy op die rugbyveld, in die besigheid of my geestelike lewe."*

Henco het in 'n huis met Christelike waardes en standaarde grootgeword en volg sy ouers se voorbeeld. Dit is ook tydens sy grootwordjare dat hy besef God is nie ver nie, maar naby. Hierdie bewustheid neem die ingewikkelde vrae oor God se goedheid heeltemal weg. Van jongs af was dit 'n uitgemaakte saak: Dinge sal gebeur, want ons bly in 'n wêreld waar dit die werklikheid is, maar God is altyd goed! En tensy jy dit glo en weet wie jy in Hom is, gaan die lewe jou onderkry.

> *"Carl Jung sê: 'Die wêreld gaan vir jou vra wie jy is en as jy nie vir die wêreld kan sê wie jy is nie, gaan die wêreld vir jou presies sê wie jy is.'"*

"Om 'n Christen te wees is vir my om elke dag vir die wêreld te sê: 'Ek is Henco Venter en ek wil presies soos Jesus Christus wees.'"

Daardie besluit het Henco egter nie vrygeskeld van die stampe en stote van die lewe nie. Hy beleef dit ook. Daar was die vier skoueroperasies in matriek (tussen Mei 2010 en einde Januarie 2011) wat ontsteek en septies geraak het en Henco weerhou het om deel te wees van spanne en kompetisies wat 'n moontlike positiewe rigting in sy jong sportloopbaan sou beteken. Daar was talle kere dat hy getwyfel het of hy ooit weer rugby sou speel. *"Storms vorm ons. Niks wat maklik kom, is die moeite werd nie. Genesing wat maklik kom, laat ons gou vergeet."*

Henco moes vroeg in sy lewe die besluit neem om dinge anders te doen en anders te dink. Die wêreld wou hom in 'n boks druk, maar die 1,92 m lange reus het spoedig besef dat hy nie aan mense se verwagtinge hoef te voldoen nie. *"Wees gemaklik daarmee om nie aan mense se verwagtinge en eise te hoef voldoen nie. Die wêreld stel eise en wil*

Henco se hele gesin saam op die plaas: Die Venters (Lurinda, Henco, Behan, Dawie en Marietjie) en die De Wets (Ane, Alison en Michal)

hê jy moet dinge op 'n sekere manier doen, maar dan is dit lekker om dit heel anders te doen; nie soos die wêreld nie."

Met hierdie uitkyk het Henco die wêreld vierkantig in die oë gekyk, want maklike keuses in die oomblik sou 'n moeilike lewe beteken terwyl moeilike keuses in die oomblik 'n maklike lewe sou beteken. Dié sienswyse was 'n praktiese riglyn om in die onseker tye te onderskei tussen goed en sleg, foute en geen foute nie. *"Dit is vir enige jong mens moeilik om te onderskei as jy nie baie kennis het nie. Ek het my vingers al met verkeerde keuses en verhoudings gebrand; daardie rooi liggies wat 'n mens ignoreer. Soms moet 'n mens daardie pad van mislukking stap om te leer en om wysheid te bekom."*

God kon Henco vertrou met 'n rol as sportpersoon in Suid-Afrika, met die aansien, want Henco weet wie hy is. *"Jy gaan op verkeerde paaie, maar die Heilige Gees bring jou weer terug op die regte pad. Dit is deur hierdie persoonlike ervarings wat jy leer wie jy is en hoekom jy so is."*

Henco hou vas aan Romeine 8:28: *"Ons weet dat God alles ten goede laat meewerk vir dié wat Hom liefhet, dié wat volgens sy besluit geroep is."* Hy glo vas dat wanneer ons as kinders van God ons kant bring, die Here alles ten goede sal laat meewerk. Hy bid daagliks vir "guts"; om die moed te hê om die moeilike keuses te maak en deur te druk.

Sy karakter is stap vir stap, weg van die sportveld af, gevorm. Henco sit die bal eenkant neer terwyl die prediker binne in hom na vore tree, want dit is wié hy is en nie net wat hy doen nie ... "Die driehoek van "shalom", om vrede te ervaar, is: geestelike rykdom, emosionele rykdom (bestendigheid) en voldoende finansiële rykdom (voorsiening). Ek kan nie die een hê en nie die ander nie, dan sal daar 'n onvervulde behoefte wees en ek sal dit met aardse goed probeer vul. Die gereedskap in die Bybel om te gebruik is die sewe uitdrukkings van die Heilige Gees van Jesaja 11:

1. Die Gees van die Here
2. Die Gees van wysheid
3. Die Gees van verstand
4. Die Gees van raad
5. Die Gees van sterkte
6. Die Gees van kennis
7. Die Gees van die vrees van die Here

As die vrug van die Here se sewe Geeste in my lewe gesien kan word, sal ek werklik "shalom" ervaar."

> "Elke mens doen dinge anders en dink anders, maar die belangrikste is om te onthou dat ons vir Hom op aarde is; om eer aan Hom te bring in alles wat ons aanpak en weg te beweeg van ons eie begeertes en menings."

"Die lewe is kort, ons is nie môre gewaarborg nie ... moenie dat jou lampie se olie leeg wees as die Bruidegom opdaag nie."

Henco op die plaas saam met ma Marietjie en pa Dawie

Wat dink jy is die grootste struikelblok in mans se lewens?

Verskillende seisoene het verskillende struikelblokke. Ek vermoed trots is die grootste struikelblok: te trots om jammer te sê, te trots om "ja" te sê vir die regte ding, te trots om "nee" te sê vir die verkeerde ding, te trots om te sê wanneer jy hulp nodig het, te trots om oor te gee wanneer die tyd reg is.

Hoe sal jy graag onthou wil word?

Ek sal graag onthou wil word as 'n doodgewone man wat elke dag in die oomblik gelewe het en sy beste vir almal en alles gegee het; dat ek nie slegs oor my geloof gepraat het nie, maar dat ek dit daagliks gelewe het.

Jou boodskap aan Suid-Afrika

Ons moet ons oë oopmaak en opstaan. Ons is in Afrika en dit is nie altyd maklik in ons land nie, maar ons is taai mense. Die Here gee vir ons al die gereedskap wat ons nodig het om "shalom" (vrede) te hê in Suid-Afrika. As jy nie die land kan verander as geheel nie, begin klein – by jou gesindheid, by jou gesin, in jou woonbuurt, waar jy is. Positiwiteit het die vermoë om soos 'n veldbrand te versprei. Dit is ons keuse of ons dit wil gebruik en of ons kies om dit nie te gebruik nie. Negatiewe praatjies by die braai gaan net mooi niks help nie, behalwe om jou verder negatief te maak.

Dit is 'n land van kleure en klank, dit is 'n land van oorvloed en dank ... maar slegs as jy besluit om dit te sien en om hand by te sit.

Henco Venter
Eksklusiewe onderhoud
Skandeer kode en kyk

Henco, James Venter en Werner Kok ná hulle lekker visgevang het

Henco en Lurinda geniet koffie saam met sy sussie, Ane, haar man, Michal, en hulle dogtertjie, Alison

Warren Whiteley

Warren Roger Whiteley, gebore op 18 September 1987, is 'n voormalige Suid-Afrikaanse professionele rugbyspeler en tans die verdedigingsafrigter vir die Haaie. Dié Durbaniet se kleurvolle rugbyloopbaan sluit tyd in as speler vir die Haaie (2008-2009), die Mighty Elephants (2009), meer as 160 wedstryde vir die Goue Leeus en Leeus in die Superrugby- en Curriebeker-reekse (2010-2018) en tien wedstryde vir die Red Hurricanes (2016-2018). Die voormalige Glenwood High School-leerder maak sy merk as kaptein vir die Leeus, wen die Curriebeker in 2011 en 2015 en haal drie eindstryde in die 2016-, 2017- en 2018-Superrugby-reeks. Warren trek die groen en goud vir die eerste keer aan toe hy in 2012 as 'n jong 25-jarige vir die Blitsbokke uitdraf. Hy word deel van die Suid-Afrikaanse sewesspan wat die goue medalje by die 2016-Statebondspele in Glasgow wen. Ná twee jaar met die Springbok reeds op sy bors, kry Warren in 2014 ook die geleentheid om sy buiging te maak vir die Springbokke. Hy maak sy debuut teen Australië in Perth en nadat die gereelde nommer-8-speler, Duane Vermeulen, in die tweede toets teen Ierland 'n besering opdoen, maak Warren gereeld as agtsteman deel uit van die Springbokke se aanvangspan. Warren word in 2017 deur afrigter Allister Coetzee as die 58ste kaptein van die Springbokke aangewys, maar loop weens 'n besering die laaste halfjaartoets teen Frankryk mis. Die Stormers-slot, Eben Etzebeth, neem as kaptein by hom oor. Siya Kolisi neem daarna in die afwesigheid van Warren en Eben die kapteinskap oor en behou die kapteinskap ook ná die terugkeer van albei spelers.

In 2019 dwing 'n reeks kniebeserings dié trotse seun van KwaZulu-Natal om sy uittrede uit professionele rugby te maak, ná 23 toetse vir die Springbokke. Tans belê hy in die talent van jong spelers en gebruik hy sy ryke ervaring as positiewe riglyne in sy afrigting.

Warren is getroud met Felicity en is die pa van twee dogters en 'n seun: Ava, Lily en Samuel.

My liefde vir sport het begin ... *as 'n jong seuntjie. Ek was baie lief vir die natuur en buitelewe en het voortdurend êrens heen gehardloop of boomgeklim. Ek het op laerskool 'n groot liefde vir individuele sport gehad en het in langafstande, hoogspring en gewigstoot uitgeblink, maar tussen die atletiek en krieket deur het ek 'n liefde vir spansport ontwikkel. Dit was die kameraadskap en vriendskap wat my getrek het en die feit dat 'n mens saam vir een doel gewerk het.*

As ek nie 'n sportster was nie sou ek ... *vir seker in 'n kreatiewe lyn ingegaan het of ek sou 'n onderwyser of afrigter geword het wat steeds 'n invloed kon hê en 'n verskil kon maak in kinders se lewens.*

Ek is ongelooflik dankbaar vir ... *my vrou en gesin, my ouers en afrigters, elke mentor in my lewe. Almal het 'n reuse- en unieke bydrae gelewer tot wie ek vandag as volwasse man is. Die Suid-Afrikaanse publiek het ons in vol stadions ondersteun tydens my rugbyloopbaan en daarvoor is ek ook dankbaar. En dan natuurlik God. Hy is my alles. Hy is altyd teenwoordig en Hy is my Pa – die Een wat my beter verstaan as enigiemand anders.*

As ek my lewe kon redigeer, sou ek ... *nie enigiets verander het nie. Ek is spyt oor min dinge in my lewe. Die pad wat ek geloop het, het my die man gemaak wat ek vandag is. En hier waar ek myself tans bevind, is waar God my wou gehad het. Elke seisoen in my lewe was 'n groeiproses. Ja, ek sou graag my loopbaan op my terme wou klaarmaak en finaal afsluit, maar dinge gebeur nie altyd soos ons dit wil hê of verwag nie. Wat wel in my hande is, is die keuses wat ek maak om te leer en te groei in elke situasie.*

Een van die grootste lesse wat ek vanjaar geleer het ... *Dit is nie noodwendig net hierdie afgelope jaar nie, maar in my rugbyloopbaan. Ek het in 2015 nie die Springbok-groep gemaak nie. Ons het die vorige jaar onder my kapteinskap die Curriebeker-finaal teen WP verloor, maar ek het ook die voorreg gehad om die span in die Superrugby-reeks te lei. Ek het dus verwag dat die nuwe seisoen sou aanbreek en ek net die kapteinskap weer sou hervat met die doelwit dat ons die Curriebeker-reeks sou wen. Coach Ackies het egter die nuus met my gedeel dat Jaco Kriel die seisoen se kaptein sou wees en dat ek dus moes terugstaan. Ek onthou hoe gebroke ek was. Ek kon dit nie verstaan nie, maar ná 'n paar uur se introspeksie het ek besef dat my ego oorgeneem het en die kapteinskap en titel my fokus gesteel het. Dit het oor mý gegaan en nie die span nie. Ek moes leer dat 'n leier nie noodwendig 'n titel nodig het om te lei nie. Ons almal het elke dag die geleentheid om te lei. Na dese is ek en Jaco steeds goeie vriende en ja, ons het die Curriebeker gewen. Ek moes die swaar les leer en vandag hou ek steeds elke keuse en reaksie van my dop en ek vra die vraag: Is dit ego of hart wat die hardste praat?*

My grootste prestasie is ... *my familie – my kinders, my vrou en wie ons as eenheid is. Ons is so trots op mekaar en lief vir mekaar.*

Die Bybelvers wat my deurdra ...

Filippense 4:13:
"Ek is tot alles in staat deur Hom wat my krag gee."
Dit is 'n vers wat my ma vir my as jong seun altyd voor die wedstryde gestuur het. Ek was maar 'n skaam en angsvolle jong man en dit het altyd gehelp om daaraan vas te hou.

MY STORIE
Warren Whiteley

Warren Whiteley sou homself nooit as kwaai of heftig beskryf nie, maar as 'n vasberade jong man wat net altyd die beste weergawe van homself wou wees in alles wat hy aanpak! Die lewe het Warren as kind reeds begin leer dat 'n oorwinning nie altyd aan die orde van die dag is nie en dat daar meer lesse te leer is uit nederlae as om te wen. Hy het egter swaar gesluk aan dié gedagte en hy het dit eers as hoërskoolleerder begin aanvaar. *"Ek het my hele lewe lank baie hard gewerk omdat ek verloor verafsku het. My ouers het my nooit gedruk om te wen nie, hulle het my eerder aangemoedig om net deel te neem, maar ek het as klein seuntjie angsaanvalle gekry wanneer ek verloor het en moes vrede maak met die idee dat dit deel van die lewe is ... 'n Bekende Amerikaanse basketbalafrigter, John Wooden, se metodiek rakende sport het egter 'n indruk op my gemaak en my geleer: Die hele lewe is pieke en valleie. Moenie dat die pieke te hoog en die valleie te diep word nie. Ek moes dit vir myself leer, veral in ons bedryf. Wen en verloor is onvermydelik en wanneer jy die angs oor verloor kan laat gaan, sal daar groei binne jou plaasvind ..."*

Die groei het gepaard gegaan met swaar lewenslesse en baie diep valleie waar hy moes kies om te groei, want besering op besering het sy sportloopbaan in die mees deurslaggewende tye gekniehalter. Gedurende die emosioneel uitdagende tye sou Warren vele kere uitroep: "Hoekom Here? Hoekom nóú! Hoekom ek ... keer op keer ... weer en weer!" Hy het alles reg gedoen, het gefokus op liggaamlike fiksheid, geestelike bestendigheid en het sy gedagtes gefokus gehou, maar telkemale sou nog 'n onverwagse groot besering hom stuit. *"My loopbaan is deurspek met beserings en terugslae. Ek is nie vir die 2015-Rugbywêreldbekerspan gekies nie ... Daarna was my mikpunt om vir vier jaar hard te werk en dan my groot droom te verwesenlik – om deel uit te maak van die 2019-Rugbywêreldbeker ... net om in 2019 my borsspier te skeur en my knie wéér te beseer. Ek het na raad geluister, maar steeds te vroeg na die spel teruggekeer, wat die spyker in die doodskis was. My knie wou nie meer regkom nie en in 2019 moes ek my uittrede uit rugby aankondig in plaas van my insluiting in die Rugbywêreldbekerspan ..."*

Warren sluk steeds swaar wanneer hy oor sy groot droom praat wat toe net 'n droom gebly het. Soms kan hy die verlies hanteer, maar ander kere stoot hy dit vir eers net eenkant toe, want hy moet glo dat alles ten goede sal meewerk vir die wat God liefhet. Al maak dinge nie vandag honderd persent sin nie, moet hy glo dat God steeds in beheer van sy lewe is. Die woorde van sportsielkundige Jannie Putter dra gewig: "Wat ook al mét my gebeur, gebeur vír my." Warren kies om die hoopvolle prentjie raak te sien, al

Warren saam met sy vrou, Felicity, en kinders, Ava en Samuel

is dit soms wasig, want God se Woord dra krag. "Dit is soms uitdagend, ek sal nie jok nie. Ek wil soms steeds in my eie wysheid keuses maak en tot gevolgtrekkings kom. Dit gebeur partymaal wanneer ek na 'n Boktoets kyk; dan dink ek: Wat as ek nog gespeel het? Maar terselfdertyd kom die gedagte by my op en herinner ek myself waar ek nou is: die vrede en tevredenheid wat ek beleef; die waarde wat ek nou toevoeg tot ander jong mans se lewens en die vervullende rol wat ek vertolk."

In daardie oomblikke word Warren se hart weer stil, ervaar hy vrede en dan fokus hy op wat God wil sê. "God is soos my Pa. Ek het 'n hegte verhouding met die Here … daar is moeilike tye waar ek myself of Hom bevraagteken, maar die ongelooflike deel van ons verhouding is dat ek met Hom kan praat. Hy laat my toe om emosies te voel: Of ek nou kwaad of teleurgesteld is, 'down' of totaal verlore voel, ek weet Hy is heeltyd saam met my."

Maar vir daardie gewaarwording en bewustheid van God en so 'n persoonlike verhouding met Hom, moes Warren 'n ontmoeting met God beleef. Daardie ontmoeting het in die mees onverwagse plek plaasgevind … tussen die mure van 'n stadion in 'n rugbykleedkamer. "Ek was as kind in 'n baie streng Gereformeerde Kerk. Ek het min kerk toe gegaan, maar as sportmal hoërskoolseun het my ma voor elke wedstryd of wedloop 'n klein briefie met 'n Bybelversie in my hand gedruk. Dit het die vuur in my hart aan die brand gehou. Ek het bly wonder oor God en myself soms afgevra: Wie is hierdie God?"

Warren was 20 jaar oud die dag toe hy vir die eerste keer by 'n selgroep instap. Johan Ackerman, die hoofafrigter van die Leeus, het die spelers uitgenooi en Warren het dit bygewoon. Dáár, by die stadion, sou Warren die verskil leer ken tussen 'n persoonlike verhouding met God en om bloot van God te weet. *"Ek het altyd gevoel ek moet iets doen om goed genoeg te wees vir God, maar toe ek hoor dat ek reeds vergewe is en dat God my liefhet ondanks my aksies, het die openbaring van God se genade vir my 'n werklikheid geword. My hele uitkyk het verander en 'n nuwe verhouding met God het begin."* Die Leeus-span sou voor wedstryde en gedurende spanvergaderings altyd met gebed open en afsluit. Hulle het geleentheid gekry om vir mekaar te bid en 'n hegte band het gevorm. In die gees was hulle sterk en in die vlees veranderde mense wat op hulle beurt die spel en ander mense se lewens aangeraak en beïnvloed het.

Vandag staan die doelgerigte Warren as verdedigingsafrigter van die Haaie aan die sy van mentors soos Neil Powell en dr. Eduard Coetzee. Saam mik en streef hulle na iets groter as hulleself. Warren weet nie of hulle al hul doelwitte sal haal nie, maar dit is nie waaroor dit gaan nie. Dit gaan daaroor dat daar 'n gemeenskaplike doel is om na te streef, iets waarop hulle hul harte kan sit. Waarheen die Here Warren gaan lei, sal altyd vir hom 'n verrassing bly, want hy het al geleer – groei gebeur nie op sy terme nie. *"Ander spelers het hoogtepunte bereik, titels gewen en op hoogtepunte uitgetree, maar nie almal se stories is dieselfde nie. My droom om 'n Wêreldbekertitel of 100 Superrugby-wedstryde te speel, het nie gebeur nie. Neem ek God kwalik en blameer ek Hom vir my beserings? Nee, glad nie. God bly goed. Dit is in die laagtepunte waar ons groei en die wonderwerke daarvan wat ons lanseer in die res van ons lewens in."*

Warren, die voormalige Springbok-kaptein, staan slaggereed in sy nuwe pos as afrigter. Hy inspireer, lei deur sy voorbeeld en dra die Goddelike waardes wat hy geleer het aan die jong manne oor. *"Ek moet myself elke dag herinner dat hierdie net jong mans is – hulle gaan ook slegte keuses maak. My rol lê nou in mentorskap ... dit is my beurt om onbeskaamd en moedig hoop te saai, want God is in ons midde, tússen ons."*

My trots, my alles

Wat dink jy is die grootste struikelblok in mans se lewens?

1. Mans se ego's is 'n groot faktor.
2. Om bewus te wees van jou wese is belangrik, maar jy moet God se stem eerste plaas in jou lewe.
3. Dit is goed om jou eie drome en gedagtes te hê, maar dit is belangrik om met die Here hieroor te praat.
4. Ons is onvolmaakte wesens wat foute gaan maak, maar laat toe dat God jou vorm om die man te wees soos wat Hy jou sien.

Hoe sal jy graag onthou wil word?

As 'n diensbare mens. 'n Man wat bereid is om van homself te gee aan ander. Iemand wat bereid is om sy hart op die spel te sit, foute te maak en die beste weergawe te wees wat hy kan wees.

Jou boodskap aan Suid-Afrika

Suid-Afrika, ons Vader het 'n wonderlike plan vir ons land en ons mense. Ons moet aanhou glo en vertrou op sy roeping vir ons land. Ons het 'n diverse kultuur wat ons deursettingsvermoë gee om terug te kom van enige uitdaging af. Wanneer ons glo in een visie, is ons saam sterker as 'n nasie. Elke mens kan 'n verskil maak in sy huis, gemeenskap, provinsie en land.

Warren Whiteley
Eksklusiewe onderhoud
Skandeer kode en kyk ◀◀◀

Ava, Lily en Samuel

Theo Bierman

Theo Bierman is 'n ultra-uithouatleet met 'n All World-atleet-status. Hy is 'n lewensafrigter, gesertifiseerde Ysterman-afrigter, TRC-driekampafrigter en skrywer van die boek, *10 Critical Steps Before Any Personal Development*. Sy hoëprestasie-afrigtingspraktyk is gebou op beginsels van lewensafrigting en 'n wandel saam met God.

Die voormalige De La Salle Holy Cross College-leerder het in November 2022 twee volle Ysterman-uitdagings direk na mekaar voltooi as deel van 'n liefdadigheidsfonds-insameling, The Paige Project Back-2-Back. Dit is een volle Ysterman (226,31 km) onmiddellik gevolg deur nog 'n volle Ysterman (226,31 km). Dit beteken 452,62 km binne 48 uur! 'n Ysterman-driekamp is 'n groot toets van 'n mens se geestelike en liggaamlike uithouvermoë en vereis baie voorbereiding en toewyding.

Die Ysterman-afstande sluit in 3,86 km swem; 180,25 km fietsry en 42,2 km hardloop.

My liefde vir sport het begin … *in 2016. Ek was alleen in die Verenigde Koninkryk ná 'n mislukte poging om te emigreer. My vrou en kinders het toe alreeds teruggekeer Suid-Afrika toe. Gedurende daardie tyd het ek begin oefen, aan wedrenne deelgeneem en 'n ware liefde vir uithousport, veral Ysterman, ontwikkel. Daar is egter 'n ander deel van my storie wat baie belangriker is. Ek is 'n verslaafde wat die afgelope nege jaar lank op die herstelpad is. Dit is my inspirasie om elke oggend op te staan en om elke dag te oefen. Ek is 'n beter man, 'n beter pa vir my kinders, beter afrigter en atleet omdat ek nege jaar gelede met hierdie herstelpad begin het. Wanneer ek soggens wakker word, is die eerste woorde wat ek sê: "Dankie, Here, dat ek elke oggend kan wakker word." Wanneer ek saans gaan slaap, is dit ook die laaste woorde oor my lippe. Uithousport het 'n baie groot deel van die transformasie in my lewe geword. Inteendeel, dit het my lewe gered. Ek gebruik uithousport om in nederigheid, kwesbaarheid en met trots te dien. Dit is die doel wat my elke dag aanspoor.*

As ek nie 'n sportster was nie, sou ek … *Dit is 'n moeilike sin om te voltooi, want ek sal beslis nie na myself as 'n sportster verwys nie! Om twee volle Ystermanne direk na mekaar te doen het beslis aandag getrek – iets waarvoor ek ewig dankbaar is. Maar hierdie uitdaging wat ek vir myself gestel het, was om geld in te samel vir The Paige Project, 'n liefdadigheidsorganisasie wat ek saam met drie dierbare vriende gestig het. Ons help om fondse in te samel en bewusmaking te skep vir minderbevoorregte kinders wat met serebrale gestremdheid lewe. Omdat ek familielede het wat met serebrale* gestremdheid lewe, weet ek eerstehands wat alles benodig word om die nodige sorg te verskaf. Die Paige-projek is dus iets waaroor ek baie passievol is en waaraan ek onder ander omstandighede baie meer tyd sou wou bestee, maar ons het almal rekeninge om te betaal en monde om te voed. Ek doen wat ek kan in samewerking met my mededirekteure. My loopbaan is dus om in nederigheid die mantel te aanvaar wat God op my geplaas het en dié te inspireer wat hulleself nie kan inspireer nie, om dié te help wat hulleself nie kan help nie, om aan ander te wys dat daar altyd 'n uitweg is – altyd. Ek sal dit doen met my Godgegewe talente en my liggaam en verstand gebruik om Hom wat my krag gee, te eer.

Ek is ongelooflik dankbaar vir ... my herstelproses en my oorgawe aan God, 'n krag groter as die eie ek, wat my kon gesond maak. Ten tyde van die skryf van hierdie hoofstuk is ek 44 jaar oud. Ek is nou wyser en nader aan God as ooit tevore. Ek is dankbaar vir tweede kanse. Hy is die middelpunt van my lewe. Tydens die herstelproses het Hy my geleer dat ek nie die middelpunt is nie. 'n Mens het maklik 'n slagoffermentaliteit. Dit is iets wat ek steeds soms moeilik vind om af te skud. Maar met Jesus Christus aan my sy, kan ek elke dag aangaan met die vertroue wat ek nodig het. Met hierdie vertroue en herstelde gevoel van eiewaarde, is ek as kind van God in staat om 'n beter man, vader, seun, broer, afrigter en atleet te wees.

As ek my lewe kon redigeer, sou ek ... gouer hulp gesoek het. As ek in die geheel na my lewe kyk, besef ek dat baie van die skade wat ek aangerig het, vermy kon word as ek vroeër volwasse besluite geneem het en 'n mentor gehad het. Ek het as tiener 'n ouer aan verslawing verloor en ek het sonder enige leiding grootgeword. As 'n afrigter sien ek nou hoe belangrik dit is om die regte soort mentorskap en leiding te hê, beide in die sportwêreld en in 'n mens se persoonlike ontwikkeling. Ek was jonk en onkundig en het belangrike lewensbesluite op my eie geneem. Ek was nie toegerus om die verantwoordelikheid te aanvaar wat op so 'n vroeë ouderdom op my geplaas is nie. Baie van die foute wat ek in my lewe gemaak het, het egter bygedra tot die standvastige en suksesvolle, gedrewe mens wat ek vandag is. Ek wens dat my kinders by geboorte

Vriende word familie wanneer jy saam swaarkry

deur 'n gesonde en nugter vader verwelkom kon word. Ek wens dat ek vroeër in my lewe meer Christelike geloofsbeginsels toegepas het, dit sou my die grondslag gegee het om deur die donker tye te kom. Ek verstaan die enigste manier om pyn te bowe te kom, is om daardeur te werk, maar dit hoef nie so ingewikkeld te wees nie. As ek dit heel aan die begin aan Jesus oorgegee het, sou alles beter uitgewerk het. Ek is seker ek sou nie so 'n verskroeide pad agter my gelaat het nie. Hoe dit ook al sy, die verlede is die verlede en ek kan nou vorentoe beweeg in die regte rigting.

Een van die grootste lesse wat ek vanjaar geleer het ... *is om te verstaan dat my eie grense stewig geanker is in geestelike deursettingsvermoë. Die middeljarige ouderdom dra by tot hierdie sterkpunt! Geestelike deursettingsvermoë is net soos liggaamlike fiksheid, 'n vaardigheid wat mettertyd ontwikkel. Tydens oefening of in kompetisies kom elke amateuratleet uiteindelik by 'n deurslaggewende oomblik uit wanneer hulle denke 'n groter impak op prestasie het as hulle liggame. Hierdie oomblikke kan 'n belangrike oefensessie of 'n belangrike wedloop maak of breek en selfs 'n rimpeleffek op hulle lewens hê. Tydens COVID het ek besluit om alles te gee om te ontdek wat my perke is. Ek het gedink ek kan meer doen as wat ek kon, maar toe ek weet wat my perke werklik is, kon ek bereikbare doelwitte stel en dit realisties uitvoer. Ek het binne 48 uur 452 km geswem, fietsgery en gehardloop en ek moes 'n "less is more"-benadering volg. Die plan wat my toegelaat het om hierdie doel te bereik, moes eenvoudig wees, want ingewikkelde oplossings los nie ingewikkelde probleme op nie. Eenvoudige oplossings los ingewikkelde probleme op. Ons is geneig om ons probleme dikwels te kompliseer omdat ons die grootste deel van ons lewens daaraan wy om vir onsself stories oor onsself te vertel – tot op die punt waar hierdie stories 'n werklikheid word.*

Sodra jy realistiese doelwitte as deel van 'n eenvoudige plan gestel het, en konsekwent hierdie doelwitte een na die ander bereik, begin jy stelselmatig jou beperkende sienswyses vernietig.

My grootste prestasie is ... *Behalwe om getroud te bly met die vrou wat gehelp het om my lewe te red en twee pragtige kinders te hê, is my grootste prestasie om 'n swem-fietsry-hardloop-uitdaging van 452 km in 48 uur af te lê tydens The Paige Project Back-2-Back. Dit was 'n lewensveranderende gebeurtenis wat honderd persent moontlik gemaak is met krag, deursettingsvermoë en vasberadenheid wat God aan my geskenk het. Die resultaat van hierdie ervaring het bevestig dat my volgende uitdaging heeltemal haalbaar is.*

Die Bybelvers wat my deurdra ...

Psalm 19:15 (1953-vertaling):
"Laat die woorde van my mond en die oordenking van my hart welbehaaglik wees voor u aangesig, o HERE, my rots en my verlosser."

MY STORIE
Theo Bierman

Op 29 Januarie 2014 ruk Theo Bierman se lewe tot stilstand. Hy is 35 jaar oud. Dit is haar oë wat hy so goed onthou. Die hartseer waarmee sy vrou na hom kyk terwyl hy deur die agtervenster van die bewegende motor staar. Sy is agt maande swanger en terwyl sy hulle eersgeborene, 'n eenjarige seuntjie teen haar vashou, stroom die trane oor haar wange. *"Ek was op pad rehabilitasiesentrum toe. Dit was die laagste oomblik van my hele lewe, maar ek het 'n keuse gemaak om ná al die jare gesond te word."*

"Alles word slegs moontlik gemaak met die krag van een. Die beginpunt is een. Dit is hoe kilometers opstapel. Twee volg op een, dan volg drie – totdat een tree duisende geword het, maar een aksie, die eerste, is die begin. Hierdie was my eerste tree na herstel. Die krag van een is sinoniem met my geloof en my verhouding met God, maar ek moes dit stap vir stap leer."

Theo is gebore in dwelmverslawing en het grootgeword met dwelmverslawing en alkoholisme in sy ouerhuis. Sommige vriende en familielede het met die nodige hulp die probleem te bowe gekom, ander ... nooit nie. Ondanks die chaos wat hom omring het, was dit 'n keuse wat Theo óók vir homself gemaak het en die koers wat hy ingeslaan het, was die pad van dwelmmisbruik. As 13-jarige het Theo die selfvernietigende pad met selfmedikasie begin. Fundamentele beginsels vir die lewe het nie in sy lewensraamwerk bestaan nie. Hy moes op homself staatmaak, want dit was al waar hy veilig gevoel het en al wat hy geken het.

God was nie 'n werklikheid in sy lewe nie. Maar kyk hy terug, sien hy nou die beskermende hand van 'n onsienlike God in sy lewe. Nooit sou hy Hom vir leiding vra nie, maar God was altyd op die een of ander manier daar.

Dit was 2016, die derde jaar van die 12-stap-Narcotics Anonymous-rehabilitasieprogram. Theo en sy gesin het besluit om te emigreer en oor te begin. Hulle het alles opgepak – hy het al die dinge wat hy tot dusver geken het agtergelaat met die hoop op 'n nuwe begin in die Verenigde Koninkryk. Die droom van 'n nuwe begin in die vreemde het egter ná 'n paar maande verdwyn met die werklikheid van 'n mislukte emigrasiepoging. Theo moes agterbly vir werk en weer sou hy sy vrou en kinders groet. Dié slag op 'n lughawe en dié keer vir 'n jaar. *"Ek kon nie saam met my gesin terugkeer huis toe nie, want ek moes agterbly vir werk. Dit het my laat voel asof ek weer al drie groet soos die dag toe ek in die rehabilitasiesentrum opgeneem is."*

In 2019 het Theo 40 geword. Veertig. Dié gevreesde ouderdom vir mans het hom vierkantig in die oë gestaar. Dit het hom weer op sy knieë gedwing met die vraag in sy hart: "Wat het ek bereik?"

"Die betekenis van 40 was vir my geweldig, omdat dit die halfpadmerk geïmpliseer het. Halfpad deur my lewe en dit was skrikwekkend, want ek het gedink die vorige 40 jaar van my lewe was nie noemenswaardig genoeg om my te laat voel dat ek trots op myself kan wees nie."

Dit was die onverklaarbare onsekerheid oor wie hy was as mens en man, sy roeping, verspeelde kanse, vermorste tyd en die konstante wonder oor "wat as" wat Theo se gedagtes in beslag geneem het. Gedurende hierdie onsekere tyd is hy versoek om 'n ondersteuningsrol te vervul vir 'n medelid van Narkotika Anoniem (NA). Hy was op stap vyf van 'n 12-jaarprogram en was vyf jaar lank skoon. Volgens die program se standaarde was hy heeltemal toegerus om die ondersteuning te bied wat nodig was. Tog het die konstante vrae en onsekerheid hom oorweldig. Hoe kon hy as rolmodel en steunpilaar optree? *"Ek het die NA-program gevolg, maar ek het gevoel ek word steeds nie vir my foute verantwoordbaar gehou nie."* Die enigste antwoord en ware uitweg – hy moes oorgee, want sonder om sy wil aan God oor te gee, sou hy keer op keer faal. Theo se wanopvattings oor homself het hom ingehaal; wanhoop, isolasie, ontkenning en magteloosheid het sy siel begin verteer. *"Die oorgawe het my gered, ek kon uiteindelik die obsessiewe vorme van gedrag identifiseer wat selfs in die 'program' op soveel maniere in my lewe manifesteer het. Ek kon net oorgee. Nié opgee nie."*

"Moenie meer lig mors nie."

Dit was die woorde en duidelike boodskap van God aan hom. Op daardie dag het Theo se hart en ingesteldheid verander. Sy werklike herstelproses was in God se hande. Alleen kon en wou hy dit nie meer aanpak nie! Dit is ook hier waar die belangstelling in Ysterman begin het en die volgende 12 maande lank sou Theo se reis met 'n hunkering na persoonlike ontwikkeling, gehoorsaamheid aan God en die begin van 'n loopbaan in afrigting begin.

Theo vier nou sy negende jaar van vryheid van verslawing. Hy het nuwe maniere gevind om te lewe en terug te gee deur die beginsels van herstel, kwesbaarheid en verantwoordbaarheid uit te leef.

"Ek lewe nou met Godgegewe hulpmiddels om seker te maak dat wanhoop my nie aan stukke blaas wanneer hindernisse soos missiele op my val nie: Ek gee net een tree op 'n slag saam met God. Op hierdie manier word ek nie van my voete geruk nie. Om een tree op 'n slag saam met Jesus te stap, beteken dat ek onwrikbaar in my kernwaardes staan sodat ek nie emosioneel uitgebuol word nie. Dit beteken ook dat ek duidelikheid het oor my 'hoekom' en my een groot fokuspunt wat my vorentoe dryf, ongeag wat voor in die pad lê en wag."

Theo moes ook leer om homself te vergewe en homself weer lief te hê. 'n Nou pad van broosheid voor God, in intimiteit met Hom en geloof het gevolg.

Psalm 19:15 (1953-vertaling):
"Laat die woorde van my mond en die oordenking van my hart welbehaaglik wees voor u aangesig, o HERE, my rots en my verlosser."

"As daar ooit een vers was wat moes opsom wat dit beteken om 'n hart te hê wat soek na God, sou dit hierdie vers wees. Vir my is dit die bloudruk van wie ek vir God wil wees. Wanneer ek myself en die waarde wat ek tot die lewe toevoeg begin bevraagteken, wanneer ek 'n afgrond van onsekerheid bereik, wanneer ek swaarkry teëkom en ek wankel in my vermoë om te onderskei wat God verwag, lees ek hierdie vers. Ek kan hierdie vers toepas op enige situasie in my lewe en in 'n oogwink kan ek rustig word. Daar kan geen eenvoudiger riglyn wees om volgens te lewe nie. En as 'n voormalige verslaafde is dit vir my soos die suurstof wat ek inasem."

Hoe kom 'n 44-jarige man soos hy deur 452 km se swem, fietsry en hardloop in 48 uur? Deur te besef dat ons niks alleen hoef te doen nie. "Ek hardloop nie alleen nie en ek herstel nie alleen nie. Ek doen nie die lewe alleen nie. God is, was en sal altyd by my wees, een tree op 'n slag. Een keuse op 'n slag. Dag vir dag."

Theo tydens Ironman 2022 in Gqeberha

Wat dink jy is die grootste struikelblok in mans se lewens?

Daar is 'n algehele gebrek aan selfliefde by mans.

Dit gaan daaroor om te verstaan hoe ons waarde aan onsself toeskryf as mans; om dus 'n dieper insig te hê in dit wat ons 'n gevoel van eiewaarde gee. Dit is om te erken dat ons as mans onsself saboteer en ons eie vordering verhoed. Dan is daar die immer ontwykende selfvertroue; as mans moet ons leer hoe om 'n goeie selfbeeld te kweek.

Soms moet ons erken dat ons ons eie groei in die wiele ry.

As mans ignoreer ons dikwels ons eie behoeftes en ontken wat binne ons aangaan. Ons krop ons gevoelens op, verwerk dit nie en bou wrokke op – dit word ons standaardgedrag. Voor ons ons oë uitvee, is ons op 'n pad waar slegte denkpatrone aanleiding gee tot slegte besluite – 'stinking thinking'. Hoeveel keer het 'n onvervulde man nie al tussen 'n groep vriende om 'n braaivleisvuur gestaan en lag nie, terwyl hy pyn en gevoelens in sy binneste wegsteek wat genees kan word as hy dit maar net wou erken ... Ons almal se pyn wys op verskillende maniere en daarom verwerk ons dit op verskillende maniere.

Ons moet leer om God eerste te plaas en na Hom te luister. Dan is die fokus op Hom en nie op ons swakhede en mislukkings nie. Ek was 'n man wat onrealistiese doelwitte gehad het, dinge wat nie aan my "een groot ding" gekoppel was nie. Ek moes leer hoe om doelwitte te skep wat haalbaar is en dit op te deel in daaglikse, haalbare take. Dit is goed om aanspreeklik gehou te word vir hierdie doelwitte en te weet sukses word nie gemeet aan ons vermoë nie, maar aan die reis na die einddoel.

Hoe sal jy graag onthou wil word?

Ek sal graag onthou wil word as:

- *'n Suksesvol herstelde verslaafde wat nooit teruggeval het nie.*
- *'n Man wat altyd sê wat hy doen en doen wat hy sê.*
- *'n Man wat altyd eerlik was teenoor sy vrou, wat nooit weer sy "masker" opgesit het nie.*
- *'n Man wat altyd teenwoordig en toegewy was aan sy kinders – as kinders en as volwassenes.*
- *'n Man wat gedien het sonder enige ego, maar met kwesbaarheid en met trots.*
- *'n Man wat sy doel vervul en God se plan vir sy lewe ten volle uitgevoer het.*

"My hulp kom van die Here wat hemel en aarde gemaak het."

Jou boodskap aan Suid-Afrika

Dit is belangrik om uit te lig hoe omstandighede uit ons verlede kan veroorsaak dat ons stories skep waarmee ons grootword en ons as volwassenes vorm. Dit is stories wat ons inperk, wat belemmerende oortuigings oor onsself versterk. Die pyn word van een geslag na die volgende geslag oorgedra totdat iemand bereid is om dit te voel (te erken) en iets daaromtrent te doen. Ons genesing red die volgende generasie. Maar die genesing kan nie begin tensy ons bereid is om die pyn te voel nie. As jy 'n mens is wat eenvoudig verlore is en beheer oor jou lewe moet terugkry, aanvaar dan aanspreeklikheid en wanneer jy dit doen, moenie wegskram van jou broosheid nie. Jy hoef ook nie 'n verslaafde te wees om te herstel nie, jy kan bloot iemand wees wat dalk net verlore is en weer jou pad moet vind om te herstel.

As jy in beheer van jou nuwe lewe wil wees, neem verantwoordelikheid van jou gesondheid en oefening, van jou fiksheid, maar selfs belangriker, neem verantwoordelikheid vir jou emosionele welstand en maak Jesus die middelpunt van alles.

Theo Bierman
Eksklusiewe onderhoud
Skandeer kode en kyk

Dag 3 van die The Paige Project Back-2-Back

'n Spesiale oomblik in my lewe. 'n Nuwe begin

Wenda Nel

Wenda Nel (née Theron), gebore op 30 Julie 1988, is 'n tweemalige Olimpiese atleet. Dié nooi van Worcester se naam word vroeg in haar lewe sinoniem met die 400 m-hekkiesitem. Sy het haar eerste senior nasionale titel in 2010 gewen en het die dissipline tot in 2022 oorheers. Sy is eers in 2013 en toe weer in 2019 geklop. Wenda se loopbaanhoogtepunte sluit in die 2011-Wêreldkampioenskappe, Afrika-kampioenskappe in 2014, 2016, 2018 en 2019; die Statebondspele in Australië in 2018 en die Olimpiese Spele in Rio de Janeiro, Brasilië (2016) asook Japan (2021). Haar persoonlike beste tyd in die 400 m-hekkies is 54,37 sek. in 2015 en 52,03 sek. in die 400 m-naelloop in 2017. Wenda het vanaf 2014 tot 2018 onder die 20 vinnigste atlete ter wêreld getel – in 2018 was sy die negende vinnigste.

Tydens die 12 jaar wat sy hekkies hardloop, het dié Universiteit van Pretoria-atleet 'n bronsmedalje by die 2018-Statebondspele gewen, twee Afrika-titels (in 2014 en 2016 was sy die Afrika-kampioen in die 400 m-hekkies) en nege Suid-Afrikaanse titels verower.

Wenda kondig in 2022, aan die einde van haar 13de seisoen op die ouderdom van 35, haar uittrede uit atletiek aan en pak finaal haar spykerskoene weg.

My liefde vir sport het begin ... Ek hardloop vandat ek kan onthou! Ek was ekstra bevoorreg om in 'n aktiewe en sportiewe familie groot te word. Ek kon my liefde vir sport vrylik uitleef en so my passie vir atletiek ontwikkel. Ek is van jongs af aan geleenthede blootgestel en het nooit onnodige druk ervaar om te presteer nie. Ek kon die vreugde van deelname op my eie terme ervaar en so ten volle geniet. Ek het ook vinnig geleer van al die ongelooflik goeie kwaliteite wat sport in 'n mens ontwikkel. Om sportief te wees was 'n talent wat ek as 'n geskenk van God ontvang het en ek wou dit ten volle uitleef om Hom daarmee te verheerlik.

As ek nie 'n sportster was nie, sou ek ... Ek het van jongs af besef dat ek graag iets met sport te doen wil hê. Ek het 'n belangstelling ontwikkel om 'n fisioterapeut te word, maar die lewe loop toe ander draaie met my. Ek het ook nog altyd van lekker eet gehou en het 'n belangstelling in sportvoeding ontwikkel; dus my keuse om dieetkunde te studeer. Ek is vandag 'n gekwalifiseerde dieetkundige. Ek neem aan ek sou net al baie vroeër in my lewe daarmee begin het indien professionele sport nie vir my beskore was nie.

Ek is ongelooflik dankbaar vir ... my man, familie en vriende se liefde, omgee en ondersteuning op my lewensreis. Ek ag ook dankbaarheid as 'n hoë prioriteit in my lewe.

Om asem te haal is 'n voorreg en ek herinner myself gereeld daaraan om niks wat ek ís of hét, as vanselfsprekend te aanvaar nie; om ongeag my omstandighede vreugde te kies. Ek is opreg dankbaar vir al die lewenslesse wat ek al geleer het; om op 'n daaglikse basis te streef om 'n beter mens te wees wat 'n positiewe verskil kan maak, al is dit ook hoe klein.

As ek my lewe kon redigeer sou, ek ... *"Hindsight is a perfect science" – Dit is iets wat ek vinnig moes leer en verstaan. Ek is opreg dankbaar vir al die lewenslesse. Ek het van vroeg af vir myself probeer leer: "Live with no regrets." Ja, ons almal maak foute, maar dit bly net 'n fout wanneer ons nie kies om iets daaruit te leer nie. My lewensreis is dus vol lewenslesse, nie foute nie. Die keuses wat ek in die lewe maak, is gegrond op sekere inligting wat ek in daardie stadium van my lewe tot my beskikking het en ek glo en vertrou dat ek met daardie inligting die beste keuse sal maak. Ja, sodra 'n mens later terugkyk, dink jy baie keer dat jy ander keuses moes gemaak het ... maar dit is presies my punt – met meer inligting sou jy waarskynlik 'n ander keuse gemaak het. Daarom kies ek ook om nie met selfverwyt rond te loop nie, want ons sal altyd wens ons lewens was anders. Kíes die vreugde in jou omstandighede en wees die beste mens wat jy kan wees met wat jy het. Ek dink dus nie ek sou iets verander nie. Ek is dankbaar vir die hoogte- sowel as laagtepunte in my lewe. Dit het my gehelp om te ontwikkel in wie ek vandag is en ek bly oopkop om aan te hou leer.*

Een van die grootste lesse wat ek vanjaar geleer het ... *Niks is gewaarborg nie. Moet niks as vanselfsprekend aanvaar nie. Wees lief vir jou medemens en selfs nog meer vir jou vyand. Vier die lewe en gebruik elke geleentheid op die beste manier wat jy kan. Wees dankbaar, hê lief. Bitterheid vernietig jou siel, sê dus "jammer" en leer om te vergewe.*

My grootste prestasie is ... *Sportprestasie: my bronsmedalje by die 2018-Statebondspele in Australië. Dit gaan steeds nie vir my oor die medalje nie, maar dit is wel 'n herinnering aan ekstra waardering vir die opbou van my reis tot by die spele. Dit is 'n onverklaarbare gevoel, maar ek glo die Here het my destyds op 'n transformasiereis gestuur; al leer ek altyddeur meer oor die lewe, hou ek steeds vas aan die kwaliteite wat ek in daardie tyd amper bemeester het. Die feit dat ek die geleentheid gehad het om twee maal aan die Olimpiese Spele deel te neem, was ook 'n groot ideaal wat verwesenlik is.*

Die Bybelvers wat my deurdra ...

Psalm 46:11 (NLV): "Wees stil en weet Ek is God! Ek sal vereer word deur die nasies, verhewe wees oor die hele aarde."

Ek het baie sulke Bybelverse, maar ek hou aan hierdie een vas, want dit maak my ekstra rustig en hou my kalm in tye van onsekerheid. Dit herinner my aan God se almagtigheid en dat ek nóóit alleen is nie, ongeag watter pyn ek ervaar. Hy is altyd by my en hou my vas.

MY STORIE
Wenda Nel

"Die lewe is vol storms en ons is nie gevrywaar daarteen nie. Ek is al deur baie storms, maar terwyl ek keer op keer moes kies wie my reddingsboot is, het ek net sterker aan die ander kant uitgekom."

Wenda Nel moes van kleins af hierdie benadering toepas en in haar hart rustigheid kry oor wie God in haar lewe gaan wees. Vir haar is Hy haar reddingsboot, die Een na wie sy swem wanneer die lewe se golwe haar boot omgooi en die stormwinde haar onkant vang; die Een wat pynlike letsels versag en toelaat dat karakter gebou word ... want daar sal altyd in die toekoms ander oor jou pad kom wat ook 'n reddingstou benodig ...

Wenda verloor al twee haar ouers op 'n jong ouderdom.

Sy was twee jaar oud met die afsterwe van haar ma en slegs ses jaar oud toe haar pa oorlede is.

"My pa het ná my ma se dood weer getrou, met 'n wonderlike vrou, maar hy is kort daarna oorlede. Ek was ses jaar oud. Dit het vir seker 'n impak op my lewe gehad, nóú nog, maar ek moes destyds kies wat ek sou toelaat om my lewe te beïnvloed. Ek het 'n nuwe ma ryker geword wat my lewe so positief beïnvloed het en daarom kon ek kies om die goue randjie om die donker wolk te sien."

Wenda is as dogtertjie in 'n Christen-huis grootgemaak en voel sy is op 'n gesonde manier aan die Christelike geloof blootgestel. Sy het wel later, gedurende haar studentejare, op haar eie geloofsontdekkingsreis gegaan wat haar uiteindelik weer teruggebring het by Jesus se voete. *"Ek moes dinge gaan ondervind en vir myself uitklaar, want die lewe was en sal seker altyd vol onbeantwoorde vrae bly. Ek moes uitvind dat die lewe onregverdig en gebroke kan wees, maar dat daar ook een belofte is om op vas te staan – die onuitputbare bron van God se liefde. Ek moes leer dat God die goeie goed vir ons lewens beplan, maar dat hartseer en pyn onvermydelik hand aan hand gaan met die lewe op aarde. Dit maak God se goedheid en liefde egter glad nie minder nie ... ons moet net 'n bietjie meer sensitief vir sy Gees en stem wees."*

Wanneer koerante daaroor berig en nuuskanale nog misdaadstatistiek noem, is die algemene reaksie van die Suid-Afrikaanse publiek 'n kopskud en beklemming in

Statebondspele 2018

die hart, want dit bly een van die grootste vrese in elke huishouding: 'n inbraak-en-aanhoudingscenario. Aan die einde van 2016 ná 'n opwindende atletiekseisoen, beleef Wenda en die mense naaste aan haar 'n vreesaanjaende aand wat haar geloof in God tot die uiterste beproef. Dit wat veronderstel was om 'n feestelike samekoms vir 'n familietroue te wees, het in 'n nagmerrie-aand ontaard. Vier van hulle word die aand in hulle gastehuis aangehou en beroof. "Ons was al aan die slaap toe ek ná middernag wakker skrik van iemand wat in ons huisie gil. Voor ek nog kon besef wat aangaan, was daar 'n man met 'n balaklawa oor sy kop en 'n wapen langs my bed; hy het beduie dat ek saam met hom na die ander kamer moet gaan waar die res reeds was. Vir my het dit soos 'n leeftyd gevoel. Vier mans het ons gedwing om op die beddens te sit terwyl hulle ongestoord deur al ons goed gaan en vat wat hulle wou hê."

> **"Met die angs wat my oorval, het ek gevries en kon nie veel beweeg nie."**

"'n Mens dink vir 'n oomblik ... hier is dit nou ... my lewe kom só tot 'n einde. Toe daardie gedagte opkom, het ek terselfdertyd die grootste vrede ervaar en geweet die Here sit net daar by ons. Die mans het vir ons instruksies gegee en ons toe in die badkamer toegesluit. Toe ons nie meer hulle stemme in die huis kon hoor nie, het een van ons deur die badkamervenster geklim en hulp gaan soek."

Soos met enige traumatiese ervaring in die lewe, kom geen mens onveranderd deur so 'n situasie nie. Wenda het haarself 'n paar maande lank gebluf deur net normaal aan te gaan met die lewe – tot een dag. Sy het tot die besef gekom dat sy met 'n "numbness"lewe en dat die aaklige gevoel haar weerhou van 'n ware volle lewe. "Ek het doelbewus meer by die Here se voete gaan sit om my vreugde vir die lewe terug te kry. Ek moes weer leer om my lewenskip sonder vrees te laat seil met die wete dat God my kaptein is wat my stuur. Deur my reis in daardie volgende jaar het ek weer ontdek hoe goed Hy vir my is. Niks kan ons van sy liefde skei nie ... geen angs, vrees, onsekerheid of watter emosie ons ook al wegdryf van Hom af, is groter as sy liefde en genade nie. Ek het nuwe waardering vir die lewe gekry. Maar ek het ook my vrees vir die dood laat gaan. Soos Paulus sê in Filippense 1:21:

> **' ... want om te lewe, is vir my Christus,
> en om te sterwe, is vir my wins.'**

Wenda hou vas aan "even if not …" – 'n stelling wat haar geleer het dat al werk nie een van haar planne in haar guns uit nie en al gebeur dinge met haar wat totaal buite haar beplanning en haar beheer was, sal sy selfs dan steeds in God se goedheid glo. God se liefde bly die enigste onveranderlike in haar lewe; die één ding wat haar bybly ongeag hoe erg die storms is. *"Ek is nie 'n Jesus-volgeling vir die aardse geluk wat ek by Hom kan kry nie. Ek is 'n Jesus-volgeling vir wat Hy reeds vir my aan die kruis gedoen het. Hierdie geloof is die grondslag waarop ek alles in my lewe baseer. Ons bly mens en is nie volmaak nie, maar dit is my geloof dat God my oneindig liefhet met al my onvolmaakthede wat my help om die lewe voluit te kan aanpak."*

Op die sportveld is dit juis waar sy Hom die meeste ervaar; wanneer sy haar talent met vreugde kan uitleef. Wenda is geskape na God se beeld en sy glo Hy wil hê elke mens moet geniet wat hulle doen, ongeag teleurstellings en terugslae, *"… want dit handel nie net oor ons as mens nie. 'It is not about me.' Ek glo ons is instrumente van God en elkeen het 'n speelgrond waar ons dit wat aan ons geskenk is, kan uitleef om Hom te verheerlik."* Met die klem op nederigheid was die sportveld jare lank haar speelgrond en sendingveld. Die arena waar die wêreld se oë op status, medaljes en rekords gefokus is. *"Ek het dit verstaan en dit was beslis lekker en bevredigend om te wen en die medalje om my nek te hang, veral wanneer ek hard gewerk het om 'n spesifieke doelwit te bereik. Ek het egter geweet dit bly 'n tydelike speelgrond en dat daardie deel van my lewe ook eendag verby sou gaan … "*

> **"Ek is dus keer op keer vrywillig gesnoei sodat ek nie
> my waarde as mens en my identiteit in 'n wen moet
> vind nie, want wat ons het, kan so maklik weggevat word
> en dít wat oorbly, is wie ons is."**

"Ek kon eerstens vreugde vind in wie ek is in die Here en die res is 'n uitvloeisel daarvan."

Sy het haar deel van snoeisessies gehad met elke besering en elke terugslag wanneer sy siek was. Wanneer haar liggaam swak was, het sy geen ander keuse gehad as om op haar geestelike en emosionele krag terug te val nie. Dit is dan wanneer gebed soos asemhaal geword het en sy haar goedopgeleide en gekondisioneerde denke moes inspan om haar uit die gat te lig. Kyk sy terug na die afgelope twee jaar van haar lewe, is dit aanpasbaarheid wat haar behoud was. *"Die COVID-pandemie en grendeltyd het my geleer om meer aanpasbaar te wees; ek het geleer hoe om my doelwitte te verander. Ons mag dalk 'n plan hê, maar die lewe kan dit vinnig verander. Dit was vir my 'n groot 'mental' uitdaging ook. Verskeie emosies het weer na die oppervlak gekom en my gedwing om daardie emosies regtig te voel. Ek het beslis opnuut bewus geraak van die feit dat my identiteit nie in my sport moet wees nie en dat ek meer as net 'n atleet is. Deur die proses van hernude selfontdekking, het God my ook weer eens gewys dat ek nooit alleen is nie. Wie ek is en wat ek het, is geleen. Ek is gemaak na sy beeld en moet so 'n voorbeeld vir my medemens wees."*

Hebreërs 12:1 bly vir haar 'n anker: *"Terwyl ons dan so 'n groot skare geloofsgetuies rondom ons het, laat ons elke las van ons afgooi, ook die sonde wat ons so maklik verstrik, en laat ons die wedloop wat vir ons voorlê, met volharding hardloop."*

"In my lewe het God my gereeld bewus gemaak van die feit dat ons nie moet vergelyk nie. Ons is elkeen besig met ons eie wedloop van die lewe en net deur sy krag sal ons by die eindstreep uitkom. Van buite af lyk ander se dinge altyd makliker, maar God het my geleer dat ek my vreugdes én teleurstellings moet vier en nie moet vergelyk met hoe ander se pad loop nie."

Ná 13 harde seisoene op die sportveld lê 'n nuwe seisoen vir Wenda voor. Haar spykerskoene is vir altyd weggepak en op 35 draai sy haar lewensboot na die oop see. Die bekende sanger Jo Black sing in sy lied "Skepe":

'n Skip word in 'n hawe gebou
'n Skip lyk in 'n hawe baie mooi vir my en jou
Maar dis nie waarvoor skepe gemaak word nie

Die storms en die winde sal waai
Hys jou seile hoog
Want een of ander tyd moet die tyding draai

Laat die kompas van jou siel weer jou hart bepaal
Kry jou maste reg
Haal die anker uit, in die rigting van die Suiderkruis

Wenda saam met haar man, Jacques

Ons is gemaak om uit te gaan
Op die golwe van die diepste oseaan
Ons vind ons rigting in die sterre en die helder maan
Ons is gemaak in hoop se naam
Ons is gemaak om uit te gaan

Die lewe sal jou gooi en jou rondruk
Soms voel dit of jy sink
Maar jy moet net jou voete soos Petrus vind
En dalk net weer glo soos 'n kind

Hou net koers, want soms kom die twyfel
Dit gaan meer oor hoe jy opstaan en
minder oor hoe jy struikel
Moenie vrees as die waters rof raak nie
Tel jou skouers op
Voel jou hart weer klop

Ons is gemaak om uit te gaan
Op die golwe van die diepste oseaan
Ons vind ons rigting in die sterre en die helder maan
Ons is gemaak in hoop se naam
Ons is gemaak om uit te gaan

Stuur jou skip nou deur die poorte
Ons hoop is meer as net leë woorde
Jy's in beheer van jou bestemming
Hoe jy daar uitkom is jou eie besluit

Dit is presies hoe Wenda die nuwe lewe gaan aanpak.

"Ek het opnuut geleer om geduldig te wees, geloof te hê vir die onbekende en meer aandag te gee aan die tipe mens wat ek graag wil wees. Ek wil nie net meer vaskyk in dit wat ek bereik het op die sportveld nie. Met net die bevestiging van God se Woord dat Hy in my toekoms is, kies ek dus nou lewe en vier die klein oorwinninkies van dag tot dag lewe. Solank as wat ek asemhaal, kan ek 'n positiewe verskil maak waar ek gaan en dit is wat ek graag wil doen ... om vir ander hoop te gee."

Wat dink jy is die grootste struikelblok in vrouens se lewens?

'n Vrou se selfbeeld. Ons word baie vinnig beoordeel op ons uiterlike voorkoms. Ek glo ons as vrouens sukkel nog met die feit dat in die wêreld se oë die meeste dinge/ beroepe deur mans gedomineer word. Dit veroorsaak dat vrouens geneig is om baie meer sensitief op te tree. Ons moet meer begin glo en ook leef dat ons in God se beeld gemaak is en so met selfvertroue lewe.

Hoe sal jy graag onthou wil word?

Ek sal graag onthou wil word dat ek God se liefde, deernis en omgee uitgeleef het teenoor my medemens en dat ek ander mense geïnspireer het deur my voorbeeld as sportvrou. Ek hoop ander kon sekere kwaliteite in my beleef wat ek op en van die sportveld uitgeleef het. Ek hoop ek kon die jonger generasie leer van "grit/resilience" – die tipe uithou en aanhou wat al hoe skaarser raak. Ek wil graag hê mense moet besef dat jy nie ná een teleurstelling in die lewe moet opgee nie, maar dat jy 'n tipe "fight" in jouself kan ontdek wat dit vir jou die moeite werd sal maak. Ek hoop mense kon iets leer uit my voorbeeld van opstaan uit terugslae en weer probeer. Om die meeste dinge in die lewe goed te kan doen verg dissipline en deursettingsvermoë. Ek hoop mense kon ervaar dat ondanks teleurstellings, opofferings, hartseer en woede ek steeds kon geniet wat ek doen en so my Vader vir my talente eer.

Jou boodskap aan Suid-Afrika

Moet nooit dink jou drome is te groot nie. Kies lewe en onthou, "Comparison is the greatest killer of passion". Skryf jou storie sonder om dit met ander te vergelyk, vind vreugde in dit wat jy doen en wees bly vir ander se suksesstories, maar bly terselfdertyd gemotiveerd om jou storie aan te hou skryf. Ons is gemaak vir 'n baie groter doel as ons prestasies, mag die honger in ons almal aanhou groei om daardie doel te verstaan. My gebed vir Suid-Afrika is dat elkeen op so 'n manier mag lewe dat ons kies om mekaar op te bou en nie af te breek nie; om die vrug van die Gees uit ons lewens te laat stroom. Kies om met meer vreugde te lewe in plaas van bitterheid. "Don't be bitter, be better." Daar is elke dag iemand daar buite wat net jou glimlag benodig – deel dit met hulle.

Wenda Nel
Eksklusiewe onderhoud
Skandeer kode en kyk
◄◄◄

Rio Olimpiese Spele ondersteuningsgroep

Tokyo Olimpiese Spele afrigter en agente (Newton Agentskap)

Marco Labuschagne

Marco Labuschagne, gebore op 30 Januarie 1998, is 'n boorling van Winterton in KwaZulu-Natal en 'n voormalige leerder van Bethlehem Voortrekker Hoërskool waar hy in 2016 matrikuleer. Bekend vir sy vlugvoetigheid, het hy gereeld die nommer 15-rugbytrui oor sy blonde kop getrek, en skouers geskuur met spelers soos Kwagga Smit, Seabelo Senatla en Werner Kok. Hy draf vanaf 2014 tot 2016 vir die Griffons uit en toe vir die Westelike Provinsie (2017-2019). Marco maak op 22 Mei 2017 as 19-jarige sy debuut op Twickenham as sewesrugbyspeler vir die Suid-Afrikaanse nasionale span. Onder leiding van afrigter Neil Powell lig hulle in 2017 die trofee omhoog ná afloop van die Dubai-sewestoernooi – een van dié hoogtepunte in Marco se lewe.

My liefde vir sport het begin by ... *my ouers. Hulle is albei baie lief vir verskeie sportsoorte en dit het oorgespoel in my lewe. Rugby, tennis, enige sportsoort wat die skool aangebied het, het ek gedoen, maar rugby was altyd die groot liefde in my lewe. My pa was die dorp se klubspankaptein en ek was die "ball boy". Sport het die manier om goeie vriendskappe te laat ontwikkel en verskillende kulture saam te bring. Ek kan nie my lewe indink sonder sport nie.*

As ek nie 'n sportster was nie, sou ek ... *in 'n sportrigting as fisio gewerk het. Eintlik enige beroep waar ek die geleentheid kan kry om mense te leer ken, met hulle te werk en 'n verskil te maak.*

Ek is ongelooflik dankbaar vir ... *my ouers. Die sportgeleenthede, toere en byeenkomste wat my ouers nié bygewoon het nie, kan ek op my een hand tel. Hulle was altyd daar, altyd ondersteunend en hulle het my in hoogte- en laagtepunte bygestaan. Ek is dankbaar vir afrigters deur my hele loopbaan en lewe ... Ons hoërskool se eerstespan-afrigter, mnr. Petrus du Plessis, asook Braam van Straaten en Ryno Combrinck was almal invloedryk in my lewe. Hulle was die mense wat my persoonlikheid kon opsom en verstaan hoe om die beste in my na vore te bring. Hulle het die potensiaal in my raakgesien en in my geglo toe ander my nie 'n kans wou gee nie. Afrigter Neil Powell is die tipe mens wat my geïnspireer het om my alles te gee – op en van die veld af.*

As ek my lewe kon redigeer, sou ek ... *die raad volg wat afrigter Neil Powell vir my gegee het die dag toe my kontrak by die Blitsbokke klaargemaak het. Dit was om nooit geld te volg nie, maar eerder 'n geleentheid. Ek kan duidelik die hand van die Here in my lewe sien. Ek sou nooit die man wees wat ek vandag is, as dit nie was vir alles wat met my* gebeur het nie. Ek is ongelooflik dankbaar vir al my beserings, al die politiek, al die pyn en rowwe tye wat ek al beleef het. Dit het karakter gebou en gemaak dat ek verander in die man wat God my geskape het om te wees.

Een van die grootste lesse wat ek vanjaar geleer het ... Dit was 'n deurslaggewende jaar vir my sport- en geestelike lewe. Ek het baie tyd in Portugal deurgebring en lesse geleer oor evangelisasie. Ons moet mense eerder herinner hoe lief God hulle het en nie hoe verlore hulle is nie. Ek het ook besluit om my toks op te hang en die bediening te betree. Ek glo dit is waarvoor ek geroep is en die vreugde wat ek beleef, is 'n duidelike bevestiging dat ek op die regte pad is.

My grootste prestasie is ... om my debuut as 19-jarige vir die Blitsbokke op Twickenham te kon maak. Ek en die legendariese Rosko Specman het saam as plaasvervangers opgedraf. Dit was vir my ook 'n groot eer om deel te kon wees van 'n groep sewesspelers wat in 2017 die Dubai-toernooi gewen het. Ná die sewes het ek uitgetree en groot sukses in vyftienmanrugby behaal.

Die Bybelvers wat my deurdra ...

Rigters 6:12:
"Die Engel van die Here het aan hom verskyn en vir hom gesê: 'Die Here is by jou, dapper man!'" Dié vers gaan met 'n (on)gelooflike getuienis gepaard. Dit is deur drie verskillende onafhanklike mense oor my lewe bevestig. Ek hou met my hele lewe daaraan vas.

Marco as een van prediker Angus Buchan se geestelike seuns

MY STORIE
Marco Labuschagne

Dit was ná afloop van die eerste span se derde ligawedstryd dat Marco die verdoemende nuus moes verwerk. Sy enkel sou 'n herstelproses van agt weke moes ondergaan, selfs ná 'n reeks bloedplasma-inspuitings – 'n mediese prosedure wat genesing versnel wanneer witbloedselle in die geskeurde spier ingespuit word.

Hy sou moontlik die komende SA Skole-rugbytoernooi moes misloop en sy droom om in die groen en goud uit te draf, maar moes vergeet. Ure het dae geword en ná vele smeekgebede het Marco se ma, Riëtte, op 26 Mei 2016 'n video van die prediker en evangelis, Angus Buchan, vir Marco aangestuur. Dit was juis in hierdie preek dat hy genoem het 'n mens moenie selfgesentreerde gebede hê nie, maar eerder Godgesentreerde gebede bid. Oom Angus het midde-in sy sin skielik gestop en gesê hy ervaar 'n rugbyspeler wat na die video kyk, sukkel om provinsiaal te speel en hy wil vir die speler sê dat as hy glo hy kan enigiets met en deur God se hulp doen, sal hy nie net provinsiaal speel nie, maar ook nasionaal!

Die 18-jarige Marco het daardie woorde en belofte met beide hande en 'n oop hart aangegryp in die hoop dat dit sy jaar sou wees. Waar hy aanvanklik vir agt weke buite aksie sou wees, speel hy toe sy eerste wedstryd ná slegs vyf weke en beleef 'n uitsonderlike Craven-week. Met die meerderheid van die sportkenners wat van mening was dat Marco se rugbypad na 'n snelweg van sukses lyk, was daar groot teleurstelling toe die spankeuses bekendgemaak word en sy naam uitgelaat is.

Dr. Martin Luther King het geskryf: "Ons moet eindigende teleurstelling aanvaar, maar nooit oneindige hoop verloor nie." Die waarheid hiervan is ook in Marco se lewe bewys, want in 2016, sy matriekjaar, teken hy 'n kontrak met die SAS Rugbysewes-akademie en WP-rugby. Dit is ook in daardie jaar wat die nasionale gebedsdag, It's Time, op 22 April 2017 in Bloemfontein gehou is – die dag waarop Marco Labuschagne sy hart vir die Here gegee het. *"Kyk, ek het dít al baie keer voorheen gedoen, maar daardie dag het die Here my uit al my ou gewoontes en godsdienstige tradisies geruk om te besef dat Hy 'n verhouding met my wil hê. My lewe het in 'n oomblik vir altyd verander."* Matteus 16:24 lui: *"Toe sê Jesus vir sy dissipels: 'As iemand agter My aan wil kom, moet hy homself verloën, sy kruis opneem en My volg.'" "Ek kon voorheen altyd alles vir die Here gee, maar nooit my rugby nie ... want ek het my identiteit in rugby gevind."* Dit was twee weke nadat Marco sy hart vir die Here gegee het, en twee weke nadat hy sy rugby vir die Here oorgegee het, dat God beheer neem. *"Ek het een oggend by die sportakademie in Stellenbosch gesit en ontbyt eet toe 'n afrigter my nader en my inlig dat ek my sakke*

Marco saam met "coach" Neil Powell, op die dag voor sy debuut in 2017

moet pak, want daardie aand sou ek Londen toe vlieg om moontlik my debuut vir die Blitsbokke te maak." Op 22 Mei 2017 maak Marco toe sy debuut in die groen en goud op die veld by Twickenham. Hy gee alle eer aan God – nie net vir die prestasie nie, maar omdat God tot soveel meer in staat is om iets te doen met dít wat ons aan Hom oorgee, as wat ons ooit op ons eie sou kon doen.

Kyk Marco terug op 'n roemryke rugbyloopbaan besef hy al te goed dat daar steeds seisoene van storms binne die genade van God se hand is. Die drie jaar van 2019 tot 2021 was van die moeilikste tye in sy sportloopbaan. Politiek, spankeuses en beserings was die dinge wat hom telkens hard getref het en daar was boonop ook nog uitdagings in sy gesinslewe. Dié tydperk voor, midde-in en ná COVID het soms soos 'n aaneenlopende storm gevoel. Dit was in dié seisoen dat hy besef het hoe belangrik dit is om jou identiteit in Christus te vind. *"As kinders van God kan ons vashou aan sy beloftes en weet Hy sal op sy manier vir ons deurkom. God bly goed, maak nie saak hoe omstandighede lyk nie, ongeag hoe onmoontlik iets lyk en hoe moeilik dinge gaan. As jy op God gefokus bly, jou oë gevestig op Jesus, is dit moontlik om aan te hou skyn waar jy ook al gaan."*

God se karakter verander nooit nie, al verander jou seisoen of omstandighede, bly Hy konstant. Marco onthou 'n gesprek met 'n afrigter in Pretoria. Hy wou weet hoe Marco so positief bly ondanks die feit dat hy nie vir die span oorweeg word nie, waarop Marco geantwoord het:

> *"Coach, ek gaan eerlik wees, of julle my nou kies of nie, niks gaan my keer om uit te kom waar God my wil hê nie. Op die ou end sal ek bereik wat God wil hê ek moet bereik, solank ek aanhou hard werk. Al bereik ek nooit weer iets met sport nie, het ek vrede; ook as ek vir iets anders geroep word."*

Soos Petrus sy oë op Jesus gevestig gehou het en op die water kon loop, probeer Marco elke dag sý oë op Jesus hou, want die oomblik wat ons na ons omstandighede kyk en hoop verloor, sink ons. Dit is 'n gat waaruit baie mense sukkel om te kom.

Wat dink jy is die grootste struikelblok in mans se lewens?

Mans struikel maklik omdat hulle nie hulle identiteit op die regte plek vind nie. Die samelewing sê geld, besittings en prestasie bepaal jou waarde en sodoende verloor die mans hulleself onder die druk van wat jy volgens die samelewing moet wees of doen om suksesvol te wees. Een van die grootste struikelblokke – indien nie dié grootste nie – is dat mans te trots is om te praat oor hulle probleme en vir hulp te vra. Mans dink hulle mag nie huil nie en mag ook nie swak wees nie. Ek glo ware mag en krag kom deur te erken, jou hand op te steek en te sê: "Ek sukkel. Ek het nie alles onder beheer nie, daar is dinge wat my kwel." Deesdae word verwag dat mans moet swyg en alles self probeer uitsorteer, maar 'n sterker man sal sy hand opsteek en vir hulp vra. 'n Mens mag terapie en teologie in jou lewe hê. Dit is hoekom die Here beraders en sielkundiges gemaak het. Mans moet leer hoe om te praat.

Wat is die woorde en boodskap uit God se hart vir jou hierdie laaste twee jaar? Wat het Hy met jou gedeel oor jou lewe, karakter en menswees, weg van die sportveld af?

Die afgelope twee jaar was 'n mallemeule van hoogte- en laagtepunte met een konstante – God. Die besef dat die lewe soveel meer behels as prestasies en medaljes en aardse dinge, het my lewe in 2020 verander. Dit was tydens die inperkingstyd dat ek tot die besef gekom het ek wil in die voltydse bediening betrokke raak en mense laat terugdraai na Jesus. Wanneer jy God kies, beteken dit jy sterf in jouself. Jou eie begeertes is nie meer groter as God se begeertes vir jou nie. Dit is hoe ek my lewe begin leef het die dag toe ek God ontmoet het. Daardie keuse het gelei tot waar ek in 2022, ná my laaste besering, besef het dat ek klaar is met rugby en reg is vir 'n volgende seisoen. Een waar God alles wat ek tot dusver beleef het, sal gebruik om my voor te berei vir dít waarvoor Hy my geroep het. Die afgelope twee jaar het my laat besef dat jy niks as vanselfsprekend kan aanvaar nie. Die Here het my begin uitdaag oor my gebedslewe. Ek kan nie meer vra dat God my uit moeilike seisoene moet haal en my omstandighede verander nie, maar eerder dat Hy my hart sal verander in daardie seisoene om my meer te vorm om in die man te verander wat Hy my bestem het om te wees. Oom Angus Buchan sê altyd: "Show me your friends and I will show you your future." Ek het deur 'n seisoen gegaan waar ek aan vriendskappe moes skaaf en vandag omring ek myself met mense wat my nader aan die doel trek waarvoor ek op aarde is. Ek het nog nooit in my lewe die vreugde beleef wat ek tans beleef nie. Ek besef dit mag vir sommige mense voorkom asof my wêreld agteruitgegaan het, van Blitsbok na toks ophang. Ek weet dat ek presies is waar ek moet wees – gefokus op God. Menings en omstandighede het geen invloed op my vreugde nie, want my vreugde word gevind in Hom, "the Prince of peace".

Hoe sal jy graag onthou wil word?

As 'n man van God, iemand wat nooit teruggehou het om my liefde vir Jesus te deel en te vertel wat Jesus alles in my lewe gedoen het en steeds doen nie. Volgens my eie definisie is 'n man van God die volgende: Dit is nie die eindproduk van 'n paar aksies nie, maar eerder 'n ewige, aanhoudende strewe na gehoorsaamheid wat lei na heiligheid en om sodoende elke dag meer en meer soos Jesus te word.

Jou boodskap aan Suid-Afrika

Dit is belangrik om te onthou dat jy nie alleen is nie, God het jou lief. Dit is tyd dat ons terugdraai na die Een wat ware vrede en vreugde gee. Hy is die antwoord tot al ons probleme en duisternis, Hy is die Lig en Hy is getrou. Dit is net makliker gesê as gedaan totdat jy dit doen en besef hoe eenvoudig dit eintlik is.

Marco Labuschagne
Eksklusiewe onderhoud
Skandeer kode en kyk

Marco saam met ma Riëtte en pa Natie by die Blitsbokke se jaareindfunksie waar hy sy groen-en-goud-baadjie ontvang het

Leon Schuster

Leon Ernest "Schucks" Schuster, gebore op 21 Mei 1951, is 'n Suid-Afrikaanse rolprentmaker, komediant, akteur, grapjas en sanger. Mnr. "Hie' kommie Bokke" is nie net 'n sportfanatikus nie, maar is ook self 'n kranige sportman. Die voormalige Laerskool Wilgehof-leerder blink uit in atletiek en rugby en kon tot onlangs toe nog spog met 'n rekord in die 75 m-naellope. Leon is destyds as die Victor Ludorum van sy laerskool bekroon met dié toekenning wat uitstaande sportprestasies vereer. Ná sy hoërskooljare aan Hoërskool Jim Fouché in Bloemfontein gaan studeer hy verder en verwerf 'n BA-graad aan die Universiteit van die Vrystaat. Hier draf hy ook vir die eerste rugbyspan uit. Dié seun van Vereeniging keer as gekwalifiseerde hoërskoolonderwyser terug na sy alma mater voordat hy sy loopbaan in die uitsaaiwese agter die mikrofoon begin by die Suid-Afrikaanse Uitsaaikorporasie (SAUK).

Dit is hier waar Leon Schuster oftewel "Schucks" gestalte kry. Onder die leidende hand van ervare omroeper Fanus Rautenbach sien die radioprogramreeks, *Die Vrypostige Mikrofoon*, die lig. Tydens insetsels vermom Leon sy stem en bak niksvermoedende slagoffers poetse met foptelefoonoproepe wat uitgesaai word. Dit is gedurende hierdie tyd in 1982 dat Leon Decibel Records nader om 'n reeks sportliedjies saam te stel wat daartoe lei dat sy eerste plaat, getiteld *Leon Schuster*, 10 000 eenhede verkoop. Sy tweede album, *Broekskeur*, verkoop meer as 40 000 eenhede, gevolg deur *Briekdans en Leon Schuster – 20 Treffers*, wat meer as 270 000 eksemplare verkoop. Sy treffer-CD, *Hie' Kommie Bokke*, het gedurende die 1995-Rugbywêreldbeker meer as 235 000 kopieë verkoop en het 'n FNB Sama-musiektoekenning vir die meeste CD-verkope van 1995 ingepalm. Leon se musiek en rolprente sluit in *You Must Be Joking* (1986), *You Must Be Joking! Too* (1987), *Oh Schucks…It's Schuster* (1989), *Oh Schucks…! Here Comes U.N.T.A.G.* (1990), *Sweet 'n Short* (1991) en 13 ander bekende rolprente wat vele kere internasionale rolprente en Hollywood-treffers by die plaaslike loket op hulle neuse laat kyk het. Hierdie rolprente was steelkamerasketse ("candid camera") en slapstick-rolprente, insluitend *Mr Bones*, sy suksesvolste rolprent, wat meer as R33 miljoen by die Suid-Afrikaanse loket verdien het. Leon kan 23 volledige musiekalbums by sy resumé voeg (1981-2008) en 'n suksesvolle enkelsnit in 2019.

Leon Schuster is nou 'n skrywer, spreker, pa van vier kinders en 'n hele klompie kleinkinders. En om die CV te voltooi … 'n hoeksteen van die Suid-Afrikaanse kultuur en vriend vir elke Suid-Afrikaner!

My liefde vir sport het begin by ... my oorlede pa. Hy het baie sporttalent gehad en ek en my ouer broer, Johann, het dit geërf. Ek was van my laerskooldae af 'n outjie met baie spoed en het aan die einde van my laerskoolloopbaan by Wilgehof Laer in Bloemfontein die Victor Ludorum-toekenning verwerf vir uitstaande sportprestasie. My grootste prestasie was dat ek die Vrystaatse rekord vir die 75 m-naellope vir seuns o. 12 gebreek het. My rekord het lank gestaan. Ongelukkig het ek op hoërskool "stilgestaan" wat my groei betref. Ek was kort en moes meeding teen ouens wat baie groter as ek was. Dit was 'n terugslag en ek het maar op rugby gekonsentreer – hier in die laer spanne. My ouers het 'n groot rol in my sportbelangstelling gespeel en was altyd daar om my en my broer aan te moedig.

As ek nie 'n rolprentvervaardiger en sanger was nie sou ek ... 'n kommersiële visserman geword het. Dit was ook my pa wat ons twee seuns 'n groot liefde vir visvang gegee het. Ek het my eerste boot in 1992 aangeskaf nadat ek vir ons gesin 'n klein plekkie by Brenton-on-Sea gekoop het. Dit was wonderlike dae en ek het 'n skipper van formaat geword wat met groot gemak my boot deur die gevaarlike "koppe" in Knysna kon stuur. Ongelukkig is daar nie meer vis in daardie wêreld nie, want die groot Japannese treilers met hulle massiewe nette het die seelewe geruïneer. Ek het in 'n totale depressie verval, want nou was my stokperdjie in sy kanon in!

Ek is ongelooflik dankbaar ... dat die Here vir my vier pragtige kinders gegee het – soos te sien op my WhatsApp-profielfoto! Ons tye saam in Knysna was uiters kosbaar en ek het my enigste seun, Ernest, geleer om vis te vang. Ek is dankbaar teenoor die Here vir tweede kanse in my lewe met soveel dinge. Niemand sal ooit 'n perfekte mens wees nie, maar dat Hy bereid is om my weer 'n kans te gun, is 'n voorreg en eer.

As ek my lewe kon redigeer, sou ek ... heel moontlik 'n paar dinge verander. Ek was 'n man vir die manne en het baie tyd van my lewe aan my vriende bestee en op drank gemors. Ek was altyd die "clown" en moes alewig vir my pelle "perform". Op Brenton het

Leon en (tóé) prins Charles

ons nagte deur gekuier, ek het die hele gemeenskap tot middernag toe ge-sêr – tot my groot verdriet vandag. Dit was kosbare tyd wat ek saam met my gesin kon deurgebring het, maar verloor het.

Een van die grootste lesse wat ek vanjaar geleer het ... *Deel jou liefde vir jou medemens!* Sê elke dag vir jou kinders of vir jou pelle of wie ook al: "Ek is lief vir julle!" Daar is géén plaasvervanger vir daardie vyf woordjies nie!

My grootste prestasie is ... my "Hie' kommie Bokke!"-album en spesifiek daardie lied. Ek het uit vele oorde gehoor dat ek gehelp het om die Springbokke aan te spoor tot 'n Wêreldbeker-sege in 1995! Met die Rugbywêreldbeker was daar 'n groepie toeskouers op die oop pawiljoen wat 'n reusebanier geswaai het: "Schuster vir president!" Ek dink Madiba het vir 'n paar oomblikke ge-"worry"...

Dit was seker my grootste prestasie – buiten die dag toe ek my hart vir die Here gegee het.

Die beste raad wat ek al gekry het ... *As jy staan, staan op jou knieë!* Die liewe Here het baie wonderwerke in my lewe laat gebeur en ek het 'n besonder hegte verhouding met Hom. Ek bly 'n sondige mens, maar ek kan nou na Hom toe hardloop om hulp te vra of dankie te sê!

Die Bybelvers wat my deurdra ...

Romeine 8:31:
"As God vír ons is, wie kan teen ons wees?"

Leon se vier kinders: die tweeling Shelley en Ernest (34) Leande (40) en Lelani (42)

MY STORIE
Leon Schuster

Die woorde van Romeine 8:31 bly hom steeds by. Dit het destyds in sy hart wortelgeskiet, want elke keer wanneer klein Leon bang was en sy bene gebewe het, het sy pa dié teksgedeelte aangehaal: *"As God dan vir ons is ..."* en dan gewag sodat Leon die sin kon voltooi *"... wie kan teen ons wees?"* Gepantser met dié woorde, soos wapenrusting om sy skouertjies, sou Leon dan die taak voor hom aanpak – hetsy as beuelblaser in die blaasorkes wat die laaste noot moes blaas óf om as die kleinste speler op die rugbyveld uit te draf. Hy het in hierdie woorde geglo.

"Ek het in 'n streng, liefdevolle, dog konserwatiewe huis grootgeword. Beginsels en dissipline uit my pa se reëlboek was ons maatstaf en godsdiens van my ma se kant af die riglyn en grondslag van ons huishouding. Sy was ons kinders se ankertou wat ons met 'n lewende God verbind het. Hy was haar anker. Wie was God vir my? Die Man na wie ons elke aand rondom die huisgodsdienstafel verwys het. Ek het dit nie regtig as kind besef nie, eers veel later as volwassene daaraan aandag gegee en amper te laat in my lewe die geestelike 'dots connect' wat my ma vir my tussen die blaaie van haar gebruikte Bybel soos 'n pelgrimsreis gelos het – God was haar álles. Hy was die Een wat haar geheime en moederhartgebede sou hoor. Die Een wat haar op haar knieë en in die blaaie van haar Bybel kom ontmoet het. Die Een na wie sy gedraai het in die fleur van haar lewe en ook toe sy aan die einde van haar lewensverhaal skaars haar oë kon oopmaak ... Sy het Hom áltyd geken.

"In teenstelling sou ek deurentyd kies wát ek wou glo en hóé ek wou leef ... en ek het in die grootste gedeelte van my lewe met meer vrae as antwoorde rondgeloop."

Leon het op 'n vroeë ouderdom geïnteresseerd geraak in rolprentvervaardiging. As kind het hy en sy broer hul gesin poetse gebak en dit verfilm. Hy het byvoorbeeld tamatiesous oor sy voet uitgegooi en met sy windbuks in die hand al skreeuend by sy ouma opgedaag. Hy het in die gang van die Ritz-teater afgehardloop en "cowboys" en "kroeks" gespeel, Laurel en Hardy, Charlie Chaplin en die Three Stooges nagemaak ... altyd besig om planne te beraam om die volgende skok, lag of woede-uitbarsting uit te lok. Leon het floreer op mense se emosie en reaksie. Hy was die nar, maar baie slim en een met 'n hoë EQ (emosionele intelligensie). Die een wat emosies goed verstaan het en met groot sukses reaksies kon ontlok en mense onder die vaandel van lag en humor verenig.

"Ek het baie jare lank geglo dat humor die wapen van ongewapende mense is. Kyk ek egter nou terug op my lewe, weet ek dat die eerste wapen van ongewapende mense

in die geestelike dimensie saam met God is. Humor kom eintlik tweede en die res volg daarna. Vir die grootste gedeelte van my lewe was die wapenrusting wat ek aangetrek het my eie vaardigheid en mensekennis. Humor het my gedien, maar ek het geweet dat ek êrens die waarhede in die oë sal moet kyk; lewensveranderende keuses sal móét maak en mense dan my ánder kant wys ... die kant wat ek vir te lank weggesteek het uit vrees dat ek 'iets' sou misloop ..."

Daardie ánder kant was sy relatief sterk persoonlike verhouding met God. Hoe wankelrig dit ook al was in sy eie oë óf volgens die mening van die publiek, was dit altyd deel van sy lewe.

Waterskeidingservarings in sy lewe sou Leon telkens in God se rigting druk. Die eerste voorval was 'n fratsongeluk op die atletiekveld. 'n Diskus het ten aanskoue van Leon en die ander hoërskoolleerders tot die dood van 'n goeie vriend van hom gelei. Die tweede voorval, sy egskeiding, het sy vier kinders gedwing om met die nagevolge van sy keuses saam te leef. Die derde, sy gesondheid met 'n knaende rugbesering en 'n vreesaanjaende rugoperasie wat soos 'n nagmerrie vir hom gelê en wag het. Die vierde, die verbrokkeling van 'n 25 jaar lange verhouding met sy lewensmaat en die vyfde ... toe die steunpilaar in sy lewe sterf – die finale totsiens vir sy ma toe sy as 100-jarige vrou, ma, ouma en oumagrootjie op 5 Mei 2022 gesterf het.

"My lewe het stukkie vir stukkie uitmekaargeval met elke lewensveranderende gebeurtenis. Omdat ek so klein in statuur was, was ek 'n senuagtige jong man. Ná die fratsongeluk en die afsterwe van my vriend, Oupatjie van Heerden, het depressie en angs gevolg. Ek wou sin maak van die pyn in die lewe, maar die antwoorde het altyd vaag gebly. Hoewel ek ná etlike jare en aangeleerde gedragspatrone in 'n sekere sin oorleef het, het die terugslag van 'n mislukte huwelik my manwees geknou en my vaderhart aan flarde gehad, omdat ek my kinders dié pyn wou spaar. Die derde, vierde en vyfde terugslae was die breekpunt in my lewe. Dit was dié drie geleenthede wat my in stukke laat breek het voor God."

Op die ouderdom van 70 het Leon vir die heel eerste keer nie 'n slimpraatjie, die antwoord of 'n plan gehad om die pyn te vermy of te verdoof nie. Inteendeel, die pyn sou die depressie, al die ander tekortkominge en "sonde" in sy lewe beklemtoon; hy het gevoel hy kan dit nie meer beheer nie. Hy kon nie net opgee nie, hy moes oorgee, want die druk van eensaamheid, 'n seer hart, konstante verlange, onbeantwoorde vrae, depressie en moedeloosheid het hom beangs en sonder lus vir die lewe gelaat.

Leon sou voor 'n reuselewenskeuse te staan kom. Die keuse wat hom jare lank al volg en kort-kort soos 'n stil, sagte stem aan die deur van sy hart kom klop met die vraag: Is jy nóú reg vir My?

"Ek kon nie meer weghardloop nie. Ek wou nie meer wegkruip nie. Daarom het ek besluit om alles te los. Ek het die drank, sigare en slegte gewoontes uit my lewe begin sny. Ek moes liggaamlik na myself begin omsien. Begin sif waarna ek kyk om my siel gesond te

kry en op my geestelike welstand te begin fokus. Ek het my lewenslus verloor, my lag onder 'n maatemmer gebêre en nie meer lig gesien nie. Ek het myself weke lank soggens uit die bed gedwing, 'n gimnasiumsessie probeer voltooi, stil gaan sit in my sonkamer en my ma se Bybel oopgeslaan. Daarna sou ek voor die rekenaar gaan sit, weer probeer skryf en kreatief wees. Ek moes glo dat ek steeds 'n doel het, dat God steeds 'n missie vir my lewe het."

Dit was gedurende daardie weke van roetine dat Leon weer vir God gevind het. God het alreeds sy naam geken en dit lankal begin roep, maar Leon moes sy ore spits en dit hoor.

"Op die rype ouderdom van 71 het ek God aangegryp en ek is nie bereid om Hom te los nie. Nie weer nie. Ek lees sy Woord en glo een honderd persent wat daarin staan. Ek glo weer soos 'n kind, al klink dit vir sommiges soos 'n feëverhaal. Deur sy Woord het ek 'n trooster en beskermer in God gevind. Ek kan met Hom 'n gesprek voer, tot Hom bid en sy teenwoordigheid in klein wonderwerkies in my lewe sien. Hy is vir my belangriker as enigiets anders in my lewe. My kinders en my hemelse Vader is my alles. Die duiwel het lank genoeg vir my konsert gehou, dit is tyd dat ek ook my ander missie in die lewe begin uitleef."

Daardie missie is om siele vir God te wen; op Leon se unieke manier en met sy spreekwyse, want God het net één Leon Schuster gemaak. Onkonvensioneel, 'n rowwe diamant, maar iemand wat heel moontlik op plekke gaan uitkom en met mense gaan praat wat nie belang sal stel om 'n voet in die kerk te sit nie.

"Ek praat vanuit my eie ervaringe en foute. Ek praat uit die vuis en uit die hart. Ek kan nie, sal nie en wil nie iemand anders wees nie. Ek wil net Leon wees, maar hand aan hand met God loop. Ek sien uit na die volgende hoofstuk van my lewe, want ek weet God het 'n plan met my ..."

Leon Schuster is volksbesit. Sy naam word in dieselfde sin genoem as Mrs. Balls Chutney, droëwors en biltong, Marmite, koeksisters en melktert. Hy het by enige gehoor min tot geen bekendstelling nodig. Hy draai nie doekies om nie, sê 'n ding net soos dit is en is bereid om 'n klap te vat vir dit waarin hy glo.

"En dié keer glo ek in iets groter as myself. Dit is tyd dat ons almal die Heilige Gees in ons lewens verwelkom. 'n Mens sal nooit vervul voel en gelukkig wees sonder Hom in jou lewe nie. Daar sal altyd 'n leemte en hunkering na iets wees. My uitdaging aan jou sal wees; maak 'n besluit vir Hom en los die stokkiesdraai en verkeerde goed. Maak dan 'n punt daarvan om jou gunstelinghoofstuk in die Bybel te begin lees. 'n Geestelik dieper dimensie is nodig om God te leer ken. Ek belowe jou, wanneer jy Hom wérklik 'n kans gee in jou lewe en Hom eers leer ken, sal jy nooit weer wegstap nie. 'Trust me.' Ek weet waarvan ek praat."

Wat dink jy is die grootste struikelblok in mans se lewens?

Sou jy die vraag aan die algemene man stel, sal hulle seker prontuit erken – vrouens. Maar dit is nie die waarheid nie. Néé, ons mans het goeie vrouens in ons lewens nodig. Wanneer ons as mans eers verstaan en aan onsself erken dat ons elkeen afsonderlik verantwoordelik is vir ons eie keuses, denke en aksies sal die versoekinge (in alle vorme) minder pla. Ja, ons sukkel met baie struikelblokke en elke man het 'n swakpunt – of dit die kroeg, stadion, pornografie of gedagtes is waarmee jy sukkel, dit is jou verantwoordelikheid om nie die probleem te onderdruk en agter toe deure 'n ander slegte gewoonte te kweek nie. Néé, êrens moet die probleem en slegte gewoonte trotseer word en dan moet jy kies om daardie gewoonte te laat gaan of uit te sorteer ... al verg dit tyd en hulp. Dit vat 'n man om 'n moeilike besluit te neem, dit deur te voer, daarby te staan en beter gewoontes aan te kweek.

Hoe sal jy graag onthou wil word?

As iemand wat 'n gawe gekry het om mense te laat lag, maar in dieselfde asem wil ek onthou word as 'n man wat sy hart aan die Here toegewy het ... al het ek eers later in my lewe gekies om naby aan die Here te loop. Ek wil bekend staan as 'n man wat nooit geskroom het om oor God te praat nie en wat die waarde van die volle wapenrusting van God verstaan en daagliks aangetrek het. Dit is nou my enigste behoud.

Leon aan die sing vir sy gunstelingspan, die Cheetahs!

Jou boodskap aan Suid-Afrika

Sterf aan die ou natuur en word 'n nuwe mens. Maak 'n besluit om weer jou knie te buig voor ons hemelse Vader. Word 'n wedergebore Christen en versterk jou verhouding met God. Doen moeite en bestee tyd in sy Woord. Lees sy Woord as die enigste waarheid en moenie bevraagteken wat Hy vir jou wys nie. Leer Hom persoonlik ken en as jy nie 'n verhouding met Hom het nie ... kry een. En wanneer jy Hom leer ken, hou vas aan Hom.

Bid hierdie kort gebed saam met my: 'Here, ek is 'n sondaar. Ek kies nou om u naam aan te roep. Help my asseblief, wees my genadig en vergewe my sonde. Ek vra dat U my hart en lewe sal kom vul met u teenwoordigheid. Beskerm my denke, bestuur my dade, sit 'n wag voor my mond en omhels my as my hemelse Vader. Here, dankie dat ek u kind genoem kan word. Ek is lief vir U. Amen.'

Leon saam met sy enigste seun, Ernest

"Hie' kommie Bokke!"

www.ingramcontent.com/pod-product-compliance
Lightning Source LLC
Chambersburg PA
CBHW062047080426
42734CB00012B/2573